對於比特幣，或許人人都有不同的觀點，但卻鮮少有人會懷疑區塊鏈的革命潛力。對於已發生和將發生的事，本書都做了最佳的路徑預測！

——美國前財政部長、哈佛大學校長Lawrence H. Summers

真理機器

THE TRUTH MACHINE
The Blockchain and the Future of Everything

區塊鏈與數位時代的新憲法

Michael J. Casey & Paul Vigna

暢銷全球《虛擬貨幣革命》作者｜麥克・凱西、保羅・威格納——著

林奕伶——譯

Contents | 目錄

區塊鏈的價值應用：互信與共好

◎唐鳳

各位關注 Blockchain 的朋友們大家好。

區塊鏈，或者說分散式的帳本，這樣子的技術已經繼 3D 列印、虛擬實境、人工智慧之後，成為另外一股席捲全世界的「潮詞」。

但是在這個潮詞後面，我想是有相當重要的新發明。這項發明也就是我們可以用一個去中心化、分散式同步運算的方法，在大家事前都講好的時候，不需要「人」在中間去做詮釋或判斷，而是利用這個共識的演算法，來讓大家能做到透明跟課責的要求。

為什麼這個技術很重要呢？因為從各國來看，現在各國社會碰到的一個最大問題，就是政府跟人民之間，人民的團體跟團體之間，充滿了各種各樣的不信任。「過程的透明，事後說到做到的課責」，講起來很容易，但卻是目前幾乎所有社會共同面臨的一個信任危機。可以說，「信任」才是目前最稀缺的一個資源。而區塊鏈的技術當然不是所有信任問題的解方，但是它可以在我們提出新的系統的時候，給我

們一個新的想像，而且甚至在落實的時候，也可以起到一個分散式資料庫的作用。在落實的過程裡面，讓更多資源比較沒有那麼充分的朋友們，能很快的就取得一定程度的公眾信任。

我想特別強調，現在大部分的區塊鏈都是基於「開源」（Open Source）這樣子的精神，這個精神讓整個社群，能對一個技術擁有它的掌控，如果技術的發展不如你意，你隨時可以把它分支，fork到一個新的方向。如果兩邊的想法能彼此互相匹配，隨時又可以merge，也就是將它合併在一起。這個跟台灣長期公民科技社群的茁壯，我覺得是非常合拍的。

我們也看到不管是黑客松論壇，或者是其他入門的講座，就是結合台灣各個大大小小的社群力量，大家共襄盛舉來一起向國際發聲，也和國際最新的發展互相接軌，這同樣也是「互信」跟「共好」價值的體現。

（本文採開源授權。出處：https://youtu.be/TlNyjIwoNB0）

Preface | 前言

驅動二十一世紀經濟發展的真理機器

我們曾在《虛擬貨幣革命》一書中，探討數位貨幣——比特幣（bitcoin）及其帶來更公平全球支付系統的願景，這個系統不需要銀行與其他金融中介機構就能運轉。隨著該書付梓，比特幣[1]更廣泛的應用也浮出檯面：在個人與企業交易資產、涉入合約、主張房地產的所有權、分享珍貴或機密資訊時，其核心作業系統如何協助解決兩造之間的信任問題。於是在企業、政府，乃至媒體內部，開始對所謂的「區塊鏈技術」迅速湧現濃厚興趣，甚至有一點過度炒作。

以區塊鏈（blockchain）概念解決長期存在的信任問題，可望繞過各種控制社會價值交換的守門人，方便社會追蹤交易而不需要將紀錄保存流程交託給中央中介機構。

比方說，可以讓「生產性消費者」（prosumer）社區——家家戶戶

1　本書中的比特幣分別指比特幣的貨幣地位（英文以小寫b代表），以及整體系統與通訊協定，做為比特幣貨幣和其他比特幣區塊鏈帳本用途的基礎（英文以大寫B代表）。

以屋頂上的太陽能板發電，又同時消費電力——在一個去中心化市集彼此交易能源，不必由逐利的公用事業公司制定費率；同樣的，房地產所有人、買方，以及抵押借貸者，就不用依賴不可靠的政府登錄唯一的契據及優先權紀錄，因為有更值得信賴的紀錄，是建立在由去中心化網絡管理、不可變動的資料庫中，貪汙、人為錯誤，或盜竊的風險將變得更少……這些只是這項創新概念吸引眾人關注的諸多新應用其中一部分。

公共意識的時代精神對我們的生活有兩大影響。第一，是我們兩人之中的麥克・凱西，對區塊鏈技術改變世界的潛力大感振奮，所以他辭掉二十三年的新聞工作，全心投入其中。

我們上一本著作《虛擬貨幣革命》出版不到六個月，麥克就離開《華爾街日報》轉任麻省理工學院的媒體實驗室（Media Lab）。該實驗室狂熱的主管伊藤穰一發現：比特幣的出現和他在網際網路初期目睹到的軟體發展，有極為相似之處。察覺到新的去中心化架構引起類似的熱情，伊藤穰一擬定一項計畫，為發展這項新興技術的重大任務引入強大的學術及財務資源。其結果就是麻省理工學院的「數位貨幣專案」（Digital Currency Initiative），該中心讓密碼學、工程學，以及金融等領域的重要學者和學生，與財星五百大企業的策略家、創新的新創事業、慈善家，以及政府官員齊聚一堂，設計一套新的「價值網」（Internet of Value）數位架構。麥克收到加入這項專案的邀約時，看到人生難得一遇的機會，可從初始階段就參與一場經濟革命。

第二個影響，就是你正在看的這本書。我們在《虛擬貨幣革命》

中，主要著重在比特幣核心技術的單一應用，即顛覆貨幣與支付的潛力。在該書出版後，我們體認到科技寫作的風險：科技在變化，但白紙黑字不會。其實這三年來的變化太多了，我們不得不再寫一本書。這本書擴大我們從2015年起的對話，並提高了一個層級，深入探索比特幣科技和各種分支如何指向整體社會組織的重新設計、孕育更多其他應用。

在現代經濟中，控制資訊就是控制了世界。這一點從Google和臉書等科技巨擘的影響力與日俱增就可見一斑，它們不斷地累積與我們身分密切相關的資料，還有我們彼此之間如何互動的紀錄。

在二十一世紀的經濟中，權力是由有權蒐集、儲存，以及分享資料的機構定義的。目前，這樣的權威機構是中央集權式的，集中在少數大型科技公司手中。如果你好奇為什麼這麼做會有問題，只要想想臉書的祕密演算法對政治的影響力。臉書的演算法將公司的商業模式列為第一優先，高於其他所有目標，它的演算法藉著獎勵創造和分享「不怎麼可信」的資訊，在見解相同的社群網路中觸發多巴胺的釋放，而在令人出乎意料的2016年美國大選中起了關鍵作用。

區塊鏈[2]背後的概念已經開啟一場角力戰，要翻轉集中式權力結

---

2 針對常用說法的不一致，我們大致會用到「區塊鏈」這個名詞的用法：一是指比特幣的原始分散式帳本（以the blockchain表示）；包含最近各種同樣有比特幣鏈結區塊結構的分散式帳本（a blockchain，或者複數的blockchains）；以及「區塊鏈技術」，係指這整個領域。我們也用「分散式帳本技術」（distributed ledger technology）來含括區塊鏈與非區塊鏈的分散式帳本。我們通常會避開將「區塊鏈」視為不可數名詞的常見做法；而是將區塊鏈視為如同帳本一樣明確可辨識的東西，而不是過程。本書的書名以定冠詞表示，表示這個領域得以百花齊放，要感謝原始比特幣區塊鏈扮演了催化作用。

構，就必須先設法了解：控制及管理資訊的能力，是如何轉向一個「沒有人控制」的去中心化系統。它讓我們想像一個不是由Google、臉書，或美國國家安全局（NSA）支配控制的世界，一個我們這些全球社會核心組成份子的普羅大眾，可以對「如何管理我們的資料」有發言權的世界。

我們覺得清楚解釋、傳達這個訊息非常重要，而本書就是我們努力的成果。

未來社會的基石——區塊鏈

　　約旦首都安曼的東方60英里處，從一片沙漠中開鑿出來5.6平方英里乾燥堅硬的石頭地，正是聯合國難民署的阿茲拉克（Azraq）難民營。一排又一排像軍隊一樣整齊排列的白色波浪鋼板小屋，居住著三萬兩千名絕望的敘利亞人。這個由組合屋所組成的避難所，正面臨到小城市的後勤物流挑戰。然而，聯合國難民署和那些提供難民物資及渺茫希望的援助機構，卻無法指望能像正常城市那般，建立確保居民秩序、安全和生活機能的制度與基礎建設。

　　按照定義，所有難民營都缺乏政治學家所說的「社會資本」，意即長期存在的人際關係和信任關係網絡，可讓社會運轉、進行社交互動與交換。但阿茲拉克似乎又特別匱乏。阿茲拉克有警察，卻是約旦人，他們不屬於難民那個社群。而且儘管阿茲拉克的犯罪率比附近的扎塔利（Zaatari）難民營低，但這個燠熱乾燥的地方並不宜人；住了十三萬敘利亞人的扎塔利難民營，當地情況在一份聯合國的評論中被形容為「無法無天」。

2014年設立阿茲拉克時，是為了在混亂的扎塔利難民營之外提供另一個選擇，但難民卻抱怨那裡缺乏生氣。電力不足，代表他們沒辦法給手機充電，切斷了他們與親友的聯繫；缺乏可發揮作用、可信任的社群，也加深難民擔心被極端主義組織伊斯蘭國劫持的恐懼。許多人一開始拒絕搬遷到阿茲拉克營區，近期雖然搬遷數增加了，但依然遠低於當初它建造時所設定十三萬人的容納數。

這個憑空出現的城市正需要某種可運作的社會資本，自然也就成了一個全新實驗的地點，相關的實驗包括：社區治理、制度建立，以及資源管理的新模式。這項嘗試的核心是區塊鏈技術，即為數位貨幣——比特幣提供基礎、可望帶來更即時可靠的方法，追查去中心化交易的帳本保存系統。

阿茲拉克「區塊鏈試點」計畫

隸屬於聯合國，為全球八千萬人提供糧食的世界糧食計畫署（World Food Program, WFP），目前正以阿茲拉克的一萬名難民進行試點計畫，利用這套系統改善糧食協調、分配的問題。藉著這個試點計畫，WFP試圖解決一大行政管理挑戰：在一個竊盜猖獗且少有人會攜帶個人身分證明文件的環境中，要如何確保「人人皆能獲取自己應得」的一份食物？

參與這項計畫的人，包括四十三歲的娜哈·莎蕾·阿爾瑪海默（Najah Saleh Al-Mheimed），她是敘利亞連年內戰、摧毀家園時，被迫

逃離家鄉的超過五百萬名敘利亞人之一。

2015年6月初，由於食物短缺日益嚴重，且據說附近村落有少女遭到民兵綁架，娜哈和丈夫做出重大決定，他們離開家族世代居住的故鄉哈塞克（Hasaka）。「那是我祈求上天不要再有人類目睹的一場磨難，」她在世界糧食計畫署阿茲拉克營區工作人員替我們安排的採訪中如此說道。

娜哈拋下自己的家、資產、家族鄰里人脈圈，以及與曾經完整團結的故國敘利亞的聯繫，也失去了某種極為強大、但我們習以為常的東西：一個信任、身分，及保存紀錄的社會體系，可連結我們的過去與現在，堅定我們身為人類的定位，並讓我們得以參與社會。綜合各種資訊證明我們是社會的一分子且足資信任，這向來有賴相關機構記錄、確認我們的生平經歷和各種憑證——銀行帳戶、出生證明、地址變更、教育紀錄、駕駛執照等等——並掌握我們的金融交易紀錄。

失去了這一切，就落入了極為無助脆弱的處境，正如難民突然落入「無國籍」狀態時常見的情況，很容易遭到世上最窮凶極惡的罪犯與恐怖組織剝削利用。如果你無法證明自己是誰，就只能任由陌生人擺布。在諸如聯合國難民署及世界糧食計畫署等機構的工作中，創造「替代社會體制」這個核心職責，跟他們提供的糧食一樣重要。世界各地那些住滿了流離失所百姓的灰撲撲帳篷城市中，人道慈善機構必須擔負起重建社會信任體系的任務。他們重新建構社會，完全從頭來過。結果發現區塊鏈技術正好提供實踐此一艱鉅任務的工具。

人類必須仰賴可靠的機構追蹤他們的社交互動，並提供證據「證

明」他們的要求權有效，區塊鏈技術就是在這方面顯現出它的特殊作用。有了這套系統，我們再也不需要託付機構去維護交易紀錄、替我們擔保，因為應用區塊鏈的程式就包含了一套精密複雜的功能，產生前所未有的東西——人人都能看到、且隨時可以驗證的交易紀錄，但又不受任何中央權威機構控制。這意味著兩件事：沒有人可以為了一己之私而更改資料，而且所有人對自己的資料擁有更大的控制權。我們可以看出，對生活在水深火熱的數百萬敘利亞人來說，這個概念能賦予他們多大的力量。

就像區塊鏈——分散式帳本向比特幣使用者保證的，其他人不能「重複使用」（double-spending）他們持有的貨幣——換句話說，就是預防可能猖獗的數位偽造——阿茲拉克區塊鏈試點計畫，可以確保大家不會重複使用自己應得的糧食權益。這在難民營是相當重要的必要條件，這種地方的物資供應有限，而且大家都知道幫派份子會偷竊糧食囤積居奇。這代表像娜哈那樣的難民，能夠證明自己的帳戶合法，如此將終結許多人在現金憑單體系下曾經歷過令人恐慌的週期性供給混亂。在那樣的體系下，任何「不一致」通常都會引起管理人員的疑慮，他們往往認為非得切斷這個人的使用權不可，直到問題解決為止。

在這項新試點計畫下，要啟動對糧商付款，就只需要掃描難民的虹膜。其實，把眼睛當成一種數位錢包，排除了現金、憑單、轉帳卡（debit card），或智慧型手機的需求，也降低了偷竊的危險。（你可能對虹膜掃瞄有些隱私疑慮，我們之後會討論這一點。）

對世界糧食計畫署來說，將這些轉帳數位化可省下數百萬美元，

因為排除了過去處理整個支付系統的中間人，例如資金傳輸業者與銀行業者。因此，每當有難民使用自己的數位「現金」購買麵粉，該筆交易會自動登錄在一個無法竄改的透明帳本上。這個時時刻刻存在、不斷更新、極為可靠的紀錄保存模式，代表世界糧食計畫署的管理人員即使沒有自己的集中式紀錄，也能隨時一清二楚地看到交易流程。該組織得以維持整個營區的支付系統，卻不用擔負銀行或支付處理業者這種集中式角色的成本或風險。

相較之下，聯合國難民署的身分識別計畫，雖然整合到世界糧食計畫署的區塊鏈解決方案，卻是以集中式資料庫的方式維護，這就引起一些批評者的擔憂。因為這種系統容易遭受駭客攻擊，因為它將大量資料累積在一個大型「蜜罐」（honeypot）中，就足以形成單一攻擊向量（attack vector）。

理論上，這種情況的風險會讓這群尤其無助的人陷入險地——如果生物特徵辨識資料庫落入有族群滅絕心態的組織手裡，例如伊斯蘭國，就不難想像最嚴重的情況。區塊鏈領域的人通常是倡議隱私的狂熱擁護者，也是對這些疑慮最直言不諱的人，甚至有些還企圖了解如何以同樣的技術，將自我認同資訊的控制權去中心化，讓眾人不會輕易受到那些大型資料蜜罐遭入侵的影響。但是，在這種「身分自主權」（self-sovereign）解決辦法出現之前，世界糧食計畫署和聯合國難民署判定，目前的風險仍不及一套無縫、無現金系統的優點。

世界糧食計畫署發言人史隆（Alex Sloan）表示，試點計畫已經出現成效：省錢，而且創造更有效率的方法去處理難民帳戶不一致的

問題。事實上，試驗非常成功，因此他們正打算將這項服務擴大到十萬名難民中。史隆說，在不太遙遠的將來，從糧食計畫中獲得現金款項的兩千萬名受惠者，就有資格參加區塊鏈計畫。全球正面臨史上最大難民危機，這是貪婪、為個人私利殘酷粗暴地追求權力，以及西方政策未能有效遏制而造成的結果，我們有義務為這些人的生活找回一些安全保障——提供他們一個信任平台進行重建。或許區塊鏈技術是實現這個目標的最佳機會。

解開社會與經濟運轉的枷鎖

世界糧食計畫署在阿茲拉克的實驗，只是國際機構探索以區塊鏈解決艱苦窮人問題的例子之一。

2017年初，聯合國紐約總部一群區塊鏈狂熱愛好者推出網站，號召其他聯合國員工攜手努力。這個團體迅速發展到包含全球85個聯合國職員，且目前正與挪威等政府合作，進行多項將區塊鏈應用於發展的試點計畫。世界銀行（World Bank）於2017年6月另外撥款成立新的區塊鏈實驗室，探討這項技術如何以無法收買的財產登錄及安全數位身分識別，處理減緩貧窮的問題；美洲開發銀行（Inter-American Development Bank）與麻省理工學院媒體實驗室的數位貨幣專案合作，設法要讓貧窮的拉丁美洲農民以區塊鏈證明的可靠商品倉儲紀錄，取得信用貸款；國際非營利組織如世界經濟論壇（World Economic Forum）及洛克斐勒基金會（Rockefeller Foundation）也都

在深入研究這個領域。

這些擁有數十年歷史的國際組織，從帶來比特幣的加密自由意志主義者（crypto-libertarian）與密碼龐克（Cypherpunk）[1]創造的這個艱深數位科技中，看到什麼了？

他們看到的是，我們在阿茲拉克難民營脈絡下討論的社會資本欠缺，可望以這個去中心化運算系統加以解決。為一個社群的交易與活動，建立沒有單一個人或中介機構有權改變的共同紀錄，聯合國的區塊鏈以此提供基礎，讓眾人相信他們可以安全無虞地彼此互動並交換價值。這是更強大的新辦法，解決古老的人類不信任問題，也意味著能幫助社群建立社會資本。這對許多低度開發國家來說，是特別有吸引力的想法，因為能使它們的經濟運作更像已開發國家——例如，低收入住屋擁有者可以取得抵押貸款；路邊攤販可以獲得保險。數十億人因此第一次有希望取得我們習以為常的經濟機會。

但區塊鏈技術展現的潛力，不只是存在開發中國家，或非營利慈善團體和發展工作而已。遠遠不只。在已開發世界，還有許多財星五百大營利公司的董事會也一樣，競相要為那一股許多人相信會推動經濟成長的重大力量解開枷鎖。那是因為他們認為區塊鏈可以取代過時的「集中式信任管理」模式，而這相當於是社會與經濟運轉的核心。

一直到現在，我們都仰賴如銀行、政府登錄，以及無數其他中介

---

1 密碼龐克的核心理念，在於捍衛個人在網路世界的隱私權。其倡議者指出，個人喪失隱私權意味著大型中心機構的控制能力增強，人們將因此面臨極大的威脅。

機構居間處理我們彼此的經濟交換。這些「可信的第三方」代替我們保存紀錄，讓大家對系統有足夠的信任而得以進行互動、交換價值物品，並寄望建立生機蓬勃、運轉順暢的社會。

問題是，這些收取費用的機構扮演守門員，規定誰可以從事商業往來、誰不可以，給我們的經濟活動增加成本和摩擦。它們還習慣辜負我們——2008年的金融危機，我們可以看做是銀行違背了誠實維護紀錄的責任——或是利用收取費用的權力敲詐並要求過高的租金。除此之外，要這些代價昂貴又沒有效率的機構解決阻礙生意往來的信任不足問題，很多時候在經濟上根本不可行。因此，我們若繞過那些中介機構，不但省錢，還將開啟從前不可能實現的商業模式。

早在區塊鏈出現之前，網際網路讓我們走上這條去除中介的道路已經有段時間了。但值得注意的是，每個去除某種現有中間人的網際網路新應用，其核心通常都有一項技術幫助人類處理「始終存在」的不信任問題。

十年前誰會想到，我們能夠安心地坐在從手機中發現的陌生人駕駛的車上呢？優步（Uber）和Lyft納入駕駛與乘客的信譽評分制度，讓我們跨過了那道信任障礙，而這唯有靠著社群網路及通訊的擴張才得以實現。它們的模式顯示，如果可以用科技解決信任問題，並讓大家有信心進行交易，那些人願意且能夠與完全陌生的人直接交換。這些想法讓我們走上點對點經濟的道路。

相較於網際網路，區塊鏈技術要說的是「為何要止於Uber？」這家公司每趟車都要抽走25%，而且還有濫用「上帝視角」（God's

View）的名聲蒐集乘客搭車訊息的問題，為什麼我們還需要這家公司？

如果是一個完全「去中心化」的解決辦法，例如以色列特拉維夫的新創公司Commuterz就推出區塊鏈汽車共享應用，這種情況是沒有人在主導平台，就和比特幣一樣，只是以任何人都能下載的「開源軟體通訊協定」為基礎，並不會有個Commuterz公司向你收取25%，而是由使用者主導，以原生的數位貨幣系統進行交易，且該系統獎勵大家分享汽車，減少交通壅塞情況並降低運輸成本。

其大致的概念，是將信任管理委託給由共同通訊協定支配的去中心化網路，而不是仰賴可信的中介者，並引進新的數位形式貨幣、代幣，及資產，如此就能改變社會組織的本質。我們可以鼓勵以前不可能進行的合作與協作新方法，徹底改造許許多多的產業與組織環境。事實上，區塊鏈的潛力之廣，從正在進行探索的概念範圍可見端倪。以下是幾種可能用途的例子（而且絕不完整）：

● **不容破壞的財產登錄：**
可用來證明自己確實擁有房子、車子，或其他資產。
● **銀行對銀行即時直接地結算證券交易：**
這可解開銀行同業市場的幾兆美元資金，目前這類交易要經過市場中數十個各司其職的專業機構，整個流程要花兩到七天。
● **身分自主權：**
不必仰賴政府或公司來肯定一個人的身分。

● **去中心化計算：**

以一般用戶電腦的硬碟及處理能力，取代企業的雲端運算與網站代管業務。

● **去中心化物聯網交易：**

各種裝置可以安全地彼此交談和交易，不會有中介的摩擦、運輸及去中心化能源網得以有大幅進展。

● **以區塊鏈為基礎的供應鏈：**

供應者使用共同的數據平台分享各自的業務流程資訊，大幅改善問責、效率，以及共同為產生特定利益而進行的融資。

● **去中心化媒體與內容：**

賦予音樂家和藝術家權力，掌握自己的數位內容——理論上也包括在網路上張貼有價值資訊的所有人——知道自己可以追蹤並管理這項「數位資產」的用途。

區塊鏈技術或許有助於達成某些評論者所謂的「網際網路 3.0」願景，重新架構網路，堅持去中心化的核心目標；這個目標啟發了許多早期線上先驅者建立的網際網路 1.0。但結果證明，光是給電腦網路直接分享數據的方法，並不足以防止大企業控制資訊經濟。矽谷的反體制程式設計師並未解決「信任」的挑戰，以及社會一直以來如何求助集中式機構處理這個問題。

那樣的失敗，在後來的網際網路 2.0 階段顯而易見，這個階段釋放了社群網路的力量，但也使得先行者公司能將網路效應變成牢不可

破的壟斷力量。其中包括社群媒體巨擘,如臉書及推特(Twitter),以及「共享經濟」的電子市集成功故事,如Uber及Airbnb。區塊鏈技術以及這個網際網路3.0階段包含的其他概念,目標是要徹底廢除這些中介者,讓「人」形成自己的信任關係,以自己的方式建立社交網路及業務安排。

然而,希望不僅在於顛覆網際網路巨獸。許多二十世紀的大型營利企業也相信區塊鏈這項科技能幫它們開啟價值並追求新的牟利事業。有些人從中看到巨大機會,有些人則視之為重大威脅。無論如何,很多現有的企業都覺得最起碼必須做點實驗,研究這項科技會有什麼樣的發展。

而原本被比特幣設計為是變成多餘存在的金融業,那些銀行業者也意識到區塊鏈相關技術可能取代銀行間轉移、清算、結算證券與財富的冗贅流程。相反的,使用銀行聯盟能夠同步即時更新的分散式可靠帳本,可以減少後勤成本並釋出大量新資本進行投資。這對投資銀行如高盛(Goldman Sachs)來說是大好消息,但對商業模式是以處理那些後台部門工作為本的保管銀行,例如道富銀行(State Street),或票據交換所,例如集保結算公司(Depository Trust & Clearing Corporation),就不是太好的消息。不過,處在這個破壞性故事兩面的機構,都覺得有必要針對這個領域進行研究與發展。

例如紐約一家科技開發公司R3 CEV,向全球超過一百家大型金融機構與科技公司籌募1億700萬美元,開發專屬的分散式帳本技術。R3的Corda平台受區塊鏈的啟發,卻迴避這個標籤,該平台在遵守銀

行的商業與法規模式之餘，同時在銀行同業每日證券交割中精簡下幾兆美元。

非金融業的企業界也積極投入。「超級帳本」（Hyperledger）是分散式帳本／區塊鏈設計集團，它企圖為這項技術開發標準化的開源版本，供企業用在如供應鏈管理等領域。該計畫由Linux基金會統籌，聯合IBM、思科（Cisco）、英特爾（Intel），以及數位資產控股（Digital Asset Holdings）等公司；數位資產控股是由摩根大通（J.P. Morgan）前高階主管瑪斯特斯（Blythe Masters）領導的數位帳本新創公司。

企業界的熱情，從媒體公司CoinDesk的「Consensus研討會」軌跡可一窺究竟。這場研討會是對區塊鏈技術感興趣的企業年度盛會。其出席人數從2015年首屆研討會的六百人，到2016年的一千五百人，再到2017年共有兩千八百人出席，另有一萬零五百人註冊觀看線上現場直播。2017年的與會者來自96個國家，超過90個贊助者與參展者橫跨各層面，包括顧問公司德勤（Deloitte）、豐田（Toyota）研究部門、澳洲政府的貿易部門，以及數位代幣的新創市集Cryptonomos。

但千萬別以為企業界人士與國際開發工作人員已經窮盡這項技術，在我們準備這本書的幾個月期間，剛好也有一場快速致富狂熱，足以令2013年的比特幣價格飆漲相形見絀。

這一波淘金熱起於新創公司以區塊鏈為基礎進行群眾募資的新工具，稱為「首次代幣發行」（initial coin offering, ICO），它完全具備1990年代末期網際網路泡沫的所有特徵。和二十年前很像，這波熱潮的特徵包括一股大膽投機的狂熱，同時也察覺到在金錢狂熱之下，

暗藏著一種革命性的新科技與新行業的典範。

這股ICO風潮背後的新創公司,以打破從線上廣告到醫學研究等林林總總的「去中心化新應用」為賣點。這些服務不可或缺的是預先公開銷售特殊代幣,既可以籌措資金又能建立使用者網路——有點像募資平台Kickstarter,但捐助者有機會在次級交易市場快速賺到錢。

在本書寫作之際,預售ICO籌募到的最高金額是科技公司Protocol Labs的2億5,700億美元,它售出的代幣稱為Filecoin,用意是鼓勵大家給新的去中心化網路提供硬碟空間。雖然許多ICO極有可能與證券法規相牴觸,而且若這場泡沫爆破會傷害許多無辜的投資人,但這股熱潮卻有種令人耳目一新的民主意義。許多散戶投資人正進入早期投資階段,而這個階段向來是保留給創投業者和其他專業人士的。

為了不落人後,加密貨幣世界的老祖宗——比特幣繼續展現實力,而這就反映在它的價格上。儘管比特幣網路的開發者與驗證交易的「礦工」有著激烈爭論,導致比特幣分裂為兩種軟體程式碼不同的錢幣,但比特幣的價格在2017年11月竄升至1萬1,323美元的歷史高點,根據CoinDesk的比特幣價格指數(Bitcoin Price Index),比特幣的市值已超過1,900億美元。

換句話說,這等於是從2015年1月《虛擬貨幣革命》一書出版以來,價格上漲了4,800%,而且從比特幣於2010年7月首次可在半流通交易所交易以來,報酬率達十九萬倍;如果你在比特幣上投資了6,000美元,現在就是百萬富翁了。這種結果令人更加相信加密資產

分析師伯尼斯克（Chris Burniske）與塔塔爾（Jack Tatar）稱比特幣為「二十一世紀最刺激另類投資」的說法。

治理社會的新藍圖：網路與區塊鏈

　　區塊鏈的本質，是去中心化的獨立電腦網路共有的數位帳本，更新及維護的方式可讓所有人證明紀錄完整且未遭到破壞。區塊鏈能做到這一點，是在網路中所有電腦執行的共同軟體中，嵌入一個特殊演算法。演算法不斷將電腦導向一個共同的共識，一致同意該在帳本加上哪些新數據，納入各式各樣的經濟交換、所有權要求，以及其他形式的珍貴資訊。每部電腦會獨立更新自己的帳本版本，但要遵守最重要的共識演算法。一旦帳本引入新的條目，在特殊加密保護下，幾乎不可能回頭更改。電腦的擁有者若不是獲得數位貨幣報酬，獎勵他們保護系統的誠信，就是為了一項共同協議而承擔自己的義務。

　　於是乎，這便有了獨一無二的結果：一群原本獨立的行動者，純粹出於私利而各自行動，匯總起來產生有益所有人的結果——一個所有人都能信任、不可變動的紀錄，而且並非由單一的集中式中介單位管理。一群電腦以神奇的數學工具管理數據，或許看似沒有什麼大不了的。但就像我們會在下一章說明的，紀錄保存系統（更具體地說就是帳本）正是社會運行的核心。沒有這些，我們無法產生充分的信任而開始交換、做生意，建立組織並形成同盟。因此，改善這項核心功能且不用仰賴集中式機關執行這項功能，這樣的願景就有深遠的意義。

這個模式應該會帶動真正的點對點商務，減少各種商業經營的中間人。而且因為有辦法激起我們對資料紀錄的信任，個人與企業就能參與經濟而不用擔心遭受欺騙，這就預告了開放數據與透明的新世紀到來。基本上，這應該會讓大家分享更多。而且基於這種開放分享對經濟活動網路的正面乘數效果，參與愈多會進而創造更多商業機會。

　　區塊鏈將整個數位經濟指向大家口中所稱的「價值網」。[2] 第一版的網際網路讓大家可以彼此直接寄送資訊，價值網則讓人可以寄送任何「有價值的東西」給彼此，不管是貨幣、資產，還是以前太機密而不能在線上傳送的寶貴資訊。如果說網際網路的第一階段是幫人跳過藩籬、進入賽場，製造了大量機會去創造財富與新商業模式，那麼接下來這個階段就可望徹底移除藩籬。理論上，這代表所有能使用裝置並進入網際網路的人，都能直接參與全球經濟。因此，可望大幅擴增開源創新的水池，從中浮現形形色色的強大構想。

　　想想「去中介化」在網際網路年代的較早期階段，是如何徹底改變全球經濟的，就能領會到接下來這個階段會有多全面性的影響。舉例來說，不妨想想技術諮詢、網頁設計，甚至會計服務外包，對西方國家的就業造成的破壞，並促進如孟加拉、印度等地的經濟成長；或者想想線上分類廣告網站Craigslist，能夠零成本地在可觸及全球的網站上張貼任何廣告，徹底重挫其他分類廣告商的業務，最終使得成千

2　價值網（Internet of Value）這個名詞是因為瑞波實驗室（Ripple Labs）團隊而盛行的，該團隊管理瑞波的點對點支付及交易通訊協定。

上百家地方報紙關門大吉。如果區塊鏈技術實現承諾，做到將經濟去中心化及去中介化，前述的那些破壞，相形之下似乎就微不足道了。

如同我們接下來將討論到的，區塊鏈這項技術要達到顛峰還需要很多努力。其實，說不定永遠無法擴展到足以造成改變的規模。只不過，所有產業都漸漸體認到它的潛力。大家開始領悟，「解決信任障礙」能讓所有人盡情發揮自己的所有：將我們的資產、想法、創意，充分發揮到所有我們想像得到的創造性活動。如果我能相信另一個人的說法──例如他們宣稱的學歷文憑、資產，或是專業聲譽──因為他們經過去中心化系統的客觀驗證，那麼我就能直接與他們業務往來。我可以給他們工作。我可以和一家合資企業合作。我可以和他們分享機密的業務資訊。這一切都不需要仰賴中間人，例如律師、託管代理人，以及其他帶給我們交換、增加成本和低效率的人。這類共識都是經濟成長的要件，能助長創新與繁榮。換句話說，所有降低摩擦並促成這種合作的科技，必將造福所有人。

不過，也不能說事情就一定會朝著對世界最有利的方向發展。我們看過網際網路如何遭到企業收編，以及那種集中化如何造成問題──從建立大型個人資料穀倉、方便鬼祟的駭客偷竊，到以鼓勵假消息刺激競選活動、扭曲民主等。因此，最重要的是不能讓那些最有能力影響這項技術的人，將之塑造成只配合他們狹隘的利益。就像網際網路的早期，要做很多努力才能讓這項科技達到充分安全、可擴展，並照顧所有人的隱私疑慮。

區塊鏈是一種社群科技，一種治理社會的新藍圖，無論我們說的

是約旦荒涼邊塞恓惶的難民，還是全世界大型金融機構每日交易數兆美元的銀行同業市場。按照定義，區塊鏈技術要做對，需要社會各界的投入。你可以將本書當成是呼籲關心、參與的號角。

第一章

One

締結「上帝協定」的帳本
The God Protocol

🔒 金融機構的信任泡沫

🔒 真相、信任，還有帳冊

🔒 當真相被數位化之後

🔒 建構「對事實之共識」的方法

看到「帳本」一詞，你大概會感到意外。但在金融界最具顛覆性、最有爭議，最反獨裁主義的構想，強大到地球上所有政府都想知道究竟要收編、還是該立法禁止的構想，以及最強烈意志主義者、暗網網民的夢想，就是帳本。

就像是會計帳冊。這個顛覆性構想的起源，當然就是比特幣，而歸根結柢到最基本的概念，是建立在維護管理一個數位化帳本，一份交換與交易的紀錄。而這個帳本之所以如此極端、受爭議，是因為這個稱為「區塊鏈」的交易紀錄，有其特殊的創造和維護方式。

2009 年由名為「中本聰」之人推出的比特幣，用意是為了迂迴繞過幾世紀以來一直擔任金融體系守護者的銀行與政府。運行比特幣流通的區塊鏈許諾以新的方法，繞過由中間人控制的流程，而這些中間人好的話，就是堅持每一筆交易都要分一杯羹；惡劣的話，可能就會成為經濟災難的起因。

當你購買本書時，大概期待看到關於數位時代的未來，各種瘋狂古怪構想……但我們必須先從帳本開始談起。帳本一直是支撐幾千年文明發展的要件。書寫、金錢，和帳本這三樣組合，讓人類得以和親族以外的人有生意往來，因而形成更大的聚落。雖然金錢和書寫的貢獻已經為人充分理解，但帳本卻往往只有研究枯燥會計學的人才懂。

帳本技術的首次出現，可追溯到西元前 3000 年左右的古美索不達米亞（即現今的伊拉克）。美索不達米亞人留下的幾萬片泥板遺跡大多都是帳本，包括：賦稅紀錄、支付款項、私人財富、工人薪酬。著名的《漢摩拉比法典》是巴比倫的法律體系，就寫在那些帳本之中，

但多數國王也會頒布自己的法規章程。這些帳本的興起，與人類第一個大規模文明的興起密不可分。

為什麼「帳本」在歷史上如此重要呢？

商品與服務的交換是社會擴張的特徵，但這只有在人類可以追蹤交換紀錄下才有可能。要讓一個小村落的所有人記住某人殺了一頭豬，並**信任**——這是本書將不斷遇到的名詞——所有吃豬肉的人事後都會設法報答這位獵人，也許是回饋他新的箭鏃或其他有價值的東西，這並不是太難。但若是要管理更龐大陌生人群體之間的這些社會義務，那又是另外一回事了，特別是超出親族界線後，人與人之間會更難信任彼此。

帳本是紀錄得以保存的方法，有助於處理那些複雜關係和信任問題；帳本幫我們掌握社會賴以建立的所有複合交換。若沒有帳本，二十一世紀社會龐大擁擠的城市將**不復存在**。雖說如此，帳本本身並非就是真相——不是絕對真相——遇到價值問題時，記錄過程一定會有判斷和評估的成分。所以應該說，它們是「更接近真相」的工具，接近能被所有人接受的真相近似值。當群體視帳本為絕對忠實，特別是帳本在有能力操弄的自私行為者控制之下，就會出現問題了——這就是2008年發生的事，當時雷曼兄弟（Lehman Brothers）等機構的監察不足，導致社會暴露在2008年的金融危機之下。

金錢本身原本就與帳本的概念有密切關聯。實體貨幣如金幣和紙鈔，同樣是紀錄保存工具，也用來輔助社會記憶。只不過，貨幣的紀錄保存功能不是存在於交易的書面明細，而是總結歸納到代幣之

中——金幣，鈔票。「代幣」是群體共同承認代表對商品或服務的權利，是持有者以過去執行的任務所賺取的。

一旦人類開始從事遠距離的金錢交換，代幣扮演這種紀錄保存功能的作用就瓦解了。付款者若不能信任「說不定會偷竊」的信使，就根本無法將代幣遞交給受款者。隨著名為「複式簿記」（double-entry）的新形態記帳方式出現，問題迎刃而解；我們會在後面討論到，複式簿記是文藝復興時期一群銀行業者倡導的。採用這種簿記方法，將銀行業推入了支付業務，而且幾世紀以來，大大有助於擴大人類交換的能力。若說「銀行業」的這個概念建立了現代世界，並不為過。但這也放大了一個始終與帳本糾纏不清的問題：社會能信任紀錄保存者嗎？

比特幣處理這個問題的方法，是重新想像帳本。它直接面對問題：銀行業者本身未必可信任，而且可能以隱藏費用和不透明的收費敲你竹槓。比特幣的做法是：第一次將確認及維護交易帳本的責任委託給一群使用者，由他們檢查彼此的工作，並一致同意一個共同的紀錄代表他們對真相共同的近似值。於是，一個沒有單一機關可以控制的去中心化電腦網路，就取代了銀行和其他集中式帳本保存者，亦即中本聰所說的「可信的第三方」。他們集體產生的帳本就稱為區塊鏈。

有了比特幣的獨立電腦網路集體核實一切，就能進行點對點交易了，也就是個人對個人的交易。這是一大轉變，迥異於迂迴複雜的信用卡及轉帳卡支付系統，這個系統的交易要經過一長串的中介者：至少兩家銀行、一至兩家支付處理業者、一個卡片網路管理者（例如

VISA 或萬事達卡），還有形形色色的其他機構，端看交易發生的地方。該系統中的每個機關都有自己的一份帳本，之後必須和其他所有機關的獨立紀錄對帳，這個流程不但耗費時間、滋生成本，還帶有風險。你或許以為你在服飾店刷卡，錢就立刻轉移給店家了，但實際上整個流程要花上數天，款項才會完成所有旅程，最終進入店主的帳戶，這樣的耽擱會製造風險與成本。而比特幣的概念是：你的交易只需要花上10到60分鐘就能徹底結清（雖然目前有些容量的瓶頸，比特幣開發者仍在努力解決）。你不用仰賴那些各自獨立的可信第三方替你處理交易。

比特幣和其他加密貨幣系統能促成點對點交易，關鍵架構特性就是區塊鏈帳本的**分散式**（distributed）本質。去中心化結構能實現，是因為有獨特的軟體程式，採用強大的密碼學和突破性的獎勵制度，引導帳本保存者的電腦達成共識。而它的做法是讓歷史紀錄一旦為人接受，幾乎就不可能再改變。

於是，這便有了不同凡響的結果：一套紀錄保存方法，帶給我們一個普遍為人接受的真相版本，比我們見過的任何真相都可靠。我們稱區塊鏈為「真理機器」（Truth Machine），而且它的應用遠超過金錢。

為了理解區塊鏈的「上帝之眼」視野何以珍貴，我們暫且先將鏡頭從比特幣移開，對準傳統銀行體系。從這裡我們可以看出區塊鏈想要解決的問題。

金融機構的信任泡沫

　　2008年1月29日，華爾街的金融機構雷曼兄弟，公布它2007會計年度的財務報表。那對雷曼兄弟來說是不錯的一年，只是股市有些不平靜，火熱了好幾年、也是投資銀行與商業銀行主要收入來源的房市也出現衰退。一百六十七年前創立於阿拉巴馬州的雷曼兄弟，是華爾街的基石機構之一，2007年它締造590億美元的營收紀錄，獲利則是創紀錄的42億美元。這兩項數字都是該公司四年前的兩倍以上。雷曼的「帳面」從不曾這麼漂亮過。

　　九個月後，雷曼兄弟破產倒閉了。

　　雷曼兄弟經常被視為是二十一世紀「信任崩潰」的首要證據。華爾街雄獅被揭露其實只剩一個負債累累的空殼，靠著不正當的會計帳苟延殘喘——換句話說，雷曼操弄自己的帳本。有時候，這種操弄是在財報季時將債務從帳面上移除；有時候則是給「難以估價」的資產武斷地指定高價值——結果在市場出現大舉拋售時，才讓人認清駭人聽聞的事實：那些資產根本毫無價值。

　　2008年的大崩潰，大致透露了我們對當時華爾街騙局的認知。其中牽涉到龐大的帳本操弄。那些帳本原本應該追蹤的資產登錄價值，包括引發浩劫的信用違約交換（credit default swap, CDS），最後卻發現大多是空氣。雷曼兄弟的震撼倒不全在於發生這種事，而是連「多數專家」都完全相信帳本，以至於追悔莫及。

　　各國政府與央行花了幾兆元資金收拾善後，但他們做的其實僅是

恢復舊秩序，因為他們對問題的判斷錯誤。一般的觀點認為這是流動性危機，市場是因為缺乏短期資金而崩潰。如果你曾經短少過幾百塊支付每月的生活費，就知道那是怎麼一回事。然而，實際的情況卻是，銀行積壓了幾兆元「據說頗有價值」的資產，但在真實世界中那些資產卻幾乎無法估價。銀行只是給資產按上未多加查證的價值，就放到帳面上。我們相信，是因為我們信任。我們信任「帳本」告訴我們的東西。真正的問題根本，並不是流動性或市場崩潰，而是信任失靈。當那樣的信任崩解後，就對社會造成毀滅性的影響，其中也包括分裂的政治文化。

監管當局在危機之後，信誓旦旦地表示能夠解決問題：通過立法來約束、管制銀行業，並進一步抑制華爾街惡劣的投機習性。但在社會大眾看來，他們做的似乎不過是拯救銀行與企業而已。怒火不斷地延燒，演變出茶黨及佔領華爾街等活動。此後多年，大眾始終不曾恢復對當局的信任。這一點，從有電視實境秀明星參與美國總統選舉，就可知一二。為了抗議當局而將選票投給川普（Donald Trump），藉此責難精英份子，或許感覺就暢快多了。但這似乎也能清楚地看出——至少對我們而言——川普能提出的經濟構想同樣是些陳腔濫調，只是加上一點嗆辣調味。我們現在的處境並沒有比2008年好。

根據各種衡量標準，美國經濟已經恢復——在本書寫作之際，失業率接近紀錄低點，道瓊工業指數則創下紀錄高點。但這些漲勢並未平均分配；頂層的薪資成長是中間層的六倍，比起底層更超過六倍。這是數十年累積的動能，但因為金融危機與此後實施的政策而惡化，

而那些政策又是為了支撐富人放置資產的金融市場。這是美國國內外人人都認為自己被欺騙的一個理由，他們原以為那些機構在整個二十世紀帶來進步與繁榮。

這在皮尤研究中心（Pew Research）長期進行的調查中可以清楚看出，民眾對美國政府的信任度已接近歷史低點（2017年5月時約為20%）。而另一份蓋洛普（Gallop）的調查則顯示，2017年只有12%的美國公民信任國會，低於1979年的40%；約有27%的人相信在報紙上看到的消息，然而三十八年前卻有51%的人相信；而信任大企業的比例也從32%降至21%。

在我們寫作之際，就連傳統共和黨人也在納悶：（一）川普到底是如何選上總統的？以及（二）為什麼有那麼多人似乎受到無恥露骨的假消息和陰謀論矇騙？川普擺明了就是個騙子，就算有現成的證據可反駁其謊言，他還是敢信口開河。但更大的問題來了：在這樣一個世界，「信任」急劇腐蝕，政府不運轉，曾經保證終身雇用的公司，現在不是將工作外包就是雇用機器人。相較於選民感受中更系統性的信任破壞，川普的謊言似乎微不足道。

曾經讓人信服的新聞機構，現在一頭栽入與那些線上假消息供應者競賽，導致兩者都被指控販賣不可靠的「假新聞」。大眾對體制機構的信任額度漸漸耗盡，如不解決這樣的崩潰，在那些只會逢迎滿足大眾的政治人物與媒體手上，我們的民主政治將繼續惡化。

信任——尤其是對體制機構的信任——是至關重要的**社會資源**，是所有人類互動真正的潤滑劑。當它發揮作用，我們習以為常——我

們排隊等候，遵守道路規則，並假定其他人也都一樣照章行事。這些互動背後的信任並未出現在我們的意識心理。但是在缺乏信任時，情況就真的崩潰瓦解了。

如今，這種情況在例如委內瑞拉等地顯露無遺，當地民眾對政府的管理職能與資金失去信心，導致惡性通貨膨脹、商品短缺、飢餓、暴力、動亂，以及大規模的社會動盪。但在西方世界則顯現在較細微的地方——政府及央行官員努力提振投資及創造就業機會，其手段是印更多鈔票或給予相關參與者更多優惠，各地公民對這整個操作大呼不公不義。於是美國有了川普，英國則有了脫歐（Brexit）。這也造成了經濟失調。如果大家不相信自己的經濟體系，就不會冒險；大家不會花錢。損傷的就是經濟成長與發展。

這個信任問題，本質上就與帳本和紀錄保存密切相關。要了解這一點，我們將探討一個罕為人知的故事：有一位熱愛數學的方濟會修士發展出一套系統，刺激歐洲產生劇變，走出黑暗時代，其影響比金援歐洲發展的梅迪奇銀行家族更直接。從這裡，我們可以拉出一條線直指雷曼兄弟，並證明一套更好的會計系統，例如區塊鏈，可能就是解決社會深層憂懼的答案。

真相、信任，還有帳冊

一家公司怎麼可能今年賺了42億美元，明年就破產倒閉了？原因不僅止於雷曼兄弟操弄帳本，還因為該公司利用了股東、監管單

位，以及大眾給予他們的信任。

在會計方面，雷曼靠著無數手段撐起它的帳面價值，那是最重要的金融文件，投資人與其他利益關係人以此確知「和一家機構打交道」是否有風險。雷曼的會計師可能在季末移除該行資產負債表上幾十億美元的債務，藏在稱為「附買回交易」（repo transaction）的短期會計工具中，這個工具原本是用來籌措短期資本，而不是用來隱藏債務。等到公布財報時，該公司看起來就不像負債過高了。一旦交出財報後，該公司又將債務挪回到帳面。其實，這就好像公司有兩本帳，一本公開示眾，一本不公開。大部分人接受公開帳目上的內容，也就是雷曼的「真相」版本。只是雷曼的帳目扭曲得多厲害，要到2008年9月才水落石出。但問題的確始於大眾的信任，盲目相信該公司的數字。而這個問題，其實也就是**信任**問題，且可追溯到很久、很久以前。

複式簿記會計帳約莫在十五世紀末時在歐洲普及，大部分學者認為，這為文藝復興的繁榮發展，以及現代資本主義的興起奠定基礎。但較不為人知的是：**為什麼**？為什麼像簿記這樣乏味的東西，在歐洲這一場翻天覆地的文化革命中，是如此不可或缺的一環？

將近七個世紀以來，「帳冊」在我們集體意識中已經和「真相」本身畫上等號，雖然只存在於人們的潛意識當中。當我們懷疑一位候選人的財產申報，我們會想一探他的銀行紀錄——他的個人資產負債表；當一家公司想從公開市場上取得資本，必須向潛在投資者公開自己的帳目。為了繼續留在市場上，他們需要會計師定期查核那些帳目。保存良好且清楚的會計帳是神聖不可褻瀆的。

簿記的地位上升到與「真相」本身相等，發生在許多世紀以前，始於複式簿紀出現之前，歐洲基督教世界對借貸行為十分仇視反感。古人對負債相當泰然自若。巴比倫人在著名的《漢摩拉比法典》中就已經定調，該法典提供處理貸款、債務，以及償款的條例規則。只不過，猶太教與基督教傳統反對借貸業務，卻是別有用意。《申命記》第二十三章中聲明：「你借給你弟兄的，都不可取利。」；《以西結書》第二十二章則陳述道：「在你中間有為流人血收賄賂的，有向借錢的弟兄取利，向借糧的弟兄多要的。且因貪得無饜，欺壓鄰舍奪取財物，竟忘了我。這是主耶和華說的，」

隨著基督教興盛，這種深刻的反高利貸文化持續了一千多年，此一立場與黑暗時代吻合，當時的歐洲已經失去古希臘羅馬的榮光，對數學的理解也幾乎喪失殆盡。唯一真正需要算術的人，就是企圖找出復活節正確日期的修道士。

只有十二世紀與十字軍東征期間，歐洲人開始與東方貿易往來，才遇到在阿拉伯世界及亞洲發展興起的數學。十三世紀時，名為費波納西（Fibonacci）的義大利商人到埃及、敘利亞、希臘及西西里遊歷，蒐集到許多數學論文。他的《計算書》（Liber Abaci）一書，充滿了整數與分數、平方根與代數，顯示著這種新數學擁有商業用途，例如貨幣轉換與利潤計算。在費波納西之前，歐洲商人根本無法計算這些我們如今習以為常的東西；他教導歐洲商人如何衡量比例，例如怎麼去均分一大捆乾草並收取準確的價格。他教導他們如何均分一次生意的獲利。費波納西的數學讓他們在生意業務上有了前所未有的精確度。

費波納西的新計算系統在商人階級風行一時，幾世紀以來也是歐洲數學知識的重要來源。但大約在此同時還發生了同樣重要的一件事：歐洲人聽聞複式簿記，並向七世紀就開始使用它的阿拉伯人學習。佛羅倫斯和其他義大利城市的商人，開始將這些新的會計方法用在自己的日常業務上。費波納西給他們的生意提供新的測量方法，複式簿記會計帳給他們記錄一切的方法。之後就是重大時刻：1494年，哥倫布第一次踏上美洲的兩年後，名為帕西歐里（Luca Pacioli）的方濟會修士寫了第一本完整的手冊，介紹如何使用這種會計系統。

帕西歐里的《算數、幾何、比例及成比例總論》（*Summa de Arithmetica, Geometria, Proportioni et Proportionalita*）是以義大利文書寫而非拉丁文，因此一般大眾比較容易接受採用，而此書也成了第一本數學與會計學的暢銷書。書中有關會計的部分大受好評，出版商最後將之單獨出版成書。帕西歐里讓人接觸到數學的精準。「沒有複式簿記，商人夜裡難以入眠。」帕西歐里如此寫道；《算數、幾何、比例及成比例總論》混合了實務與專業理論，成了當時商人階級的自助指南。

「一名神職人員對複式簿記感興趣」這一點很重要，因為帕西歐里的方法幫助商人克服教會對高利貸的鄙視。商人必須向教會證明，他們的生意其實並非罪孽深重，他們為人類帶來好處。作家阿霍（James Aho）寫道，中世紀時期，「人可能渴求利益卻又是基督徒的這種想法，會引起公憤。」複式簿記在無心插柳下，提供一種迂迴的方式繞過這一點。

怎麼做到的呢？答案就在跟基督教最後審判清算有關的《啟示錄》故事中：「我又看見死了的人，無論大小，都站在寶座前。案卷展開了，並且另有一卷展開，就是生命冊。死了的人都憑著這些案卷所記載的，照他們所行之事接受審判。」（翻譯：亡靈站在上帝面前，並展開他們的帳冊。接著**上帝**打開**祂的**帳冊。第二本帳冊。你可以說，噢，這是**複式簿記**。）

「若有人名字沒記在生命冊上，他就被扔在火湖裡。」透過簡單的會計方法，商人階級得以發揮他們千年來難以施展的手段：讓人接受借貸業務。阿霍寫道，複式簿記「與新的『可見領域』之創造有同謀關係：基督教商人。」

這種聖經紀錄與會計紀錄的刻意連結，在帕西歐里的著作中明顯可見。他描述複式簿記方法的說明，開宗明義就說：「商人登記業務紀錄應該以西元紀元日期開始，記下每一筆交易，才能永遠記住要合乎道德，而且工作時，行為一定要時時謹記上帝之名。」

等到高利貸從基督教對商務貿易的不信任中解放出來，大家開始接納採用。佛羅倫斯的梅迪奇家族最早，搖身一變成為媒合歐洲各地金錢流動的重要中間人。梅迪奇的創舉得以實現，是因為一致使用複式簿記帳本。

如果羅馬有個商人想賣東西給威尼斯的顧客，這些新帳本解決了雙方距離遙遠的信任問題。藉由將付款人的銀行帳戶記為借方，而將受款人的帳戶記為貸方──就是複式簿記的做法──銀行業者不用運送實體錢幣，就能有效轉移金錢。如此一來，徹底轉變整個支付事業，

為文藝復興和現代資本主義奠定基礎。同樣重要的是，這也建立了一項延續五百年的做法，確立銀行業者為社會集中式信任承擔者的基本要角。

因此，複式簿記的價值不只在枯燥的效率。帳本被視為一種道德指針，使用帳本賦予所有相關人等道德正確性。商人信仰虔誠，銀行業者崇高神聖——十六及十七世紀有三位教宗出身梅迪奇家族——商人心懷崇敬履行業務。從前不受信任的商人，變成社會中道德高尚正直的梁柱。阿霍寫道：「衛理教會創始人衛斯理（John Wesley）、狄福（Daniel Defoe）、皮普斯（Samuel Pepys）、浸信會傳教士、自然神論者富蘭克林（Benjamin Franklin）、震盪教徒（Shakers）、和諧社會（Harmony Society），以及最近英國出現的愛歐納團體（Iona Community），全都堅信維持一絲不苟的財務帳，是誠實、有條理、勤勞這個總綱領的重要部分。」

幸虧有十字軍東征期間從中東引入的數學概念，會計學成了現代資本主義興起的道德基礎，而資本主義錙銖必較的經營者就成了新宗教的教士。如今大部分人（但肯定不是全部）都很難將《聖經》看成真正的真相；但他們卻輕易就將雷曼兄弟的帳目當成真正的真相——直到令人目瞪口呆的矛盾曝光。

2008年的重大諷刺是，我們對會計系統的信賴深刻交織在我們的集體心理之中，以至於我們根本沒有察覺，使得我們容易遭到欺騙。即使誠實執行，會計有時候也不過是根據經驗與知識做的猜測。現代會計，特別是在大型國際銀行的會計，已經複雜到幾乎沒有用處。

《彭博社》（*Bloomberg*）專欄作家萊文（Matt Levine）在2014年一次全面性深入剖析中，解釋銀行的資產負債表是如何艱澀難懂到令人匪夷所思的地步。他指出，資產負債表上大部分資產的「價值」只是銀行的猜測，依據的是銀行可回收的貸款、或持有的債券，以及在市場上售出可能獲得的價格，對照抵銷估價同樣模糊的債務。如果猜測只偏差1%，也可能使得季度獲利變虧損。猜測一家銀行是否真的獲利就像隨堂抽考。「我認為小考沒有答案，」他寫道。「一個人不可能知道美國銀行上一季究竟是賺錢、還是虧錢。」他說，銀行的資產負債表基本上是一連串「對估價的合理猜測」。猜測做錯了，就像雷曼和其他陷入困境的銀行，最後就是破產倒閉。

在這裡，我們的目的並非是要抨擊複式簿記或銀行。如果要將所有借方與貸方加總合計，複式簿記利大於弊。我們的目的其實是要說明，**為什麼**要信任這種會計背後的深厚歷史與文化根源。現在的問題是，在信任重挫之後，是否有哪一種科技可提供不同的簿記方式，幫助我們重建對經濟體系的信心。始終開放給大眾檢驗的區塊鏈，並非由單一銀行擔保，而是由許多電腦分享及維護的一連串由數學保護的帳本項目，這項技術能幫助我們重建失去的社會資本嗎？

當真相被數位化之後

2008年10月31日，全世界都淹沒在金融危機之中，某個以「中本聰」為筆名的人，發表一篇沒怎麼引起注意的「白皮書」，描述一

個稱為「比特幣」、不需要官方支持的電子現金。中本聰的電子現金，其核心是一個任何人都能查看、但根本不可能被更改的公開帳本。這個帳本基本上是將真相數位化的客觀呈現，在之後數年被稱為區塊鏈。

中本聰結合了數種要素而構思出比特幣。但就像幾世紀前的費波納西與帕西歐里，中本聰並非唯一致力於利用當時的科技創造更好的系統。2005年時，名為葛利格（Ian Grigg）的電腦專家，當時在一家叫Systemics的公司任職，他提出名為「三式簿記」（triple-entry bookkeeping）的試驗系統。

葛利格的工作領域是密碼學，這門學科可追溯到古代，最早出現是將語言編成代碼，以分享「密碼」或祕密。自從圖靈（Alan Turing）以計算機破解德國軍方的恩尼格瑪密碼機（Enigma）以來，密碼學一直是電腦時代多數成就的基礎。沒有密碼學，我們就無法在不洩露給討厭的窺探之眼下，在網際網路上分享私密資訊，比如我們在銀行網站內的交易。隨著電腦的功能呈幾何級數成長，密碼學對我們生活的影響力也隨之成長。

至於葛利格，他相信這將帶來一個可程式化的紀錄保存系統，讓詐騙根本不可能成立。簡言之，這個概念就是以現有的複式簿記系統，再加上第三本帳：以密碼學方法保證安全的獨立開放帳本，沒有人可以更改。葛利格認為這是對抗詐騙的辦法。

按照葛利格的描述，使用者維護自己的複式會計帳，但增加到這些數位化帳本的是另外一種功能，它基本上是個時間戳記，就是給每一筆交易加上以密碼學保證安全的簽章收據。（「簽章」在密碼學的概

念，是指比潦草的手寫塗鴉更科學的東西，必須結合兩個相關數字，或「金鑰」——其中一個公開公布，另一個是私密的——以數學證明做出簽章的行為人是唯一獲得授權者。）葛利格將三式記帳法想像成是一種軟體程式，可以在大型公司或組織內執行。但依序容納所有簽章收據的第三個帳本，可以公開且即時加以驗證。任何偏離時間戳記的紀錄都可能代表詐騙。試想如馬多夫（Bernie Madoff）騙局[1]，他就是捏造交易並記錄在完全虛構的帳冊上，從這裡就能看出一個可以「即時驗證帳目」的系統有什麼價值了。

在葛利格之前的1990年代，另一個夢想家也看到數位帳本的潛力。薩博（Nick Szabo）是早期的密碼龐克[2]，並發想出一些構成比特幣基礎的概念，而這也是為什麼有人懷疑他就是中本聰。他的通訊協定核心就是個在「虛擬機器」——例如相互連結的電腦網路——執行的試算表，許多人都可以使用。薩博想像一個兼具私密與公開數據的複雜系統，可保護個人身分，但又提供足夠的交易公開資訊，以建立可驗證的交易歷史。

這個薩博稱之為「上帝協定」（God Protocol）的系統，至今已經超過二十年，但又非常類似我們將在接下來的章節，將深入了解的區塊鏈平台與通訊協定。薩博、葛利格，以及其他先驅提出方法，可望

1　編注：2008年的金融風暴中，華爾街爆發有史以來最大的弊案，前那斯達克主席伯納‧馬多夫所創立的對沖基金，被控使用龐氏騙局的手法，進行長達二十年的吸金詐騙，投資人的損失金額共計超過500億美元。
2　發源自舊金山灣區的密碼龐克運動，其背景與在加密貨幣發展所扮演的角色，請見我們前一本書《虛擬貨幣革命》。

真理機器 THE TRUTH MACHINE

創造一套無法更改的歷史紀錄，一個像馬多夫或雷曼等金融業者無法上下其手的紀錄。他們的方法或許正好有助於我們重新信任彼此交易時用到的體系。

建構「對事實之共識」的方法

如果社群要從事交換並塑造正常運轉的社會，必須設法達成一個共同接受的真相基礎。而在二十一世紀的數位時代，許多社群是在線上形成，他們超越疆界與司法的管轄範圍，過去用來建立那些真相基準的舊有體制，將無法發揮相同的作用。

支持區塊鏈解決方案的倡議者說，這個「真相發現過程」最好交給分散式方法，也就是一個沒有單一個體能控制的方法。如此一來，這個方法就不容易有腐化、攻擊、錯誤，或災難。

此外，也應該用難以破解的密碼數學對結果進行比對，避免未來遭到覆寫。密碼學是這樣做的：用來保護資料的密碼，是取自一組大到遠超過人類想像的數字。光是可能性的數量，要透過「蠻力」（brute force，逐一測試可能的數字再排除）猜測來找出隱藏的密碼，就是難以想像的曠日廢時。

必須說，比特幣現在是全世界最強大的電腦網路。2017年8月時的合併「哈希率」（hashing rate）[3]，得以讓比特幣網路的所有電腦集體

3　編注：衡量比特幣網路處理能力的單位值。

每秒仔細過濾700萬兆個猜測數字。不過，這個網路還是需要花上大約4,500兆三次方（trillion trillion trillion）年，才能完成保護比特幣數據的SHA-256雜湊演算法（hashing algorithm）產生的所有可能數字。紀錄顯示，這樣的時間是目前宇宙年齡最佳估算值的3萬6,264的億兆倍。這意味著比特幣的密碼方式相當安全。[4]

然而，這個誠實會計系統還需要密碼學以外的東西才能運作。包括還需要公開可追蹤、相互連結且按照順序排列的交易紀錄，提供眾人監督檢視。這代表（一）帳本應該公開，以及（二）執行的演算法應該遵守開源原則，也就是將原始碼展示給所有人看及測試。

另一方面，系統必須給予個人及其資料充分的隱私功能和保護，要是他們的個人身分和所有業務機密會被大家看見，那就不會有人使用。比特幣的處理方法是只顯示使用者收到比特幣時，隨機指派給他們由字母加數字組成的一次性「地址」，不會讓你知道支配這些比特幣者的身分相關消息。但這又不是完全匿名的系統，說是「化名」會更適當。

以比特幣來說，循著交易追蹤從一個地址到另一個地址的資金交換，有可能查到一個可辨認使用者身分的地址——例如，他們在受監管的比特幣交易所轉換成美元時，交易所會留存顧客的姓名、住址，

4　值得提出重要警告是，如果科學家真的創造出可運行的量子電腦（quantum computer），這個程度的密碼方式確實可能遭到破解。但這樣的想法不僅仍遙遙無期，倘若真的有那麼一天，不是只有比特幣，而是**所有**網路安全系統大概行不通了。雖然如此，加密貨幣設計者已經著手進行量子防禦系統，理論上是可以抵抗量子攻擊的。

以及其他細節。對於某些非常嚴肅看待隱私的密碼專家來說，這樣仍有不足。因此有些人試圖開發其他加密貨幣，包括 Zcash、門羅幣（Monero）及達世幣（Dash）等，增加的隱私保護超過比特幣。這些加密貨幣在帳本保留足夠的資訊，讓進行確認的電腦能確信帳戶沒有受損或遭到操控，但又能更完善地掩飾身分。

無論解決方案是否需要這些極端的隱私措施，在我們面前展現的新一套帳本系統概略模型——分散式，密碼保護安全，公開但又隱密——或許正是恢復眾人對社會紀錄保存系統的信心所需。也是鼓勵大家重新投入經濟交換與冒險之所需。

社會要能發揮作用，需要「對事實的共識」，新美國基金會（New America Foundation）主管兼全球區塊鏈商業委員會（Global Blockchain Business Council）主席蒂勒曼（Tomicah Tillemann）如是說。「我們必須確立一個可以凝聚所有人的共同現實。而我們在已開發國家的做法，是由體制機構負責建立這些基本事實。那些機構現在正遭受抨擊……區塊鏈有潛力對抗那種腐蝕，而且有潛力創造新的動能，讓每個人都對一套核心事實達成一致，但又確保不應該出現在公共領域的事實能隱密且不受干擾。」

比特幣說明上述這個概念，在「金錢」這個特別重要的背景脈絡下是如何發揮作用的。給貨幣使用者一個工具，對他們的交易「事實」達成一致意見，如此就能讓完全不認識的陌生人使用一個獨立的貨幣，安全無虞地在網際網路上彼此支付，即使沒有一個類似聯準會（Federal Reserve）的集中式帳本保存者，也依然有高度把握不可能會

出現偽造欺騙。

　　不過，更大的啟示是：一群人可以在沒有中央機關仲裁調停下，對事實達成共識。如果我們像以色列歷史學家哈拉瑞（Yuval Noah Harari）一樣思考這件事，注意到我們創作所有人都相信、且有意義的故事——例如宗教概念，國家民族，共同的貨幣——帶來的人類社會組織力量，就可以看出這一點有多重要。

　　人類文明的歷史並非建立在絕對的真相本身——畢竟就算是科學理解也要經過修正的——而是建立在「合意共識」這個更強大的真理概念，也就是對我們所認為的真相有共同的理解，整個社會有一致的看法，可讓我們克服猜疑、塑造信任，並全力進行合作。所以，想像區塊鏈技術的最好辦法，並不是將之當成信任的替代物，如同一些加密貨幣狂熱者帶有貶意的形容，是「無信任」解決辦法；相反的，是將之當作一種工具，可供社會創造必要的共同故事，散播更多信任，建立社會資本，並塑造更好的世界。

　　這個賦權概念有助於解釋，為什麼有人日益熱衷於將區塊鏈視為所有問題的解決辦法——雖然有時候過於極端或不合時宜。隨著各個領域都有人開始探索，在自己的產業以區塊鏈去中介化，及創造開啟價值新方式的潛力，他們從區塊鏈技術看到的不只是「現金機器」的可能。如果能夠像比特幣所展現的那般促進共識，那麼以「真理機器」來理解它是最為恰當的。

第二章

Two

數位經濟的治理之道

"Governing" the Digital Economy

🔒 駭客的美夢

🔒 安全，就在分散式的信任架構中

🔒 集中式信任的去中心化經濟

🔒 網際網路缺少的那塊拼圖

🔒 程式碼即是法律？

2011年9月的一個晚上，創業家席姆斯（Peter Sims）收到朋友艾莉蓀（Julia Allison）的簡訊，問他是否正好搭乘一輛Uber的休旅車，來到紐約第三十三街與第五大道附近。席姆斯的確正好在那個地方，以為朋友肯定是從另一輛車上看到他。

　　事實上，艾莉蓀根本就不在同一個州。她正在芝加哥參加一場聚會，慶祝Uber要在風城芝加哥大展拳腳。她看著Uber團隊表演他們特別喜歡在聚會上展示的花招：給大家看他們口中的「上帝視角」，以實況地圖顯現公司的汽車及其乘客所在的地點，真名呈現。Uber不但追蹤車輛的動向，還追蹤人的動態。等艾莉蓀解釋自己為何對席姆斯的行蹤瞭若指掌後，席姆斯勃然大怒，並拿這次的經驗寫了一篇尖銳辛辣的部落格文章。

　　Uber因為旗下工作人員的性騷擾事件，以及企圖用激烈的行動解決問題而聲名狼藉，這也是其共同創辦人兼執行長卡拉尼克（Travis Kalanick）被迫辭職的一大因素。但這個隱私問題也同樣重要。該公司不但掌控敏感的眾人行程資訊，而且至少在公司草創初期，高層主管顯然樂意濫用那樣的權力。

　　2014年11月，網路媒體Buzzfeed的記者布延（Johana Bhuiyan）在報導中指稱，自己遭到Uber的紐約總經理莫勒爾（Josh Mohrer）利用上帝視角功能監視動向後，Uber針對莫勒爾的行為展開調查。這件事以及其他隱私疑慮引起的強烈抗議，導致Uber與紐約檢察總長施奈德曼（Eric Schneiderman）達成和解——Uber同意將乘客的姓名及地理定位資料加密。

從這裡，不難看出 Uber 和其主要競爭對手來福車（Lyft），很快就和我們的日常生活串起千絲萬縷的關係。當你的公司名稱變成動詞的時候——全錄（Xerox），Google，Uber——你就知道你成功了。儘管品牌名稱與交通運輸、民主化扯上關係，又讓駕駛與乘客可以聚合「共乘」，但 Uber 本質上其實就是一間集中式公司，根本無關去中介化。這家營利公司是每次交易介於駕駛與乘客之間的守門人，而且為此拿走每筆交易的 25%。但它絕對不是唯一靠「控制資料」這種新方式營利的公司。Uber，以及臉書、Google 和所有二十一世紀其他的科技巨擘該如何對待手中掌握的資料，已經成為重要議題。

假如你還沒有察覺，那我們要告訴你，網際網路是有人**主導**的。少數幾家占有支配地位的公司，基本上控制了一切：Google、亞馬遜（Amazon）、臉書、蘋果（有些人將之合稱為 GAFA）。我們信任委託他們居中媒介我們的電子郵件和彼此的社群媒體交換、管理我們的網際網路搜尋、儲存我們的資料等等。他們似乎各有不同的出色表現，但是若以我們交給那些公司的權力來說，算是成本浩大。我們這些普羅大眾，是他們不支薪的產品開發人員，幾乎就是在為這些公司創造價值、創造內容，並交出我們珍貴的資料。我們因此獲得服務，沒錯，但這種不平衡的關係大有問題。這在我們的民主制度中尤為明顯。

2016 年的美國大選之後大家漸漸明白，臉書與 Google 控制著你看到的新聞。就說臉書的祕密演算法，它會選擇符合你的意識形態傾向的新聞，為喜怒見解相同的讀者建立同溫層，隨時準備吸收及分享未必可靠的資訊，堅定他們早已存在的政治偏見。這也是為何在 2016

年美國總統大選期間，一群馬其頓青少年能夠創作虛假的新聞報導，聲稱教宗為川普背書等，結果創造的「讚」、分享，以及廣告費用，超越有充分資金支應及研究的新聞媒體產生的真正新聞。

不僅如此，臉書和Google等公司更成為大規模的社交樞紐。這些數位巨獸對於在網路上流通、最具有社會影響力的數據，更有前所未見的控制。我們將那些公司的服務視為「免費內容」的「免費增值」（freemium）模式是個神話。我們雖然沒有付錢給Google、臉書等公司，卻交出了更有價值的通貨：**我們的個人資料。**

「對這種通貨的控制，讓那些業者徹底變成壟斷企業與數位時代的新強權。」其他人當然也說過這些事。我們重新溫習，目的是要說明這種對網際網路資訊的控制權集中，暴露了網路集中式架構的核心問題，以及這是肇因於未能被有效解決的信任問題。

駭客的美夢

2016年，聯邦調查局（FBI）要求智慧型手機製造商蘋果，允許執法部門存取該公司顧客的加密資料，結果引發雙方的法律攻防戰，消費者似乎陷入兩難困境。如果我們想在數位經濟中生存，似乎不是讓民間公司控制資料並因此得以濫用，就是讓政府控制那些民間公司，而使我們暴露在前中情局職員史諾登（Edward Snowden）揭露的那種國家安全局（NSA）侵擾隱私中。

只不過，選擇未必要如此非黑即白。我們希望證明的解決辦法或

許在第三條路，這條路需要重新想像如何組織管理線上資料的結構。比特幣與區塊鏈技術背後的概念，給我們解決這個問題的新起點。那是因為「誰控制資料」的這個問題，最初應該是源自於一個更基本的問題，就是我們必須**信任委託**誰、或什麼機構，以便進行商務、取得服務，或是參與現代社會。

我們看到令人信服的論點，支持徹底重建數據安全典範。而這又始於思考網際網路使用者會怎麼樣開始直接「信任彼此」，以避免將太多資訊灌注到目前位於線上關係中心的集中式樞紐。解決數據安全，或許先要慎重地從我們所稱的**集中式信任**模式，轉移為**去中心化信任**模式。

在一個科技理應降低進入成本的時代，過時的集中式信任管理系統已經證明是既昂貴又有其局限性（請想想世界上沒有銀行帳戶的那二十億人口），而且已經宣告失靈——驚天動地。雖然根據顧能公司（Gartner）估計，2015年全世界在網路安全上花了大約750億美元；英國保險市場勞合社（Lloyd's of London）執行長畢爾（Inga Beale）指出，同年線上詐騙偷竊的年度總損失約為4,000億美元。如果這個數字令你驚懼——想必如此——那麼請試想這個規模：2兆1,000億美元。這是研究機構Juniper Research以目前的趨勢推斷到了2019年（想必相互連結更緊密的數位世界），估算得出的詐騙損失預估值。按照目前的經濟成長率來衡量這個數字，相當於世界GDP總額的2.5%以上。

很顯然，這些數字不但代表駭客偷走的總額，還包括法律訴訟、

安全升級等等的成本——每年無數攻擊造成的商業損失。即使如此，該數據顯示心懷惡意的黑帽駭客，名列網際網路時代賺錢牟利的最有成就之人。

保護全球商務的這場重大挫敗，可直接歸因於集中處理與儲存資訊的方式，和推動更多點對點及裝置間（device-to-device, D2D）商務的全球「分享經濟」去中心化傾向，這兩者之間出現不協調的發展。隨著更多人透過點對點社交網路連結並使用線上服務，以及更多所謂的「物聯網」（Internet of Things, IoT）裝置加入這個網路，如智慧型調溫器、冰箱甚至汽車，就創造更多「存取點」（point of access）。駭客利用這些存取點，設法進入網際網路不斷擴大的**集中式**資料儲存所，偷竊或毀壞其內容。

這些相互矛盾的趨勢所包含的風險，從2016年10月對註冊網域名稱系統（domain name system, DNS）供應商Dyn的攻擊就可清楚了解。這次攻擊肇因於有一名駭客發現，像是遊戲機與筆記型電腦之類的迷你計算系統使用者，不像家用電腦使用者一樣會定期下載安全修補更新，於是便對其發動攻擊。那些裝置一旦受到損害，就能當成發射台，針對網際網路的其他部分發動攻擊。當駭客公布操作指令表，一些心存惡意者不免躍躍欲試。控制多個裝置後，這些作惡者對Dyn發起大規模分散式阻斷服務（distributed denial of service, DDOS）攻擊，這種策略是不斷密集發出網域名稱請求到該公司的代管服務，數量多到癱瘓該公司客戶的網站，包括推特、Spotfy、Reddit，以及許多高流量網站。

這就是我們一直在討論的矛盾悖論直接產生的結果。網域名稱註冊是由日益龐大的集中式第三方供應商管理，然而輕量級的物聯網裝置卻是落在準備不足的一般大眾手中。這樣的組合成就了駭客的美夢，而我們蒐集到的大資料庫正好供那些駭客玩耍。

2014年，IBM估計人類每天創造2.5艾位元組（exabyte），或者2.5個百萬三次方位元組的數據，現在其中大多資料會永遠儲存下來，拜雲端運算時代之賜，資料儲存十分便宜，所以銷毀資料再也沒有意義。若將這個數目用阿拉伯數字表示，總共會有17個0，也就是2,500,000,000,000,000,000。（另一種表達方式：相當於2兆5,000億個《虛擬貨幣革名》這本書的PDF檔案。）根據IBM團隊的估算，這個數目代表人類只用兩年就創造了有史以來所有累積資料的90%──大部分儲存在像IBM這類供應商營運的雲端服務伺服器。

我們認為，保護這些資料並減緩攻擊力道的唯一方法，就是將資料從集中式伺服器拿走，創造一個更分散的儲存結構。資料的控制必須交回到資料所屬之人的手裡，即網際網路服務的顧客和終端用戶。如果駭客想要我們的資料，就得一一追蹤我們，這比直接找到弱點、進入將所有資料匯聚一處的巨大封閉式資料庫，代價遠遠更為高昂。為了達成這個目標，我們必須擁抱去中心化信任模式。

在更深入探索這個解決方案之前，我們先進一步思考這對人類為什麼關係重大。其中關係到的遠不只是金錢經濟。保護隱私是社會運轉的必要元素，而保護隱私的挑戰與資料安全，兩者本質上就有關連。

當保護故障失靈（而這的確一再發生），人生有可能因此被毀：

金錢與資產被偷，身分與聲望被劫持，面對勒索敲詐，而且發現和其他人共度的親密時刻被公開到公共領域。線上身分盜用已經和憂鬱、甚至是自殺扯上關係。如果這還不夠糟，專家深信我們很快就會遭遇網路謀殺，因為由網際網路啟動的汽車和其他可能致命的裝置，成為駭客殺手的目標。謀殺事件說不定已經發生過；有人推測馬來西亞航空MH370航班的神祕失蹤事件，就是駭客攻擊該航班電腦的結果，這樣的推測不再是陰謀論者的說法。我們必須在問題發生之前先發制人。

個人並非這種模式的唯一輸家。企業與機構同樣也有損失。最新的大型網路攻擊目標名單，包括標準普爾500指數（S&P 500）中一些大企業——摩根大通，家得寶（Home Depot），Target，索尼（Sony），溫娣漢堡（Wendy's）。他們全都付出高額成本，用在法律費用、賠償使用者，以及投資安全系統升級上。而且不是只有美國企業，政府也遭到攻擊。2015年美國人事管理局（Office of Personnel Management）被駭時，洩露了一千八百萬人的安全調查資料。當然，還有2016年民主黨全國委員會據稱遭到俄國駭客入侵，在川普執政的第一年引發重大政治危機。

這些時有所聞的攻擊事件，對企業和其他機構的資訊科技部門來說，是昂貴又揮之不去的麻煩。每當惡意駭客使出新花招，就要趕緊給安全系統提出新的修補程式，而攻擊者必定又會想出破解辦法。這又促使在網路安全系統做出更昂貴的投資，然而系統又必定遭到破壞或是需要進一步升級。企業不斷花更多錢建立愈來愈高的防火牆，卻

發現敵人始終技高一籌。

很顯然，我們需要新的安全架構。而區塊鏈技術包含的概念或許能幫我們做到。在區塊鏈環境的分散式結構中，參與者不用仰賴集中式機構維護網路安全基礎架構，例如以防火牆保護大批使用者。相較之下，安全成了共同的責任。由各人負責維護自己最機密的資訊，而不是交給可信的中介者，任何分享的資訊都要經過集體共識的流程，以確保真實性。

這種概念的潛在力量就從比特幣的例子開始。雖然比特幣區塊鏈未必能給這個用途提供最終的解決辦法，但不妨想想，沒有那些集中調配的標準網路安全工具（如防火牆），而是以本書出版之際、市值超過1,600億美元的誘人「賞金」，比特幣的核心帳本已經證明至今仍無法遭到駭客破解。根據帳本本身的建全完善標準，比特幣存在九年的經驗提供相當堅實可靠的證據，證明其核心機制為使用者提供去中心化信任的韌性。這代表比特幣區塊鏈最重要的非貨幣應用之一，可能就是安全。

安全，就在分散式的信任架構中

比特幣何以能夠繼續存在的一個原因，就是讓駭客無從下手攻擊。公開帳本不包含任何辨識系統使用者身分的資訊。更重要的是，沒有人主導或控制帳本。沒有一個主版本；每確認一批交易，即區塊鏈中所謂的「區塊」，就是創造一個完整帳本的更新版本，並轉播給

每個節點。因此，沒有一個中央攻擊向量。

如果網路中有一個節點遭到破壞，且有人企圖取消或重寫該節點帳本版本的交易，控制成千上萬個其他公認版本的節點，將拒絕在更新時納入遭破壞節點的資料。眾多乾淨版本與遭更改版本的不一致，會自動將遭破壞的區塊標記為假的。

正如我們將在本書進一步探討的，不同的區塊鏈設計，安全程度也不一，包括那些仰賴中央權威機構批准參與者的所謂「私有」區塊鏈（private blockchain）或「認許制」區塊鏈（permissioned blockchain）。相較之下，比特幣根據的是去中心化模式，避開批准許可，寄望參與者因為關心自己在系統中的金錢而加以保護。不過在各種案例中，所有區塊鏈帳本共有、完全相同的基本性質，就是共同的真相紀錄寄存在許多地方，這個特質鞏固了分散式安全的核心概念，而失敗的風險則由多重「冗餘」擋下。

不過，這並非大企業思考安全問題的方向。2016年3月，金融證券結算及清算機構集保結算公司（Depository Trust & Clearing Corporation, DTCC）舉辦的一場座談會上，觀眾席坐滿了銀行業者與支持企業的代表，他們被問到，如果有1,000萬美元可以調配，讓他們表決明天要投資哪個資訊科技類別。從選項清單中投票得到的結果，絕大多數支持投資「網路安全」服務，「區塊鏈」機會則居次。

當時在講台上，區塊鏈／分散式帳本服務公司Chain Inc.的執行長路德溫（Adam Ludwin）利用這個結果力證，那些華爾街公司並未看出這項科技可提供不同的典範。路德溫的客戶包括家喻戶曉的公

司，例如Visa信用卡與納斯達克（Nasdaq），他表示能理解為何大家看到的始終是網路安全服務市場，因為他的聽眾都是些拿錢替人解決資料受侵害的人。但他們的答案顯示他們並不知道區塊鏈提供了解決辦法。不同於其他系統設計軟體，網路安全是附加物，區塊鏈技術「設計時就將安全包含在內，」他說。

以華爾街主要在探索的私有「認許制」區塊鏈來說——也是分散式帳本模式，但所有進行驗證的電腦必須先經過授權加入網路——路德溫的「設計在內」概念完全是指將資料分散到許多節點，而不是只由一個節點保留。優點是這樣的結構創造多重冗餘，或者備份，萬一有個節點遭到破壞，網路還是能繼續運轉。比較激進的解決辦法是接受開放的「非認許」區塊鏈，例如比特幣和以太坊（Ethereum），沒有一個中央權威機構記錄誰在使用網路。倘若如此，整個安全典範——何者構成「安全保障」的問題——就變了。這就不是圍繞著一個由可信第三方控制的集中式珍貴資料水庫，建立一道防火牆，而是著重在將資訊的控制權推到網路的邊緣，推到眾人身上，同時限制公開傳播的身分識別資訊數量。重點是，這也是要讓企圖偷竊珍貴資訊的成本高到令人卻步。

一個大家不揭露身分而能免受攻擊的系統，這樣的想法或許違反直覺。但事實上，這些軟體程式施加給系統中行為者的獎勵與成本，已經證明非常可靠。比特幣的核心帳本從來不曾被人攻擊成功。我們的資料系統安全至今仍委託給機構保管，而要讓那些機構放手、並將安全問題交給去中心化網路，仍是個重大挑戰；萬一有哪裡出錯，去

中心化網路沒有一個明確的管理機構可以讓人控告。但這樣做，或許是他們改善資料安全最重要的步驟。他們不能以為安全問題就是更優異的加密功能和其他外部保護，而是要當成經濟問題來思考，要把進行攻擊變得代價高昂而得不償失。

我們就來比較目前保護資訊的「共享祕密模式」，以及比特幣區塊鏈促成的新「裝置身分識別模式」（device identity model）。目前來說，服務供應商與顧客商定一個機密密碼，或許還有某種輔助記憶的方法——「你的寵物名字」——來管理存取權利。但這將使得價值可能達數十億美元的重要資料，全都貯藏在該公司可能遭駭的伺服器上。有了非認許區塊鏈，資料的控制權仍在顧客手中，這代表弱點存在於他們的裝置。

因此，不是讓Visa在伺服器裡存放數億持卡人進入支付網路所需的身分辨識重要資訊，而是進入網路的權利只交給你，在你的手機、電腦管理。駭客可以追蹤每部裝置，設法偷到在去中心化網路進行交易的私密金鑰，如果運氣好，他們可以得手幾千美元的比特幣。但這比起追蹤中央伺服器的富饒目標，實在划不來且更加曠日廢時。

脆弱環節——肯定都有，這是網路安全眾所周知的真理——這下就在裝置本身了。區塊鏈系統的職責就是讓顧客保護裝置。不可否認，這為私密金鑰管理和加密策略的教育，帶來了新挑戰。加密貨幣的未來要發揮最大效用，將需要大家掌管自己的安全。

但即使有裝置保護方面的新挑戰，我們應該會看到攻擊的數量銳減。關鍵在於駭客每次攻擊的潛在回報銳減。不是一次存取幾百萬個

帳戶，而是得逐一瞄準每部裝置，卻只能得到相對微薄的金額。這是一種加大獎勵誘因權重的安全概念，是從設計上保證安全，而不是靠修補程式。

我們似乎可以清楚看出，若擁抱區塊鏈帶來的分散式信任架構，數位經濟將大為受益——無論只是分散式系統提供的資料備份，還是更激進的以高成本收益比進行保護的開放系統。一旦我們的心思轉往這個方向，就會浮現更自由的資料管理新模式，這些模式將控制權歸還給產生資料的個人，進而給予資料本身更大、更多的保護。

有一個產業肯定熱烈歡迎這樣的解決方案，那就是醫療保健業。目前，非常敏感的醫療紀錄分散在不同的穀倉式封閉資料庫，分別由保險公司、醫院，以及實驗室管理，座落在各家機構脆弱的資料池。這些機構受嚴格的保密規定約束，而這些規定是以出於善意、有高度約束性的病人隱私法規為依據，例如「健康保險可攜性與責任法案」（Health Insurance Portability and Accountability Act），對於未能保護病患資料施以高額罰款；所以他們應該樂於免除這項責任。

這個產業遭受的攻擊一直在攀升。2016年醫療保險公司Anthem遭遇一次網路攻擊，讓七千八百萬名顧客的紀錄曝光。這場所謂的「想哭」（WannaCry）勒索攻擊，全世界不同醫院的病患醫療紀錄被駭客加密，要求院方支付比特幣的贖金後才予以解鎖，被鎖定目標的醫院等地，絕大多數的資料都是生死攸關。

損失最大的是病患。這個結構造成他們的醫療照護，出現浪費時間以及成本高昂卻缺乏效率的現象——有無數恐怖故事說到，重症病

患無法讓基層醫師將重要的病歷釋出給急診人員，以便他們採取適當的醫療措施。而且因為資料無法自由分享，阻礙搶救生命的治療研究。美國醫療保健體系的醫療紀錄管理幾乎完全崩壞。

這是為何像根據以太坊（Ethereum）區塊鏈建立的開源程式MedRec計畫，充滿這方面潛力；該計畫是由麻省理工學院媒體實驗室學生艾克布洛（Ariel Eckblaw）、亞札利亞（Asaph Azaria）及伊耶拉（Thingo Yieira）建立。其構想是由病患控制「誰能看到」他們的病歷，同樣的構想也有其他新創公司以不同的形式在進行，例如洛杉磯的Gem及舊金山的Blockchain Health公司。資料依然存留於每個供應者，但病患可使用自己加密的私密金鑰——與授權比特幣支付的方法相同——由供應者釋出需要的具體資料，交給他們授權使用的人。

集中式信任的去中心化經濟

要如何達成一個去中心化信任的世界，好讓我幾乎不用付出代價，就能安全又有把握地在線上與其他人進行交易呢？要回答這個問題就必須反思：我們是如何從《紐約時報》專欄作家佛里曼（Thomas Friedman）宣稱「世界是平的」的公平競爭（level-playing-field）網際網路這個烏托邦構想，發展到幾乎由少數幾個龐大守門人一手把持的網際網路？

我們就從網際網路之前的離線經濟開始說起，那是我們從二十世紀承襲而來的，當時集中式信任是我們唯一想像得到的模式。在那個

盛行至今的體系下，我們把記錄所有人交易與價值交換的工作，交付給銀行、公用事業、憑證機構、政府機關，以及無數其他集中式機關組織。我們信任由它們監控我們的活動——開立支票、用電量、每月從報紙到電話服務的費用——並在它們控制、且只有它們控制的帳本上誠實可靠地更新資訊。有了這些獨家擁有的消息，那些機關獲得獨一無二的權限，決定我們從事商務的能力。**它們**決定我們是否能夠透支款項、從公用事業的電力網取用電力，或是打電話。而且它們為了那樣的特權開給我們發票。

這個系統本來就與網際網路無人負責的分散式架構不相容。網路原本的設計是要讓任何人都能以將近於零的成本，發表和寄送資訊給任何地方的任何人。這開啟了龐大的經濟新機會，但也對信任管理帶來罕見的挑戰。

你打交道的人可能用小狗的照片當作虛擬頭像，用的名稱是「佛地魔 2017」。你怎麼知道可以信任他們來履行你要處理的契約協定？在像 Yelp 及 eBay 等服務的星級評價（star rating），就企圖干預這種破壞行為，但也容易用假身分和假評論操弄矇騙，差不多就像臉書的「讚」。而在遇到高價值交易時，就無法信任他們。好吧，等到網際網路公司發現自己沒辦法解決這些難題，就不得不邀請集中式機關代替我們進行中介。這或許是必要的解決辦法，卻是有瑕疵的方法，現在暴露出許多其他安全和隱私疑慮。

分散式系統讓壞蛋更容易假報身分。他們還可以複製、杜撰，或偽造有價值的資訊。因此，90 年代中期創業家在電子商務開疆闢土

時，努力要設計一個不會讓顧客遭到詐騙的線上支付模式。因為無法向顧客及商家保證他們的銀行帳戶和信用卡資料安全無虞，所以一開始將重心放在保護隱私的電子現金，這個概念中本聰以比特幣解決。他們認為，如果是數位現金，大家在線上支付就不必透露個人身分識別資訊，就像使用紙鈔一樣。

為了追求這個目標，前面提到過的「密碼龐克」——由程式設計師組成的鬆散社團，有強烈的自由意志主義傾向，一心想以密碼學保護線上隱私——以及其他網際網路冒險家考慮隱密的加密貨幣概念，而銀行與政府則悄悄實驗以主權貨幣為基礎的電子貨幣。（我們在《虛擬貨幣革命》提到一個鮮為人知的電子現金試驗，是由美國財政部與花旗銀行聯手進行。）

這些早期的數位貨幣受到前述的「重複使用」問題困擾——惡意使用者總是能找到辦法複製自己持有的貨幣部位。克服這個問題至關重要，因為我們或許樂意複製一份 Word 文件寄給某人，但這種數位偽造會摧毀所有貨幣制度的固有價值。科技專家企圖創造一個系統查證有沒有重複使用，但這件事顯然比你想的更難。

最後，在比特幣存在之前，電子商務界選擇一個變通方法：例如威瑞信（Verisign）等公司率先推出一種模式核發SSL（Secure Sockets Layer，安全通訊協定）憑證，以驗證網站加密系統的可信程度；另一方面，發卡銀行則加強反詐騙監測工作。一種「可信的第三方」就加到我們複雜的全球價值交換系統上了。這是另一種應急拼湊的解決辦法，代表五百年來社會解決重複使用問題的集中式帳本保存辦法，

也就是銀行體系，笨拙地插入表面看似去中心化的網際網路，充當其核心信任基礎架構。

等到顧客有充分把握自己不會受詐騙，接踵而來的就是線上購物大爆發。但把關的金融業者這時又給系統增加成本與低效率。結果就是每筆交易的高成本，使得負擔小額支付（micropayment）變得太過昂貴而無以為繼——非常小額的支付款項，也許少到只有幾分錢，原本有希望開啟一個線上商業模式的新世界。這否決了早期網際網路理想家的夢想，他們預見那個概念投入全球市場，將可以些許代價買賣軟體、儲存、媒體內容，以及處理能力，充分發揮效率。這種折衷也代表過去只有精英才會使用的工具——信用卡，變成電子商務基礎架構的一部分，甚至是必要的構成要素，使得銀行與我們的支付系統更加息息相關。在這樣的模式下，銀行向商家收取約3%的交換費（interchange fee），支付他們的反詐騙成本，結果給數位經濟增加隱形負擔，所有人則付出更高的價格。

另一方面，網際網路治理的其他部分也必須託付給集中式機關。其中包括網域名稱系統管理者和代管服務供應商，這些公司的伺服器占用URL（統一資源定位器）——全球資訊網（World Wide Web）中特別指派的區域，是我們在網際網路瀏覽時搜尋查找的地方——並代管那些組成客戶網站的檔案，而網際網路位址所指向的就是這些網站。任何架設網站的人都得和這些機構打交道。而這些全都要收費。需要代管的檔案與網頁愈多，收取的費用就愈多。

這些解決辦法對負擔得起的人來說才有作用。但不可避免的是，

增加的交易成本就此轉換成進入障礙，幫既有的最大業者阻擋競爭對手，限制創新、也拒絕給數十億遭金融業排斥的人機會，充分利用網際網路諸多進步發展的可能。於是，最後出現網際網路獨占企業。那些有先行者優勢的企業，不但享有網路效應的優勢，還因為競爭對手在試圖發展到同樣規模時，需要面臨可觀的交易成本，等於讓既得利益者間接受到保護。

於是，信任管理的高成本非常明顯地提供經濟條件，使得如亞馬遜、Netflix、Google，臉書之流得以壓制競爭對手。同樣重要的是，這也代表那些龐然巨物般的業者，已經成為掌握無上權力的管理者，掌管我們不斷擴大的重要敏感資料池。

網際網路缺少的那塊拼圖

這並不是密碼龐克始祖梅伊（Tim May）和他那一幫倡導密碼學、隱私，以及個人賦權線上世界的自由意志主義同志，在密碼龐克宣言中傳達的夢想。那些 1990 年代灣區的叛逆科技宅，想要一個沒有政府與企業掌控的網際網路，一個去中心化的線上經濟，自我表達不會有審查，任何人都可以用自己選擇的任何身分和任何人交易。這個概念類似科技先知尼爾森（Ted Nelson）命運多舛的仙那度（Xanadu）計畫，該計畫始終未能朝其崇高的願景更進一步：想像一個網路可將更多處理能力和數據放在個人擁有的電腦控制之下，達成一個獨立、自出版（self-publishing）、相互連結、完全自治的全球電腦網路。這

些是遠遠超前時代的概念，只是構思的當下不容於當時的資源、經濟情況，以及政治現實。

但是到了2008年，密碼龐克社群看似失去了魅力，比特幣卻出現了——直接出自密碼龐克劇本的加密貨幣概念，只是當時幾乎沒有人料想到它會成功。如今，找出「由誰控制」數據的問題並不重要。它的健全可靠可以藉由去中心化網路保證，而這個網路又是透過牢不可破的共識流程不斷自我更新。

等到比特幣的意義昭然若揭了，許多曾經參與建設網際網路早期架構的人頓時恍然大悟。這些人包括創投業者、也是第一個商用網路瀏覽器網景（Netscape）的共同創造者安德森（Marc Andreessen），他告訴作家泰普史考特父子（Don and Alex Tapscott），他和同道中人突然體認到，那是「網際網路一直需要、卻始終得不到的分散式信任網路」。

隨著安德森和矽谷其他富有階級開始投錢給從事比特幣與相似產品的開發者，比特幣的基礎區塊鏈技術所能成就的廣度已經顯而易見。以創新者如今一一推出的諸多新科技來說，設計者思考的是區塊鏈概念如何成為一般增加權能架構的一環：

●物聯網解決方案需要一個去中心化的機器對機器交易系統。
●虛擬實境內容所創生的未來想像世界，將由作家與程式設計人員合作，可用區塊鏈系統透過「智慧合約」（smart contract）均分版稅。

●人工智慧與大數據系統需要一套方法，確保它們從許多未知來源收到的數據並未遭到破壞竄改。

●智慧製造（smart manufacturing）、3D列印，以及彈性協作供應鏈的「工業4.0」系統，需要去中心化系統追蹤每個供應者的工作流程與投入狀況。

　　簡而言之，區塊鏈或許能提供一個架構標準，讓所謂的第四次工業革命得以實現，將「位元與原子」（bits and atoms，意指數位世界與實體世界）連結起來，苗壯綻放出大量加工處理過的全球資訊。夢寐以求的「開放數據」網際網路目標將得以實現。

　　有了這個條件，我們或許能釋出全世界的數據，讓各地的聰明人都能加以使用。開放取用（open access）數據應該更有助人類共同為許多問題想出解決辦法，並更有效率地產生更多產品。這是極為增加權能的概念。

程式碼即是法律？

　　我們在其他地方說過，這個促成全球數位經濟成功的新平台宏大願景，並不保證能夠開花結果。除了接下來的章節將討論的各種技術與內部治理挑戰，還有許多阻礙採用的外部障礙。而在區塊鏈技術或其他去中心化信任系統全面支撐起全世界的交易與資訊交換之前，也有一些棘手的問題需要解決。這些挑戰包括監管機構施加的難題，但

監管人員也勉力要跟上加密貨幣引起的難以歸類的變化。

紐約州金融服務管理局（New York Department of Financial Services）花了兩年的時間，才提出樹立基準的「BitLicense規章條例」，規範以比特幣等數位貨幣進行的資金傳輸。然而，到了2015年法規頒布時，加密世界已經前進到智慧合約和以太坊了；如今的重點在功能型代幣（utility token）、首次代幣發行（ICO），以及去中心化自治組織（decentralized autonomous organization, DAO）——這些進展全都不是規章條例起草人所能預見的。

有一個風險是，監管人員對這些打破常規的概念茫然不解，對一些壞消息就會反應過度——可能是ICO泡沫爆破以及爆出許多騙局時，投資人大規模損失引發的壞消息。而令人擔心的是，一套嚴苛又包羅萬象的新措施會抽光這個領域的創新活力，或是將之趕到海外或地下。

的確，諸如華盛頓貨幣中心（Coin Center）及數位商會（Digital Chamber of Commerce）等機構正竭盡全力讓政府官員意識到，如今要在金融科技的全球競賽中引領世界，維持各自管轄範圍的競爭力有其重要性。但我們生存在政治不可預測的時代，保守地說，政策制定並非由高瞻遠矚的理性原則指導。管理者與立法者的意向不夠明朗，本身就限制了科技的進步。

我們需要規章條例——提供架構，理解傳統法律制度如何詮釋區塊鏈邏輯的新組織與治理模式，不管是根據舊的法令還是新的法令。如果數位資產的權利歸結到底，是對一個隱匿身分的私密金鑰控制

權，我們在法律上如何定義數位資產的所有權呢？當全世界分享一個區塊鏈帳本，或者無從知道一份智慧合約內含的隨機分配指令將由全球網路裡的哪些電腦執行，司法管轄責任落在哪裡呢？支持這些新概念的人或許會辯稱不需要新的法律，但他們不能主張自己可以完全豁免管理規定。線上世界並非自成一格；線上世界是我們幾世紀以來累積建立的法律規範大架構的分支。

有些具有自由意志主義傾向的密碼學狂熱愛好者，希望生活完全由區塊鏈規則支配，並擺脫對政府的依賴，他們喜歡引述哈佛大學教授雷席格（Lawrence Lessig）的一句話，「程式碼即是法律。」有些人過度解釋這句話。雷席格從來沒有表示過軟體程式碼可以取代現實世界法律、所有爭端都由這些自動機器解決，只說程式碼在禁止運算元件行為方面，與法律有些雷同。將程式碼視為法律的替代品，是將法律貶低為比原有地位更渺小的東西。

如果法律只是一套指令與規則，那麼沒錯，或許我們可以靠著演算法讓電腦聯手合作，裁斷並執行所有彼此間的數位交換。但法律卻更加、更加深入，也更加、更加廣泛。「法律是什麼？」這個哲學問題，可能引來許多不同答案，但愈是深入挖掘這個概念，就愈難區分法律和心理學家榮格（Carl Jung）所說的「集體無意識」，即我們世世代代傳承下來、並在千年來反覆修改的一整套應對進退的思想觀念——那絕對不是能減化成電腦程式碼的東西。

若要讓人徹底了解這個教訓，最強而有力的事件莫過於2016年6月的「DAO攻擊」這場大挫敗。DAO代表去中心化自治組織（The

Decentralized Autonomous Organization）。DAO的創辦人借用了「去中心化自治組織」的首字母縮略字當名稱，而這個縮略字直到當時都被當成是一種概略通稱，描述各種可能有珍貴價值的自動化企業管理新系統，並附帶有一種科技無政府主義的極端表述。

　　DAO是由新創團隊Slock.it成立的投資基金，而Slock.it則是以太坊前商務長圖爾（Stephan Tual）與另外兩人創辦的智慧合約發展團體。DAO完全由軟體程式碼控制管理——沒有執行長，沒有董事會，沒有任何經理人。這種事情曾在理論上做過討論，但這些人是最早嘗試的。其基本概念是，這個平台可以讓基金投資人表決如何配置資金——也就是說，從各種推薦提案中挑選。重點是會出現一個比傳統基金更民主、想必也更優越的投資邏輯；畢竟傳統基金經理人的利益未必都與投注資金者的利益一致。

　　但更可以說是不切實際的夢想。投資人受邀用以太坊的原生貨幣「以太幣」（ether）購買DAO代幣，取得DAO基金的股份。投資決策有賴代幣持有人對提交的業務企畫進行表決。之後的注資、紅利及分配，全由負責DAO運作的以太坊智慧合約處理。這個概念在加密社群的去中心化烏托邦主義者當中，激發超乎尋常的熱情，他們認為這可以證明，做出有效的經濟決策不必仰賴第三方機構，無論是民間還是政府。

　　只不過，律師卻對出現虧損時缺乏補救措施表示疑慮。就連頗受尊崇的密碼學專家，例如大零幣（Zcash）的創辦人威爾克斯—歐赫恩（Zooko Wilcox-O'Hearn）與康乃爾大學教授岡塞爾（Emin Gün

Sirer）也提出嚴重警告，指出程式碼的瑕疵可能讓聰明的駭客抽走資金。儘管如此，投資人還是只用二十七天就在DAO代幣投入1億5,000萬美元的以太幣。按照當時的估價，據說是史上最大的群眾募資行動。

結果證明，這整個概念不幸因為其缺點而宣告失敗，而創辦人和投資人因傲慢與理想主義信念而盲目、失去判斷，並沒有注意到這些缺點。在說明交易條款的提案文件中，Slock.it說，「DAO的智慧合約程式碼支配DAO代幣的創造，並取代任何與DAO相關之第三方或個人對於DAO創造所做的公開說明，包括過去、現在和未來。」這份聲明大膽魯莽，後來也證明考慮不周。這將雷席格「程式碼即是法律」的概念做出**字面上**的極端解釋。他們想從等式中剔除「人類」，以及人類對於是非對錯的主觀含糊見解。

這個邏輯的瑕疵很快就清楚可見。2016年6月17日星期五清晨，DAO以太幣帳戶的監測發現資金不斷流失。有個身分不明的參與者正發起大規模攻擊，這個參與者發現如果寫個程式和智慧合約互動，就能不斷要求並收到資金，寄到他們控制的山寨DAO。攻擊者建立一個失去控制的虛擬ATM，無法由自動操作管理的DAO系統關閉。在DAO將攻擊者封鎖在外之前，已經被抽走價值將近5,500萬美元的以太幣。

驚慌失措的管理幹部這時發現自己處於法律的三不管地帶，因為他們宣稱沒有什麼能取代程式碼。無論軟體做了什麼，照理說都是沒有問題的，既然如此，根據軟體自身的程式碼規則，軟體就是將投資人的資金重新分配給一個精明的使用者。

「我甚至不確定這算不算被駭，」康乃爾教授岡塞爾當天稍晚在自己的部落格文章中寫道。「要將一件事稱為駭客攻擊、有漏洞錯誤（bug），或者不受歡迎的行為，需要對受歡迎的行為有明確說明。DAO沒有這種明確說明……就像人家說的，『程式碼是自己的文件檔案。』那就是它自己的細則說明。駭客看那些細則說明看得比大多數人清楚，比開發者自己更明白……若是攻擊者出錯虧錢了，我確信開發人員不費吹灰之力就能占用他的資金，並說，『這是程式化金流的美麗新世界。』若是他掏空了DAO的錢幣，唯一不會前後矛盾的反應就是說這件事幹得好。」換言之，按照DAO創辦人的說法，攻擊者沒有做錯什麼，只是利用了其中一種**功能**。

在現實世界中，法律的精神永遠能取代文字——意圖比法規更重要。如此說來，攻擊者的意圖從代幣持有者的心情就能一目了然了：他們很生氣；他們認為自己**被傷害**了。他們想把錢要回來。但是，要控告誰呢？這個業務並沒有指派負責人。他們全是一個無人負責的去中心化系統中地位平等的成員。不過，就像許多律師主張的，法律總能找到辦法繞過這個問題。法律會設法找出「一個人」來承擔責任。如果是這樣，最有可能被指出來的就是Slock.it團隊，以及鼓勵與推動DAO的以太坊創辦人和眾多開發人員。即使可以避開法律責任後果，他們的名聲以及他們支持的系統名聲也都岌岌可危。

一年後，法律界果然來了興致。美國證券交易委員會（Securities and Exchange Commission, SEC）就此事進行調查，裁定發行的代幣構成未註冊證券，因此違反美國法令。令Slock.it鬆一口氣的是，證交

會決定不予起訴，但其新聞稿解釋這個決定是個警告。這不但清楚表示，日益增多的加密代幣發行者必須謹慎提防監管行動，也提醒人們不要忘了，監管機構的背後有美國法律支撐，管轄權力無遠弗屆。

有個相關問題就是：如何將人類信任關係納入區塊鏈？比特幣純粹主義者認為，使用者不需要信任與他們進行比特幣貨幣轉移的任何人。他們的交易紀錄是根據沒有人控制的分散式軟體程式產生，而且貨幣轉移給其他使用者時，該筆交換是由去中心化系統驗證，不需要「可信的第三方」裁決，也不需要辨認使用者的身分。但實際上，比特幣使用者迴避不了要信任某人或某事。

譬如說，支付只是交易的一部分；軟體無從確保商家會交付商品或履行服務。比特幣使用者也必須相信，輸入紀錄之中的資料可靠。你怎麼知道你用來對比特幣網路下指令的智慧型手機或個人電腦沒有遭到入侵？你怎麼知道你在鍵盤上輸入 6f7Hl92ej 時，傳送到比特幣網路的就是這些符號？

我們別無選擇，只能相信蘋果、三星，以及其他製造商採用嚴格的供應鏈監測系統，確保攻擊者沒有在晶片中植入惡意軟體。這不是危言聳聽，因為事實就是在面對層出不窮的網路漏洞時，我們都選擇信任自己的電腦。但這就表示，若以為區塊鏈系統是在密碼學社群某些人形容的「無信任」狀態中運作，那並不準確，也有一點天真。

一旦我們跳出比特幣貨幣，開始在區塊鏈上轉移其他權利和資產，就會插入更多可信任方。比方說，區塊鏈上一份土地所有權狀的真實性，將取決於某個權威角色的證明，例如政府註冊登記人員。這

種對可信中間人的依賴，有些加密貨幣純粹主義者認為太過危害區塊鏈的安全防護功能，使之變得不可靠。因此，有些人就說，區塊鏈不適合用在許多非貨幣應用。不過，我們認為這是一種取捨，也相信在區塊鏈上記錄以數位方式顯示的現實世界資產所有權與轉移，仍然大有價值。不過，我們必須弄清楚其中的信任成分，並就如何蒐集這些來源的資料並輸入區塊鏈系統，建立可令人接受的標準。

區塊鏈技術並未去除信任的需求。其實說起來，區塊鏈更像是開啟更多信任關係的工具。它做的是擴大信任的邊界。雖然軟體移除了區塊鏈內部帳本保存流程的集中式信任，但我們在「鏈下」（off-chain）環境必須信任其他人。我們必須相信商家會履行承諾、準時遞交貨品，某個重要資訊來源供應者正確無誤，例如股市持續報價，或者我們用來輸入資訊的智慧型手機或電腦沒有在製造階段遭到破壞。而在我們根據這項科技設計新治理系統時，必須慎重思考最理想的做法，因為它們存在於遠離中心的邊緣──有些人稱之為查證的「最後一里」。區塊鏈技術應該是一股動力，鼓勵建立可在新的數位背景下解讀並理解的標準與準則，用來判斷合約義務的履行程度。

最後，還有個可能與市場架構有關的爭議：哪些電腦控制區塊鏈？容許多少力量指定價格、存取與支配市場優勢的地位？

認許制區塊鏈──需要某個授權機關批准哪些電腦來確認區塊鏈──從定義上來說更傾向於控制把關，因此相較於以比特幣為代表的「非認許」理想區塊鏈，更容易出現獨占壟斷或寡頭壟斷勢力。（我們說「理想」，是因為正如下一章要討論的，也有人擔心比特幣軟體

程式的有些部分，同樣會助長令人不喜的所有權集中——這是開發人員正努力克服的瑕疵。）

認許制系統整合了可信的第三方——這正是中本聰極力要避免的那種中介角色——負責授權哪些電腦可以參與確認流程。對於許多企圖採用區塊鏈科技、但現有產業結構還不容許「非認許區塊鏈」的產業，這個選擇順理成章。而在法令改變之前，銀行若要使用像比特幣之類的系統，以演算法將簿記流程中不同階段的責任，隨機指派給全世界無法辨認身分的不同電腦，大概要面對難以克服的法律及監管阻力。但這並不表示其他公司完全沒興趣檢視這些認許制網路是如何建立的。

由全世界最大金融機構組成的集團所控制的分散式帳本系統，可能受獎勵所誘，做出為大眾利益服務的行為嗎？我們可以想像一個「大到不能倒的區塊鏈」之危險：大型機構可能因為聯合會計系統失敗，再次以「我們」為人質要求紓困，即便或許可以用嚴格的規章條例來預防危機（這樣的系統需要公開監督）。無論如何，我們有義務確保未來對區塊鏈的控制，足以代表廣大群眾的利益與需求，這樣才不會淪為金融守舊派進行串謀、形成寡頭壟斷勢力的工具。

認許制帳本模式的開源發展很重要，進行模式開發的有以大型銀行主導的集團 R3 CEV，還有 IBM、英特爾，以及思科等公司擔任要角的 Hyperledger 團體。這迫使身在其中的既有業者看到，這項新科技強力映射出他們老舊的集中式工作流程缺乏效率。而正在開發的一些概念，對整個區塊鏈發展的生態系統無疑大有價值。但我們相信由

比特幣最早制定、此後有無數其他「山寨幣」（altcoin）與區塊鏈仿效的「非認許」理想典型，是全世界必須重點關注的重要類型。

就像我們在《虛擬貨幣革命》一書所說的，比特幣只是第一次嘗試使用分散式運算和去中心化帳本保存系統，解決由來已久的信任問題，並實現開放、低成本的無中介全球交易架構。只不過，比特幣不一定就是獲得成功的平台。說不定會出現其他的選項實現加密貨幣時代，就像傳輸控制協定／網際網路通訊協定（Transmission Control Protocol/Internet Protocol，或稱TCP/IP）這組通訊協定對網際網路時代的貢獻。將來將會出現某種標準，一種底層通訊協定，規定各處的電腦如何彼此交換價值。究竟會是比特幣、以太坊，還是完全不同的東西，又或許是某個通訊協定，讓數位資產位於其中一種區塊鏈上的電腦，可以直接互相交易而不需要經由第三方？這是開源發展帶來的威脅與機會──任何人都可以複製你的想法，再加以改進。

好消息是，將會有無限的精力與創新投入這個領域，了解如何重複目前已經存在的概念，並建立可望更理想的系統。那樣的創新或許會回到比特幣，協助鞏固比特幣的先行者優勢。又或者將價值創造力量散播到各個平台，直到有另一個更受歡迎的概念出現。下一章，我們在檢視區塊鏈領域狂熱的發明速度時，將會再一次提出這些問題。

第三章

Three

幣圈運作管道與政治問題
The Plumbing and the Politics

🔒 密碼龐克的聖杯：徹底去中心化

🔒 比特幣內戰：認許與非認許制？

🔒 勢不可擋的通用計算機——以太坊，但仍有漏洞

🔒 更理想的「隱私貨幣」解決方案

建立一個去中心化經濟系統，讓匿名獨立的電腦網路中、所有電腦擁有者為「團體」的利益工作，是一個令人望而生畏的技術挑戰，同時也是重大的政治挑戰。這讓人聯想到要把所有難以控制的貓咪趕到一塊兒。其結果就是發現：要在傳統政治制度之外建立網路，需要大量的政治決策。

去中心化加密貨幣或區塊鏈網路要能成功，歸根結柢在於設計適當的規則組合——軟體通訊協定——供參與者彼此互動。中本聰的比特幣創舉給我們第一個有用實例，了解到即使牽涉到大筆金錢、商業祕密，以及其他有價值的事物，該如何達成這個目的。

但是隨著比特幣使用者和電腦擁有者社群的發展變化，以及新進者要求新功能和更強大的應用，於是不斷有壓力要求升級和改變通訊協定，以便滿足那些需求。問題是，真正的去中心化開源系統是沒有人負責管理的，要讓那些興趣五花八門的人同意做出哪些改變，實在難如登天。

大概有數千名聰明絕頂的程式設計人員和創業家，努力要讓這樣的軟體成功。從某些方面來說，他們就像美國的開國元勛：他們偶然間發現了有意思的新鮮事，只要安排得當，就可以改變世界。「人人生而平等」並非單單於1776年7月在這片殖民地上爆發。那是古典自由主義思想學派發展了數十年的綜合成果，而且至今依然如此。區塊鏈運動的科技哲學家正努力解決一個概念的無數版本——他們得找出最理想的版本。

密碼龐克的聖杯：徹底去中心化

要了解區塊鏈如何運作，以及區塊鏈產生的技術與政治爭論，起點就是第一個發揮作用的區塊鏈——比特幣區塊鏈。

比特幣將純粹的「非認許去中心化」列為最重要的目標。藉由引導一群自主的使用者對交易歷史達成一致看法，比特幣證明完全不由個人或企業控制的軟體，可以取代確認金融紀錄的「可信第三方」角色，傳統上這是由銀行等中介機構擔任的。如果社會要明確界定一條合理路徑，採用或不採用這項高度破壞性技術，必須先了解比特幣是什麼，以及比特幣為什麼重要。所以，我們要來揭開面紗，一窺究竟。

不過，在開始進行之前，我們先從區塊鏈的一般定義開始：一種分散式、只能附掛添加的帳本，記錄以簽章證明、連續串接並以密碼保護安全的交易，可在網路中各電腦節點複製，由以軟體驅動的共識決定持續更新。

這麼一長串饒舌拗口的話，究竟是什麼意思呢？好吧，以下我們就來拆解其中的區塊鏈關鍵字：

1. 分散式：

帳本並非存在於單一地點，而是存在於許多地方，每個簿記節點彼此配合協調，自行負責更新。一旦有一個簿記者（這裡是指電腦）更新帳本，附加證明它工作完整妥善的證據，其他所有節點也同時以相同的最新訊息給自己的帳本升級。於是呈現

的就是一個不斷更新、一致認同的真相紀錄，但沒有集中式的底本。

2. **只能附掛添加：**

資訊只能增加上去，不能移除。這點很重要，因為這代表沒有人可以回頭修改紀錄。已經獲得一致認可為真相的**就是**真相。沒有爭論的空間。

3. **簽章證明：**

區塊鏈使用公開金鑰基礎架構（public key infrastructure, PKI）加密方法，分享及控制資訊。如同大家所知，PKI使用者控制兩個相異、但有數學關聯的數字與字母字串，或稱「金鑰」。一個是隱密的「私密金鑰」，只有使用者自己知道，另一個是所有人看得見的「公開金鑰」，與某種貴重資訊有關。以比特幣來說，這個資訊是指比特幣貨幣的數量。當使用者用自己的私密金鑰「簽署」公開金鑰，該動作即是以數學方式向外人證明，使用者有權控制該基本資訊，因而能夠分配或寄送到另一個人的公開金鑰。以比特幣來說，就是用這個流程將貨幣從自己的「地址」（他們的公開金鑰）寄送到另一個地址。（雖然這不是完美的類比，但你可以將自己的私密金鑰想像為一個祕密的密碼或個人識別碼PIN，用來管理你的金錢和地址帳戶。）

4. **連續串接並以密碼保護安全：**

其他源自密碼學的工具也用來表示輸入帳本的條目，以一連串不可破解的數學鎖，將之連結成完全可以查驗的序列。這樣形

成依時間順序排列的無盡區塊，或批次交易數據，而數據的真實可靠則受密碼學的保護。這種結構令人有無限信心，相信帳本的內容在取得一致認可的狀態後都不會再有改變。

5. **複製：**

帳本會複製到參與的節點（根據前面第一點描述的分散式形態）。

6. **軟體驅動的共識：**

所有電腦獨立運轉的程式，給它們的行為方式設下一些規定與獎勵，有系統地引導它們就每次更新的複製帳本應該納入哪些交易、不該納入哪些交易，達成一致意見。「共識」是區塊鏈設計的關鍵字，因為這描述了每個參與者獨立管理的帳本版本，如何與其他所有人協調，維持一個共同認可的真相版本。一般來説，可歸結為「如何讓多數人就更新訊息取得一致的看法」。

　　沒那麼複雜，對吧？如果你還是覺得難以理解，那也別怕，我們接下來會更深入探究。這裡要注意的關鍵是，一般的區塊鏈定義並未捕捉到中本聰創舉的重大意義。事實上，比特幣有其他要素實現了密碼龐克的聖杯：徹底去中心化的加密貨幣，沒有單一個人、機構，或是成員集團能夠控制。

　　源自舊金山灣區的密碼龐克社群在比特幣出現之前，艱苦奮鬥了二十年要實踐去中心化，他們知道任何數位貨幣系統都需要一套共同

帳本，記錄所有人的借貸。這是要確保大家沒有「重複使用」——其實就是偽造——他們的貨幣餘額。但系統要徹底去中心化，必須容許任何人都能參與管理帳本。必須是沒有任何一方可以影響的「無認許」共識制度。如此一來，沒有負責批准許可的機構可以阻擋、撤銷，或決定哪些輸入帳本，它就能**抗審查**（censorship resistant）。

在比特幣之前，所有企圖達成這個目標的努力，都遭遇無法解決的兩難困境：沒有一個中央權威機構給那些驗證帳本的人證實身分，不誠實的驗證人員可以藉由不同的化名建立多個運算節點，偷偷扭曲共識。（想想那些虛假的推特化名，就能約略知道這有多容易了。）藉由自我複製，他們可以投下超過50%的票，讓他們造假的「重複使用」交易插入共有的紀錄之中。這可藉由某個權威機構辨認每個電腦使用者的身分並予以授權來解決，但這一來就又回到原點了——這違反密碼龐克的「無認許」及抗審查的理想。

中本聰的解決辦法之巧妙，在於混合了胡蘿蔔與棍棒的獎勵誘因，鼓勵確認交易的人誠實行事。不管是哪裡的電腦都可以參與確認工作，而實際上是以摸彩般的制度用比特幣報酬作為獎勵。每當其中有電腦成功給區塊鏈帳本增加新的批次，或是最新確認交易的「區塊」，這些獎勵比特幣就會每十分鐘發出一次。（這些電腦被稱為「礦工」，因為要爭取贏得每十分鐘發出的獎勵，他們得從事一種電腦運算尋寶，尋找數位金礦。在本書寫作之際，每十分鐘的「區塊獎勵」相當於12.5枚比特幣——當時約相當於12萬5,000美元——由去中心化軟體通訊協定自動發給勝出的礦工。礦工也收取交易手續費，稍後

我們會再討論。）

　　既然是非認許制度，任何人都能藉由增加在網路中的運算節點，提高贏得隨機分配的比特幣獎賞的機會。因此中本聰需要非集中式的辦法，避免有惡意礦工取得超過50%的計算能力。他的方法是要求每部加入競爭的電腦施行稱為「工作量證明」（proof of work）的做法：困難的數學難題，需要用到大量的運算，從諸多數字的龐大數位海中撈出一個數字。

　　工作量證明的代價高昂，因為會消耗硬體的電力和處理能力。這代表如果有礦工想藉由增加更多計算能力，攫取共識制度的絕大控制權，就得花很多錢。由於類似「難度調整」的特色，使得工作量證明難題會隨著整個網路的計算能力增加而變得更難，中本聰的工作量證明制度確保所謂的「51%攻擊」成本，會隨著攻擊者愈發接近控制共識的門檻而呈幾何級數增加。換句話說，重複使用與詐騙在比特幣上並非不合法，只是高昂的「課徵負擔」令人卻步。在我們寫作之際，根據GoBitcoin.io網站估計，51%攻擊需要的硬體及電力成本花費達22億美元。

　　久而久之，比特幣挖礦演變成產業活動，如今有巨大的挖礦「農場」主宰網路。那些大業者會串通結合資源而破壞帳本嗎？也許會，但是也有令人難以抗拒的抑制因素阻止他們這樣做。在各種考量之中，攻擊成功的話，會嚴重削弱發動攻擊的礦工所擁有的比特幣價值。無論如何，九年來沒有人成功攻擊比特幣的帳本。這樣完美無暇的紀錄，持續強化眾人對比特幣成本與獎勵安全制度的信心。

如果從這個角度看待比特幣這種貨幣——而不只是一般描繪中一種陌生的新數位價值單位，如某些科技怪客所想的美元、歐元，或日圓的替代品——我們可以建立一個概念框架，理解中本聰這項發明更廣泛的意義。比特幣貨幣（小寫的bitcoin）首先是一種價值儲存，是對保護比特幣系統（大寫的Bitcoin）的獎賞。這才是最主要的目的，而不是期望它成為日常的交換媒介。若沒有它的存在當誘因，鼓勵電腦擁有人誠實確認珍貴資訊的交換，中本聰的抗審查分散式帳本根本無法成功。

　　當然，綜合種種因素，礦工必定認為比特幣這個貨幣有價值——他們必須相信自己能夠用它來交換其他原本已有價值的東西，不管是商品與服務還是法定貨幣，如美元。充分探索他們和其他數百萬人是如何推斷出比特幣**確實**有價值，需要更深入探討人類社會是如何達成一致意見，認為何者可以構成共同的交換媒介、價值儲存，以及記帳單位這三種金錢特質。（有關這方面的探討，再次腆顏推薦《虛擬貨幣革命》一書。）

　　我們能說的就是，與大眾的看法正好相反，貨幣不需要有任何東西**支持**，無論是政府的承諾還是一定數量的有價物品，例如黃金，只要被充分認可為衡量與清算價值交換的有用工具即可。這或許有些違反直覺，因為我們通常將金錢想像為一種實體**物品**，本身多少含有價值，例如紙鈔或金幣。但實際上貨幣只是傳達一種代幣化的象徵價值，完全衍生自社會的集體意願，共同接受代幣為價值的標誌。同樣的思維加以延伸後，可以套用在任何代幣上，只要接受的人夠多。比

特幣就是如此。

帳本的結構對於維持比特幣安全也同樣重要。中本聰構想的帳本是一個不斷增加、接連不斷的**區塊**鏈條，每個區塊代表在十分鐘的比特幣獎賞期內確認過、且串聯起來的一批交易。因此這個名詞現在就掛在每個資訊長的嘴上：「區塊鏈」。（值得注意的是，「區塊鏈」這個名詞從未出現在原始的比特幣白皮書中——這是有力的論點，說明比特幣為何不該有這個名詞的獨家所有權。）

在每個區塊期間，每個從事工作量證明、角逐下次比特幣獎賞的礦工，會同時蒐集新進來的交易並整理到自己的新區塊。每次交易的細節——日期、時間、寄送者與接收者的地址、寄送的金額等等——都會留存下來並經過特殊的密碼演算法，產生一個字母加數字組成的字串，稱為**雜湊值**（hash）。雜湊演算法可將數量不拘的原始來源資料，轉換成一串長度固定、由字母與數字組成的字串，提供數學方式證明底層資訊的存在。擁有交易資訊的人可以用相同的雜湊演算法處理，輕鬆地證明做出原始雜湊的人確實擁有相同的資料。

「雜湊」的一個關鍵特色，就是對底層數據的變化高度靈敏。這裡有個雜湊值，是我們以比特幣所用的高度安全SHA-256演算法，套用前一段落的草稿而產生：

63f48074e26b1dcd6ec26be74b35e49bd31a36f849033bdee419
4b6be8505fd9

現在注意了，我們若移除這段文字的最後一個句點，演算法就會產生完全不同的字母數字字串：

8f5967a42c6dc39757c2e6be4368c6c5f06647cc3c73d3aa2c0ab
dec3c6007a5

如果你想像有人企圖偷偷改變交易數據，就能看出這種高度靈敏對區塊鏈的完善健全有多重要。倘若有人想給已存在的交易進行修改，其他礦工很清楚就能辨認出，新的雜湊值與他們自己的區塊鏈雜湊值版本不相符。於是他們會予以駁回。

比特幣還利用一點，可以將兩個雜湊值結合起來，產生將兩個不同數據證據壓縮在一起的根雜湊值。這個流程可以無限重複，創造出以「默克爾樹」（Merkle Tree）[1]等級層次結構排列的雜湊值的雜湊值的雜湊值。每個區塊裡面的交易就是這樣包裹起來並以密碼歸攏。

比特幣接著又將這種串聯功能進一步延伸。透過另一種密碼雜湊功能，勝出的礦工將他們新創造的區塊連接到前面的區塊。這就將整個區塊鏈變成連綿不絕、以數學連結的雜湊交易鏈，可一路回溯到2009年1月3日的「創世」區塊。若給2011年1月15日的一筆交易做修改，區塊鏈中之後七年記錄的所有相互連結的雜湊紀錄也會徹底改

1　編注：又稱為哈希樹，是一種樹形資料結構，以哈希函數組成，能安全有效地驗證大型資料內容。

變。這有點像是銀行用染色彈保護紙鈔：小偷若是企圖花用偷來的錢，馬上就會暴露。

這個不間斷的交易紀錄提供礦工基礎，用來驗證勝出礦工的新區塊中交易的合法性。如果有礦工對區塊的內容感到滿意，而他們又幸運成為下一個勝出者，就會願意將下個區塊連結到該區塊。如果他們不滿意，就會將新的區塊連結到更早一個內容受他們信任的區塊，而讓可疑的區塊變成「孤兒」。

這個決策形成比特幣共識邏輯的基礎，也就是根據所謂的「最長鏈」慣例。其概念就是，假使沒有礦工聚積總計算能力的50%以上，就算有惡意少數企圖在先前遭駁回而變成孤兒的區塊後面，增加一串新的十分鐘區塊，數學概率也能確保新的區塊鏈很快就會落後多數人較長的鏈而被放棄。當然，要警告的是，如果惡意行為者真的控制了超過50%的運算能力，就能產生最長鏈並將造假的交易納入其中，讓其他礦工不知不覺中誤以為合法。不過，就像我們說明的，要達到這種程度的計算能力，代價高昂得令人卻步。就是這種數學與金錢的組合維持比特幣的安全。

這些倉促拼湊的概念構成中本聰的突破性創舉：去中心化、抗審查的歷史紀錄。如果我們承認所有會計系統都只是估計，不可能達到完美再現真實情況，那麼這個沒有中央權威而由集體記錄社群共同意見的系統，就產生至今設想得到最客觀的**真相**重現。

在解決重複使用的問題上，比特幣也做了另外一件重要的事：它神奇地創造了「數位資產」概念。在此之前，數位的東西都太容易複

製，所以不會被明確當成財產，這也是為什麼像是音樂及電影之類的數位產品，通常是以「許可證」和「取用權」銷售，而不是賣出所有權。讓人無法複製有價值的東西——這裡是指比特幣——比特幣打破了我們的習慣認知。這就創造了**數位稀缺性**（digital scarcity）。它對於將比特幣當成貨幣評價至關重要，而對於之後許多仿效的加密資產來說也一樣。

不過，就算比特幣是比較理想的產品，也絕對不完美。最能夠清楚說明這一點的，莫過於一個看似尋常的議題、引發一場尖刻難堪的內部爭執。事情最初似乎是技術上的意見不同，但迅速擴大成為一場全面性的爭奪戰，爭奪控制原本設計為不可控制的網路。這顯示管理比特幣不只是管理帳本而已；更是關係到治理社群。事關政治。

比特幣內戰：認許與非認許制？

對於開源計畫來說，重大的程式碼修改一向就有其困難，對比特幣來說就更難了。沒有一個可確認身分的領導人裁決爭端，而在缺乏可辨認身分的資訊下，也無從確定你在跟誰爭論，或是對方在系統中占了多大份量。再者，這事關一大筆錢。改變，可能對眾人儲存在這個數位貨幣的價值有深遠影響。這是有毒的組合。而且代表大家會吵吵鬧鬧，爭論不休。

而最大的爭執是關於一個小程式碼：個別區塊的最大數據容量，從2010年起就固定為以一個百萬位元組（megabyte）為限。這個限制

代表每秒鐘在比特幣區塊鏈上只能處理七筆交易，對於渴望以比特幣和Visa競爭的支付業者來說，是一個嚴重的妨礙；Visa的網路每秒鐘大約處理6萬5,000筆交易。

到了2016年，網路上的比特幣交易太多，無法容納到每區塊1MB的容量限制之內。原本應該在幾分鐘內結算的交易，卻花上幾小時，甚至更長的時間。為了避免那樣的命運，使用者於是提高支付給礦工的手續費，以增加他們的交易被納入區塊的機會。

換句話說，一個人為創造的「手續費市場」應運而生，讓使用者互相較量。到了2017年6月，比特幣網路上的平均手續費達到5美元以上——以2萬美元的交易來說沒問題，但對交易一杯2美元的咖啡就太不可思議了。成本由使用者承擔，也成為在比特幣軟體固定發放的12.5枚比特幣區塊獎賞之外，礦工額外的收入來源。突然間，礦工看起來有點像比特幣原本要瓦解的銀行業守門人。對使用者來說，理應沒有摩擦的支付系統，現在卻被安上了摩擦。

許多新創公司企圖在比特幣之上建立事業，例如錢包供應業者與交易所，都因無法及時處理顧客的交易而挫折氣餒。「我成了可信的第三方，」比特幣錢包與保管服務公司Xapo執行長卡薩雷斯（Wences Casares）抱怨。卡薩雷斯所說的是，他的公司有太多與顧客的交易必須「鏈下」處理，而顧客相信Xapo之後會在比特幣區塊鏈上結算交易。

必須採取行動了。有些人直接主張增加區塊的容量，但這樣微不足道的程式碼修正，並未獲得一致認同為最佳的解決辦法。批評者指出，把區塊變大需要更多記憶體，礦工營運的代價就更高昂。那可能

趕走其他潛在礦工，而讓比特幣挖礦更集中在幾個集中式業者手中，提高了勾結共謀破壞帳本生存的威脅。表面上，兩種論點似乎各有道理。所謂的「大區塊支持者」，是要確保任何人都有能力使用比特幣——不至於讓交易手續費高到令人無法支付一杯咖啡；「小區塊支持者」則是要保護兩個攸關大局的目標：去中心化與安全。

他們的分歧無法調和，更何況現在牽涉到的金錢太多了。比特幣已經從業餘愛好者的小計畫變成全球性的實驗，2017 年秋季時的市值超過 500 億美元。沒有一個主導控制者、董事會，或管理階層，要由誰來判定哪一邊的構想適合用來保護這個價值庫？

有人提出了一些解決方案，但都沒能取得共識——這在比特幣圈子裡幾乎有「神聖」的含意。有部分是因為沒有一個機制可以判定，每種構想的支持者究竟占了多少份量。比特幣的匿名特質，就是沒有正式的個人身分識別及其控制的比特幣地址資訊，這是非常重要的設計特色，強調隱私以及參與不需要許可。但也因此很難針對政策改變安排投票表決。沒有清點紀錄得以知道誰是誰、誰擁有什麼，就無從判斷由使用者、企業、投資人、開發者，以及礦工所組成的比特幣社群，「多數人究竟想要什麼」。於是，事情就淪落成在社群媒體上叫囂對罵。

大區塊支持者和小區塊支持者就此相持不下。論戰惡化到 Reddit 論壇上的比特幣社群一度分裂為兩派，有兩個子版供兩個陣營使用。而且因為似乎不可能取得一致想法，有愈來愈多人轉而採取同樣分裂但幾乎難以置信的解決辦法：將比特幣一分為二。

這個辦法就是將比特幣「分叉」（fork）。那是軟體名詞，意思是指將程式升級，就像新版本的微軟 Word。分叉有兩種，硬分叉與軟分叉。軟分叉的話，是指舊的軟體版本缺乏新功能，但仍與新版本相容；至於硬分叉，則是新的軟體「向下不相容」（backwards incompatible），意思是無法與較舊的版本相互操作。硬分叉的軟體修改，讓使用者面對升級與否，要做出「不做就完蛋」的決定。這對文字處理軟體來說已經夠糟糕了，對貨幣來說更是大有問題。以舊版本為基礎的比特幣無法轉移給軟體支援新版本的人。兩個比特幣。兩個真相版本。

之後，比特幣開發者烏沃（Pieter Wuille）心思巧妙，想出另一種做法：只做軟分叉就能達成的程式碼修改，稱為「隔離見證」（Segregated Witness，又稱 SegWit）。雖沒有讓區塊本身的容量限制加倍，卻讓交易數據更有效率，意思就是多少讓塞進 1MB 區塊的資訊加倍了。更重要的是，SegWit 修正了長期以來的程式編碼小毛病，這個小毛病造成一個非常重要、施行起來卻窒礙重重的新發明：閃電網路（Lightning Network）。

由德雷亞（Thaddeus Dryja）與朴恩（Joseph Poon）創造的閃電網路，或許有一天可以讓比特幣和 Visa 的每秒鐘 6 萬 5,000 筆交易比肩。閃電網路讓人能夠共同簽署合約，支付者根據先前議定的金額植入一筆比特幣交易，合約創造鎖定時間的雙向支付管道。之後他們可以在這個預先建立的結存餘額之中相互移動資金。

此外，透過次級管道相互連結的系統，他們可以將資金轉給第三

方，創造一個不需要在比特幣區塊鏈確認的支付追查網路。因此，沒有要付給礦工的手續費，也沒有限制什麼時候可以完成多少交易。智慧合約避免使用者彼此詐騙，而比特幣區塊鏈只用在結算層，每當管道開放或關閉時才記錄交易淨餘額。它依舊是最終的證明來源，保證所有「鏈下」的閃電網路交易都是合法的。

在程式設計圈有很多人支持SegWit／閃電網路解決辦法，特別是那些與比特幣核心（Bitcoin Core，以下簡稱Core）有關的人，比特幣核心的開發者如烏沃，也加入頗具影響力的比特幣基礎架構公司Blockstream。SegWit／閃電網路的組合，在他們心中是負責任的修改方法。他們認為自己有責任避免顛覆性的基礎程式碼（codebase）重大修改，並希望鼓勵創新者開發應用程式，擴大有限基礎程式碼的能力。這是典型安全傾向的通訊協定開發做法：底層的核心系統保持簡單、強韌，而且難以改變——有些人說這樣是「刻意蠢笨」（deliberately dumb）——藉此迫使創新「往上堆」到「應用層」。如果奏效，就能在兩方面獲得最佳結果：**安全與創新**。

但一群真正有影響力的礦工卻兩者都不要。中國有一家企業既挖礦比特幣、也生產一些廣為使用的挖礦設備，以該公司為首的集團堅決反對SegWit與閃電網路。我們完全不清楚「比特大陸」（Bitmain）的執行長吳忌寒究竟為什麼不滿，他先是支持早期比特幣投資人與著名自由意志主義者維爾（Roger Ver），但後來卻展開一連串遊說行動，鼓吹擴大區塊。

有一說是比特大陸擔心，「鏈下」的閃電網路解決方案會抽走應

該給礦工的交易手續費；另一說是因為這種支付管道的交易，不像鏈上交易那樣可以追蹤，中國的礦工擔心政府會將之關閉。而在被人披露比特大陸頗受歡迎的螞蟻礦機（Ant-miner）出貨給第三方礦工時，有「後門」可讓這家製造商兼礦工關閉對手的設備後，比特大陸的聲譽遭受重創。陰謀論甚囂塵上：比特大陸計畫摧毀SegWit。該公司否認傳聞，還發誓會取消這項功能。但信任已經崩毀。

這樣的僵局延續了2017年整個春季。最後，在提出多個軟分叉與硬分叉的變更程式碼提案之後，以比特幣長期投資者席爾伯特（Barry Silbert）為首的一群商人，想出了「SegWit2x」的折衷方案。這個獲得比特幣商業社群（Blockstream是重要的例外）名人支持的兩步驟方案，要在7月底之前取得一定的礦工支持門檻，先施行SegWit，然後在11月將區塊容量加倍到2MB。

對大區塊支持者來說，這不過是挽回面子的做法，因為在開源環境中沒有人能夠讓其他人等待四個月後區塊容量倍增。不過，這個計策還是收到效果。就在SegWit2x的最後期限前不久，據說有超過80%的計算能力正發出信號，表示他們將在7月31日之後實施SegWit，這足以宣告大勢底定。然而到了最後一刻，席爾伯特團隊卻沒能明確宣告勝利：中國一個疑似比特大陸支持的分離團體表示，還是要發動硬分叉。於是8月1日，就在比特幣看似能避免一場痛苦的分手時，分裂最終還是發生了。

就在那一天，自稱「比特幣現金」（Bitcoin Cash）的新版比特幣，推出以BCH為代號的新貨幣（比特幣則是BTC），區塊容量8MB。一

且有反對SegWit的礦工開始對有那些特徵的區塊進行挖礦，分叉就出現了。

這就像股票分割——嚴格來說，所有比特幣的持有者都有權利擁有原本的比特幣和同等份額的比特幣現金——只除了不同於股票分割的地方是，兩邊彼此不相容。如果同等但不同貨幣的概念讓你疑惑不解，你也不是個例。這對比特幣交易所來說也是新概念。但是等到有人同意開始交易比特幣現金，市場似乎不知道該拿這個叛離的新比特幣怎麼辦。其價格最初從開盤的將近300美元跳升至700美元，但是隨後各種跡象顯示只有一家大型挖礦公司在支持，價格就跌落到略高於200美元，最後整個夏天都持穩在350美元左右。另一方面，原始比特幣卻好運連連，兩週期間止跌回升漲逾50%，來到4,400美元以上的新高點。兩者的表現對比，顯示小區塊的比特幣與SegWit改革者勝出。

比特幣現金繼續交易，只不過看似無法取代比特幣。而原本計畫將比特幣區塊容量增加到2MB的SegWit2x折衷方案，因為無法得到壓倒性的共識，最後在2017年11月放棄，於是一方傷痕累累，另一方幸災樂禍。比特幣經歷了一場荒謬大戲，許多局外人自然以為這場大戲會斲傷比特幣的聲譽和支持。誰會想要這樣無法無天的貨幣？然而，原始比特幣的價格卻竄升至新高點，而且創下了不到十二個月上漲650%的驚人漲幅。

為什麼呢？其一，比特幣證明了自己的韌性。儘管出現內戰，比特幣的區塊鏈帳本依然完整無缺。而且雖然很難看出苛刻怎麼會成為

優點，但是證明了程式碼難以修改、貨幣系統難以進行變更，在很多人看來就是證明比特幣恆久不變的重要測試。畢竟穩固可靠的抗審查性就是比特幣一個鮮明的賣點，是有些人預期這個數位貨幣取代至今依然在運轉的過時、容易變動的法定貨幣系統，成為世界儲備資產的原因。事實上或許可以說，沒有辦法折衷妥協向前進展，在外人看來是比特幣的最大瑕疵，但說不定這正是它最大的特色。就像TCP/IP的基礎程式碼簡單不變，比特幣通訊協定僵硬固塞的政治信條，給系統加上嚴格堅固的安全，並迫使創新**往上層推動**。

比特幣／比特幣現金分裂的另一個教訓，關係到在區塊鏈工程人才難尋之際，資金的去向。這顯示資金流向了開發者，那是最可能出現創新的地方，也是安全措施最可能正確實施、更新，及測試的地方。那是原始比特幣以Core及其他地方的人才深度給我們的希望。比特幣現金無法取得如此豐饒的發明創造力，因為以金錢為重的比特幣礦工社群，無法吸引同樣的熱情開發者。這並不是說Core的開發者是聖人；在區塊容量快速小幅增加或許就能降低系統壓力時，Core不妥協的立場令許多企業深感挫折，還有些人擔心創投業者支持的Blockstream對團隊的努力造成太大的影響。

無論如何，比特幣絕非唯一的區塊鏈競賽。在公司業務已經穩固的企業界中，很多金融與非金融公司都選擇認許制區塊鏈。在這些約定下，有個權威機構，例如銀行團，可選擇由哪個機構參與確認流程。從許多方面來說，這比中本聰的成就倒退一步，因為如此一來，這個認許制系統的使用者還是要仰賴某個可信第三方的許可。有些人喜歡

將這種私有網路協議形容為「受區塊鏈啟發」，而非直接稱為區塊鏈，而且大多使用「分散式帳本科技」這個通用名稱來描述。但它們確實用了許多比特幣引進的革命性功能，而且可以解決許多信任問題，那是認許制系統的核可成員彼此分享資訊時會遇到的問題。

最重要的是，認許制區塊鏈較比特幣區塊鏈更有擴展性，至少目前如此，因為在管理上並不用仰賴全世界成千上萬無法辨認身分的行動者一致同意；只要處理需求上升，成員可以直接同意增加計算能力。但正如我們即將在〈第六章〉討論的，這些認許制系統在內部可駕馭的創新方面，原本就更受限制。

對我們來說，非認許系統能帶來最大的機會。以發展認許制區塊鏈為邁向更開放系統的過渡手段，或許極有價值，但我們相信非認許和開放取用才是應該努力的理想——儘管有比特幣「內戰」暴露的挑戰。這是為何本書花了這麼多篇幅探討它的原因。

非認許區塊鏈的開發也有狂熱進展，因為出現新模式，企圖推進或擴大比特幣的功能。其中有很多的處理範圍遠遠超出比特幣簡單直接的貨幣問題，進而擁抱更廣泛的去中心化計算概念。無論我們將這些視為比特幣的競爭對手，還是有趣的衍生物，都說明了自從比特幣問世以來，探索新概念的動力有多麼強大。

勢不可擋的通用計算機——以太坊，但仍有漏洞

有個平台吸引到的興趣可說和比特幣不相上下，那就是以太坊，

它是由俄國出生的加拿大神童布特林（Vitalik Buterin）構思出來的計畫。最早由比特幣衍生出來的知名「大創意」之一，就是區塊鏈網路可以在沒有中介者之下，用來轉移貨幣以外的東西。

任何可以數位化並在網路上轉移的東西──土地權狀、契約、醫療紀錄、著作權、法律合約、個人身分證明，甚至企業登記──都能插入區塊鏈交易中，並在不可變動的設定環境中留下紀錄。這代表一個全新的自動化點對點交換經濟有可能實現。但問題是，比特幣的單一目標貨幣設計，應用在「非貨幣用途」並不理想。因此，布特林取用核心的去中心化概念，設計一個最適合用在「智慧合約」的新程式，執行專門的去中心化應用，或稱 Dapp，讓使用者可以交換任何東西。

重點是以太坊網路上的電腦要競相爭取權利，執行 Dapp 程式編碼中核發與轉移數位資產的指令。電腦執行計算工作可換取以太坊的貨幣以太幣。因為是去中心化網路，Dapp 能以完全不偏不倚的方式運作，使用者有信心會按照合約規定執行。若是完全如布特林等人的想像，這個系統等同是全球性的去中心化**虛擬機器**，不受任何一部電腦的控制，始終執行使用者編入程式碼的指令。

布特林在 2013 年 12 月發表白皮書時，大家立刻對這個想法趨之若鶩，認為這是第一個建立去中心化應用真正可擴展的平台。幾年後，這項開源計畫發展到吸引各路狂熱的應用程式開發者。「你可能發現有網頁開發人員、系統工程師、學術研究人員，或是企管碩士。跨性別者、旗幟鮮明的川普支持者、中國創業家、紐約市的創投業者，或是擁有價值 500 萬美元的以太幣、穿著帽 T 的科技迷。對於個性古

怪的人來說，這是個安全的地方，」以owaisted為名的部落客這樣描述知名的以太坊開發者大會（Devcon）。

這也難怪；從這個去中化平台衍生出來的概念包羅萬象。舉幾個例子：數位「身分自主權」；去中心化醫療紀錄分享；市場導向的自動化太陽能電網；去中心化商品交換；群眾募資、無人主導的投資基金；區塊鏈公證結婚證書；安全可驗證的線上投票系統；去中心化供應鏈及物流平台；物聯網保安。例子不勝枚舉。以太坊的內部程式語言被形容是「圖靈完備」（Turing complete）——基本上就是表示用途極為廣泛，可讓人寫出無限多種程式。

關鍵突破在於，這個結構除了程式語言容易使用，還能執行智慧合約。加密系統理論學家薩博，在前比特幣時代最早提出智慧合約時，是以電腦程式碼下達指令，根據先前同意的合約條件執行交易。在這種情況下使用「合約」這個名詞，通常會惹惱律師；畢竟合約是指人與人之間遵守法律的協議。機器只能執行協議中概略提出的條款。不過，「智慧合約」這個不適當的名稱也不會令人忘了，誠實可信執行協議的概念極為有用。

有個簡單的例子：雙方開始一份「差價合約」（contract for difference），這是有點像股票選擇權的協議。如果股票交易所的數據消息通知電腦，特定股票的價格已經下跌或上漲至先前同意的水準之上——通常是最初購買的價格——那麼一方必須支付另一方差價。

有了根據以太坊建立的智慧合約，那些交易就能自動執行，不需要有律師、認證第三方、託管代理人之類的干預，因為雙方信任防竄

改系統可如宣傳般發揮作用。例如，當具有GPS功能的晶片偵測到運送的貨物已經轉移到指定的倉庫，智慧合約可立即啟動轉移商品所有權，換取數位貨幣支付。由此看來，這些電腦化的合約可以革新企業管理彼此供應鏈的關係。

在2014年1月的北美比特幣大會推出以太坊之後，布特林告訴作者，他想創造一個「去中心化應用的Android」。這大概是個開放平台，很像Google的智慧型手機作業系統，大家可以在那上面設計任何想要的新應用並執行，不是在單一公司擁有的伺服器上運作，而是在以太坊無人主導的電腦網路上、以去中心化的形態運作。

當時，布特林只有十九歲；當他體認到比特幣與加密貨幣世界正要崛起，而且時光不待人，就從滑鐵盧大學的電腦科學系輟學。現在他正建立一個人人都能存取的去中心化全球超級電腦。這是個大膽冒險的革命性概念。如今有超過六百個去中心化應用程式在以太坊上運作，看似證明他做對了。光是2017年的前十一個月，該系統的內部貨幣以太幣，就從略高於8美元上漲至超過400美元。截至當時，整個以太幣的市值為390億美元，約為比特幣的四分之一。這次成功讓少年得志的布特林頓時成為百萬富翁，也成為靠持有以太幣與相關代幣而致富者狂熱崇拜的人物。但在一個時時惦記著太過集中專注單一機構有風險的產業，也有人擔心對布特林的狂熱崇拜太過了。

以太坊的技術稚嫩、發展未成熟，而且有漏洞。因為功能太多又開放給各色各樣的計算可能性，也等於敞開門讓攻擊者胡作非為，甚至更糟。比方說，網路常常處在分散式阻斷服務攻擊之下，居心不良

的駭客利用程式碼的弱點，以過量的交易轟炸驗證帳本的節點網路，癱瘓系統。原本是設計為所有人可參與做任何事的平台，因為有無數程式建立在這上面，那就有無限量的可能攻擊向量，讓惡意行為者可以藉此企圖傷害網路。

以太坊的共同創辦人魯賓（Joseph Lubin）在布魯克林成立ConsenSys時，情況又更複雜了，這是個智庫型的業務發展單位，任務是為這項技術開發新的使用案例與應用。魯賓團隊的工作很重要：有助於說明這項技術的巨大潛力，而這又啟發開發者並擴大世界的區塊鏈人才庫；ConsenSys也將去中心化架構的概念更深入推廣到主流，聯合微軟之類的公司提供套裝工具，讓新創公司以及較具規模的公司的開發者，開發自己的以太坊去中心化應用。但這些計畫的激增，創造出新的錢包與成千上百種新應用的智慧合約，也意味著心懷叵測的人有更多方法可以搗亂，或者最壞的情況就是盜竊。

舉例來說，由以太坊共同創辦人兼首席設計師伍德（Gavin Wood）設計的Parity Wallet，是一種透過瀏覽器無縫進入以太坊智慧合約的方式，在一次被駭時損失3,000萬美元。

雖然這些缺點可能擊垮銀行的關鍵任務服務，但開源開發的精神將這些攻擊視為指導時機，讓系統更強大的機會。重點是所有使用以太坊的人，是以顧客自行負責為基本原則。只要是一致同意的，這個翻騰混亂的過程被視為一種群體改進的行動，將以太坊變得更強大、更有活力和適應力。至少理論上如此。而實際上，在牽涉到大筆金錢時，人都會相當防備自己的金錢所有權，而這又意味著像以太坊這樣

的成功開源計畫，會如同比特幣一般變得有政治性。這麼一來，布特林與其他以太坊早期創辦人——如魯賓、伍德，以及公關長圖爾——就容易遭人批評他們以個人利益為優先。這種意見不一致當然在意料之中；有趣的是，以太坊社群的處理方式，和比特幣社群處理方式的差異。

以太坊打從一開始就是由一群身分明確者所領導的計畫，根據一套深思熟慮的策略發展並行銷產品獲利。以太坊的創造者可比早期的比特幣社群更有開創事業的心態。比特幣幾乎是悄無聲息地出現，由一個無法辨認身分的創造者慢慢引介給一小撮早期自願使用者與開發者，而後才慢慢流行到更大的範圍。

比特幣代幣的第一天是從零餘額開始，所有知道比特幣的人都有資格參與；以太坊開始時則有「挖礦前」（pre-mining）約7,000萬代幣，用來銷售和籌措資金分配之用，以便支應開發、管理與行銷，以及給創辦人報酬。以太坊在2014年將這些代幣的大部分以「預先銷售」方式籌措到約1,840萬美元，成為當時最大一筆群眾銷售。另一批挖礦前以太幣——全部數量的16.5%，當時價值約350萬美元——撥給創辦人和開發者。對於分配到以太幣的團隊成員，這是一注大財。那些代幣到了2017年11月的價值達47億美元——短短三年就有超過100,000%的驚人漲幅。

這類動能因為牽涉到大筆金錢，可能令人產生疑慮，擔心創辦人的利益和其他使用者不一致。以太坊的解決辦法是非營利的以太坊基金會（Ethereum Foundation），其任務就是管理以太幣和其他來自挖礦

前與預先銷售的資產——這種模式此後有許多ICO代幣銷售採用。

目前，有太多人因為以太坊而暴富，以致於頂端的那些人幾乎被其他代幣持有人視為英雄。真要說的話，最大的問題是對成功的狂熱崇拜，以及期待開發者不會做錯事。相較於比特幣，以太坊主要開發者的作用更像是高階經理人。他們沒有像一般公司高階主管的經營管理職權，主要是因為使用者社群就跟比特幣一樣，可以拒絕軟體更新。但實際上，對於以太坊的治理，他們能夠發揮的政治影響力遠高於比特幣的開發者。

最能說明這一點的，莫過於前一章討論的那一場5,500萬美元DAO攻擊後續結果。白帽開發者在攻擊者抽乾整個投資基金前，堵住出血不止的DAO帳號，但問題仍在：那5,500萬美元怎麼辦？

以太坊的領導人知道，只要在DAO代幣的二十七天閉鎖期到期之前，給軟體做些調整，就能改變資金的所有權，拿回那些錢。問題是：該不該這樣做？幾次給程式碼做微幅調整而未果後，他們決定大刀闊斧修改：以太坊的核心開發者將以太坊區塊鏈做「硬分叉」，執行一次向下不相容的軟體更新，將某個日期之後的攻擊者交易全部作廢。這是極端的做法。對加密貨幣社群的許多人來說，以太坊至關重要的不可變動主張就令人懷疑了。如果一群開發者能強行做帳本的修改，推翻使用者的行動，無論那些行動多麼令人討厭，你又怎能相信他們不會為了一群人的利益，再次竄改或操弄帳本呢？這樣不會破壞整個價值主張嗎？

以太坊團隊在許多方面的做法，就像決策者在現實世界遇到危機

時的操作。他們做出艱難的決策，傷害了一些人，但最終是為了更大的利益而考慮——只希望是透過盡可能民主的過程決定。組織幹部長篇累牘地解釋，爭取對硬分叉的支持。而且非常類似SegWit2x和其他比特幣改革提案，如果多數以太坊礦工不接受，那也無法生效。事實上，這次修改是民主的——算得上比國家政府在制定危機政策時、非參與式的民主模式要民主許多。而且既然以太坊像軟體工程師社群多過像加密貨幣投資人社群，就不會如比特幣對硬分叉提議起爭執那麼有爭議。

更重要的是，結果證明不滿的以太坊參與者也不是完全束手無策。有一群人決定繼續挖礦並交易舊版未分叉的以太幣，交易歷史仍保留DAO攻擊者的代幣。他們稱之為「以太經典」（Ethereum Classic），以ETC為貨幣代碼，與分叉的以太坊ETH以太幣一同交易。現在有了兩種版本的以太坊。這造成許多混亂，也帶來一些有趣的套利機會——還有在兩年後比特幣鬧分裂時，提供交易商一些教訓——但也可以視為異議團體以非暴力行動，行使他們分離的權利。一年多之後，以太經典依然在，只不過交易額只占以太坊價值的一小部分，意思就是DAO攻擊者的資金——這筆資金在公開的以太坊區塊鏈上的動向受到密切關注——價值低於當初若留在ETH的現值。

這些駭客攻擊以及混亂的搶救措施，感覺像是兒戲，對吧？但我們就來深入了解。首先，這起金融混亂事件比不上2008年金融危機的動盪不安嗎？還是不如那之後的華爾街交易醜聞那般厚顏無恥？還有，發生了這些失控的駭客攻擊和搶救事件，每次都提供學習機會，

促成以太坊模式的改進，並增加對它的信心。

這些過程催生了新的創新，例如由布特林與閃電網路共同創造人朴恩成立的 Plasma，差不多就像閃電網路之於比特幣，目的在於將耗費大量資源的交易與智慧合約執行工作，轉移到安全的「鏈下」環境，減少以太坊區塊鏈的負擔。如果奏效，以太坊就可真正投入企業級的應用。在這種創意構想爆發的背景下，幾十億美元湧入這個領域，駭客攻擊似乎無足輕重。

然而，比特幣與以太坊的試驗顯示了開放平台、去中心化系統的管理困難。需要利益各異的不同團體取得一致，才能做出改變。不過，在這個領域吸引到的開發者創意頭腦中，局限卻也激發永不饜足的修正欲望。這是為何區塊鏈創新最令人振奮的方向之一，出現在為處理早期區塊鏈平台一些缺點時提出的重大創意。

在網際網路發展的最初幾年，不少災難預言家認為自主的電腦絕對無法安全地彼此交談——主要是因為加密、法令，以及其他保護並不完備。最後，致力於這些問題的腦力智慧克服了那些問題。剩下的大家都知道了。我們相信這裡可能也有同樣的結果。在這一章結束之前，我們先簡短地多探討幾個朝向這些目標推進的最新解決方案。

更理想的「隱私貨幣」解決方案

比特幣和其他早期加密貨幣存在一個重大瑕疵，是密碼學家困擾的源頭，卻常常被一般大眾忽略：缺乏隱私。

儘管普遍認為比特幣是一種匿名工具，而且偶爾廣為人知的用途是罪犯與駭客用來隱藏身分，但實際上比特幣區塊鏈是非常公開的帳本。雖然看不到任何名字，只有字母和數字組成的字串地址，但所有交易卻是人人看得到也能追蹤的，這就代表大家——還有法律——最後可以追查到你，特別是現在受監管的比特幣交易所必須遵守「認識顧客」（know-your-customer, KYC）規定。這讓所有深切關心隱私基本人權的人心生緊張焦躁。

　　提倡隱私的支持者指稱，假如沒有真正的隱私，暢通無阻的公開經濟機會與社交互動仍是一場白日夢，因為討厭的公開曝光，限制了眾人從事自由表達與自由商務的能力。這是為何許多程式設計師會設計比較難追蹤的數位貨幣。

　　你可能會問，為什麼不能在那些可惡的勒索軟體駭客兌換美元時逮捕他們？一則，某個錢幣觸犯法律的紀錄永遠留存在區塊歷史，可能削弱它相對於其他錢幣的價值。就像新加密貨幣 Zcash 的創辦人威爾克斯－歐赫恩的解釋，這全是為了確保貨幣的「可取代性」（fungibility）——原則就是「如果你要拿什麼東西支付給某人，而你有兩份，你給哪一份都沒有關係。」換句話說，每個美元、日圓，或英鎊的價值都是一樣的，無論鈔票上面的序號是多少。比特幣卻未必都是如此。非法商品市集絲路（Silk Road）主腦烏布利希（Ross Ulbricht）被判決有罪，FBI 拍賣扣押的 14 萬 4,000 枚比特幣（2017年11月時價值 14 億美元），賣出的價格遠高於市場上的其他比特幣。理由是那些比特幣如今已經被美國政府「洗白」。

相較之下，其他可能有陰暗過往的比特幣，則因為未來被扣押的風險而價值較低。這一點也不公平：想像如果你錢包裡的美鈔，五年前在你不知道的情況下曾經過毒販的手，商家因為知道這一點而加徵10%的稅。為了避免這種扭曲，並創造更像是可替代現金的加密貨幣，Zcash採用複雜的「零知識證明」（zero-knowledge proofs），讓礦工不用追蹤地址就能證明貨幣的持有者並未重複使用。

Zcash和其他新的密碼學保全匿名加密貨幣（例如達世幣與門羅幣），勾起眾人濃厚的興趣。而且不只自由意志主義者和其他想要逃避窺探的人。銀行也受這項技術的吸引，原因相當簡單直接：他們不希望自己或客戶的交易暴露給市場知道，因為這會減弱他們經營交易的能力。

其實，在這些新的「隱私貨幣」之外，為金融業提供隱私解決方案的興致也高漲。2017年2月，包括摩根大通與瑞士聯合銀行集團（UBS）在內的全球七大銀行，聯合芝加哥商業交易所（CME Group）、英特爾，以及微軟，成立「企業以太坊聯盟」（Ethereum Enterprise Alliance）明確規定企業級軟體，要同時符合大企業需要的績效高要求，以及最重要的隱私需求。

還有就是比特幣與以太坊面臨的棘手問題：如何安全地實現可擴展性——也就是說，如何每秒處理更多交易，但不用創造一個過度集中或可能遭駭的平台——以及一個相關問題：如何建立民主的治理結構來處理這些議題。兩個區塊鏈新產品Tezos與EOS，就是針對這兩方面的問題而生。這兩個項目在7月用了十二天分別籌募到2億3,200

萬和1億8,500萬美元,一度名列史上最大與次大的群眾募資行動。(之後的Filecoin比這些交易更高,吸引到2億5,200萬的資金,其中大多集中在一小時內募到。)

EOS是去中心化應用與分散式組織早期先驅拉里莫(Daniel Larimer)的創作。也包含了備受尊崇的密碼學家葛利格(即創造三式簿記之人)。EOS背後的公司Block.one,讓礦工藉由檢查信息傳送數據來核實紀錄並確認交易,相較於其他非認許區塊鏈要求的檢視歷史餘額,工作明顯輕鬆許多。EOS表示,由於運算需求較輕鬆,EOS測試過一秒鐘處理五萬筆交易,最後應該可達每秒鐘上百萬筆。

Tezos的結構是讓社群更容易達成共識,以更改通訊協定。系統讓Tez代幣持有人以自己的股份投票,支持被指定授權的特別代表,核准階段性的通訊協定變動,並納入靈活彈性的動態規則,讓使用者慢慢界定及發展自己的治理模式。在本書即將付梓之際,Tezos的可行性遭質疑是醜陋的內部爭執,減弱大眾的信心,這在本書〈第四章〉會討論到。不過,Tezos對發展出更強健的治理體系,仍有重大貢獻。

每個新構想都會有缺點,然而,若是由嚴肅的工程團隊開發,每個構想都可能推動邁向去中心化、職務管理、可擴展性,以及隱私。例如萊特幣(Litecoin)等山寨幣就是如此,它們另類的工作量證明演算法顯示,拖延高功率的工業化玩家進入挖礦網路是可行的。其他值得注意的如〈第四章〉會討論的綠幣(Vertcoin),是根據萊特幣的模式改進。綠幣避開比特幣令人不快的經驗,也就是毫無節制地爭奪區塊獎賞,助長了計算負擔沉重、電力需求量大的挖礦作業趨於集中。

所謂的「權益證明演算法」也有各種迭代版本，該演算法係根據使用者持有多少錢幣而設定他們驗證交易的權利。權益證明背後的核心概念是，驗證者自身有「切身利益」，就沒有誘因破壞紀錄保存系統，因這個系統對於維護他們的資產價值至關重要。這種模式的批評之一就是，少了工作量證明的電力消耗成本，權益證明制度的攻擊者只要挖礦挖出幾個區塊，就能提高他們在帳本插入不實區塊的機會。

但是近來發展出一種修正過的「委託權益證明」（delegated proof-of-stake）模式——尤其是有EOS採用——安全程度更為強健。委託權益證明是讓使用者指派特定的電腦擁有者為代表，對礦工的表現與誠實進行投票——是一種削減行政權力的代理立法部門。

我們用立憲政府做比較並非巧合。區塊鏈的通訊協定規則一如我們強調的，是充當對經濟行為的一種管理形式。許多企業認定這項技術將為整個數位經濟提供新的治理層。這是為何了解「如何管理平台最好」也相當重要。好消息是，有了這個專門針對的全球開源創意與創新競賽過程，就能發現解決方案。或許既有的區塊鏈如比特幣和以太坊，將從後起之秀的進步中學習，並吸收到自己的模式之中。又或者它們的利害關係牽扯太大而無法改變，本身將破壞瓦解。或者將出現某個非常重要的密碼學工具，為所有迥異的模式提供互操作性，讓所有模式都得以存在，卻無一有獨占的優勢地位。

我們拭目以待。重點是，這些不同系統之間的競爭很重要。誰來決定這些新興經濟體系該做什麼改變，不僅關係到中國的比特幣挖礦公司，或加州帕羅奧圖的科技宅密碼學家。它影響的是所有人的未來。

第四章

Four

代幣經濟狂潮來襲
The Token Economy

🔒 重新定義：線上出版商、廣告主、受眾者

🔒 代幣淘金熱

🔒 金融監管機構扮演的角色是？

🔒「開放通訊協定」的黃金建設期

🔒 數位「以物易物」

🔒 當個人或品牌價值貨幣化

🔒 萬物價值之重新理解

2017年5月31日，格林威治標準時間下午2點34分，舊金山一家專門從事網頁基礎架構的公司Brave Software Inc.，打開一個線上銷售窗口。他們當天只提出一個銷售項目，但在24秒之後，整整10億美元的存貨銷售一空，留下許多潛在顧客因為向隅而扼腕。如此需求若渴的標的物是什麼呢？Brave在這次的「基本存取代幣」（basic access token，簡稱BAT）首次代幣發行ICO中，籌措到相當於3,500萬美元的資金。

　　從2017年的暮春直到夏季，ICO狂潮方興未艾。在2017年的前七個半月，就有將近15億美元流入這個新的投資類別。BAT是獨一無二的可買賣數位資產，就如同比特幣，其交易是透過公開的去中心化區塊鏈證明。但不同於比特幣的是，這些代幣一般是設計用在特定產業、或特定Dapp[1]的用戶社群中進行交換。大部分也不是靠不間斷挖礦獲得；而是透過一次性ICO存在。

　　事實上，其他ICO籌募到的數量可能高達Brave的六倍，成功創下史上最大群眾募資行動的新紀錄。不同於那些規模更大的ICO，Brave這次銷售刻意限制它的規模，但引人注目的是它流入訂單的速度。很明顯投資人買的是Brave給的期望，期許代幣可從根本上改變崩毀的線上廣告產業。

　　Brave接受以太坊的以太幣為這場快速銷售的收入貨幣，引來重量級投資人將不夠靈活的投資人擠出場外的疑慮。但這也道出了

1　編注：Dapp（Decentralized Application），意指建構在區塊鏈之上的去中心化應用程式。

Brave獨特價值主張的吸引力。這代表第一次嘗試將所有人常常無償放棄的資源冠上價值：**注意力**。這是這種代幣新觀念的真正力量。它們提供一種方式，重新定義並重新評價經濟得以運作的資源交換。

重新定義：線上出版商、廣告主、受眾者

若你曾經因為惱人的「彈出式廣告」害得瀏覽器當住不動，無法點擊、閱讀想看的文章，就知道線上廣告與出版市場已經崩毀。我們得到承諾，會改善精準度、改進分析方法、直接針對顧客行銷，以及增加優質內容的營收。但可以持平地說，線上內容經濟的三個利益相關者——出版機構、廣告商，以及使用者（讀者／觀眾）——各有各的怨言。

以使用者來說，惱人痛苦的橫幅廣告和不請自來的促銷影片，不但惡化網站體驗還耗用頻寬。（根據估計，一般人的行動電話帳單每月有23美元是花在不想要的廣告上。）對廣告主來說，產生假流量數據的「軟體機器人」（bot）膨脹了無價值網站的行情——根據全國廣告主協會（Association of National Advertisers）統計，這導致該產業在2016年損失72億美元。

另一方面，用以制定廣告費用的衡量標準——每次曝光成本（cost-per-impression, CPM）驟降，衝擊主流出版商，因為他們的網站要競爭的，是部落格與社群媒體不斷擴充的另類線上內容供應。或許不可避免的是，消費者轉向廣告阻擋軟體，截至2017年初，約有6億

個行動及桌上裝置使用這種服務，這個趨勢將使勞力密集的新聞編輯部，極度缺乏產出優質新聞所需的資金。

這一切的結果就是資訊的品質不斷降低，以及扭曲的獎勵動機，使得「假新聞」供應者奪取市場、賺取廣告費用變得有利可圖——基本上是靠說謊，包括釋放虛假的內容給讀者，以及與廣告主分享虛假的網際網路流量數據。這就讓刻意提供錯誤訊息以獲取權力或利益的人，掌握過大的影響力。

無論你抱持什麼政治立場，我們都同意，在一個過去無可爭辯的事實，現在卻容易蒙受偏見與爭論之害的環境，對資訊品質的信心直線下降，對於民主進程與整體社會都潛藏危害。

這又把我們拉回到 Brave 極為成功的產品。帶領 Brave 團隊的艾克（Brendan Eich），是無所不在的 JavaScript 網頁程式語言的發明人，他認定給受眾注意力賦予價值的代幣，可以顛覆這個產業扭曲的經濟情況。其概念就是創造價格信號，誘使參與者創作更好的內容及提供精準的受眾行為資訊。如同許多代幣的發行，都是以這個新工具提供誘因，讓公司與個人為共同利益盡一份力。

代幣如何運作呢？就像比特幣的通訊協定，導引使用者與參與者做出某些有助於共同利益的行動——在這裡就是建立所有人都能信任、安全可靠的帳本——執行代幣運作的程式納入了獎勵誘因與限制條件，鼓勵某些有利於社會的行為。新思想「代幣經濟學」正在興起。其中包含了一個觀念是，我們能在這些「可程式化的」貨幣形式中嵌入方向，引導社群走向渴望的共同結果。代幣或許能幫我們解決「公

有地的悲劇」（Tragedy of the Commons）。換句話說，這可能是件了不得的大事。

「公有地的悲劇」這個概念，源自於1968年生態學家哈定（Garrett Hardin）的一篇文章。哈定說了一個故事：十九世紀的農人在共有的公有地上過度放牧牲畜，因為人人都不相信——別人的牲畜吃的牧草沒有超過合理份量。長久以來這都被當成是一個警世故事，說明政府有必要管控對公共資源的取用——以農民來說，就是土地。

從此之後，「公有地」就成了一個統稱，泛指任何有公共價值、需要保護的「空間領域」，無論有形或無形。這是為什麼大家說網際網路上的自由言論和無著作權內容，屬於「創作共用」（creative commons）領域，應該受法律、契約協議，以及社群行動主義保護。這個問題與典型的「外部性」（externality）經濟問題密切相關——當公共資源消耗殆盡，資本主義無法輕易給眾人承擔的成本標出價格，例如工廠污染空氣。

不過，「公有地」跟廣告和內容產業有什麼關係呢？嗯，就像農人共用一片公有地，線上內容產業有其濫用的公共資源，可勉強附上合理價格的東西：Brave稱之為「使用者注意力」。出版業與廣告業人人都在爭取讀者與觀眾的眼球，以便將他們導向內容並引誘他們購買，無論是訂閱報紙還是廣告的產品。但這個產業在分辨對象和支付注意力方面卻做得很差勁——從補償提供資源的讀者與觀眾開始就做得很糟。

理論上，我們「獲得補償」是因為我們關注廣告，以便取得新聞

和其他想要消費的資訊——但這個過程被不恰當地形容為「免費」——而廣告主付錢給出版商，則是為了有權將我們的部分注意力抽往他們的產品宣傳，但這通常違反我們的意願。幾乎可以說有些不誠實了。

粗劣或虛假的頁面瀏覽量測量辦法，以及不斷增加的內容供應，使得「注意力」的定價比過去更不精準。此外，使用者放棄注意力的真正成本可以說更高了。正如我們在〈第二章〉討論的，使用者交出幾艾位元組的珍貴個人資料——這屬於一種新的資產類別，《經濟學人》形容它是二十一世紀可與上世紀的石油等量齊觀的資源。我們放棄這個珍貴的新數據貨幣，卻換來不斷惡化的體驗。

另一方面，出版商與廣告主無法準確衡量使用者的注意力，更遑論要著手爭取，卻盲目地拿沒有意義的數字設計定價方案，根本不能反映他們取得多少使用者注意力資源的真實情況。這些失敗的經驗是前面所強調的扭曲、濫用，以及產業功能失調的根本原因。

Brave針對這個問題採取雙管齊下的策略。它先是創造一個新的瀏覽器，與它的代幣無縫操作。瀏覽器預設阻擋所有廣告，同時藉由複雜精密的分析方法，核對使用者花了多少時間觀看特定內容的數據，並做匿名化處理。如此一來，就能提出有用的紀錄，顯示我們花在網際網路網站的時間量，卻不用暴露我們的身分。身為Brave瀏覽器的使用者，你有機會賺取BAT，只要選擇性關閉廣告阻擋器觀看廣告；代幣則會遞送到只能由你控制的整合錢包。你可以用那些代幣獎賞你欣賞的內容出版者——其實就是打賞。另一方面，要在系統上的

內容出版商投放廣告，廣告主得先取得BAT，再將代幣支付給出版商，而廣告的價格則是根據出版商內容相關的注意力衡量標準來決定。

加總起來，這些特色有可能創造一個生態系統，更直接且更準確地給付注意力的報酬。這未必會終結「標題黨」（clickbait）新聞現象——大概就是金·卡達夏（Kim Kardashian）[2] 的新聞若持續吸引眾人的關注，就能獲取最高的BAT款項。但是「打賞出版商」這個選項，可能對他們發出更細膩的信號，提供更有用的訊息。我們不確定大家會怎樣做，但或許會更傾向用BAT打賞努力且別有洞見的作品，而不是他們覺得應該點擊的性感照片。

無論最後人們是否會因此得到更高品質的內容，BAT模式本身似乎就是比現有的注意力定價方法更公平，因為它直接獎賞給予注意力的人。使用者因選擇觀看廣告而賺取代幣，如果BAT定價的廣告需求擴大，那些代幣將會隨著愈來愈多廣告主進入市場而升值，為使用者帶來資本利得——這即是比現有體系更理想的協調結果，基本概念就是我們以觀看廣告「免費」換取想要的內容，但其實我們是送出了時間、大量關乎自身及上網瀏覽習慣的珍貴數據。

成功的代幣策略是，在特定經濟體系中的代幣交換會影響人類的經濟行為，因為使用者的獎勵誘因會與整個社群的獎勵協調成一致。

《蘋果橘子經濟學》系列的書迷就知道，經濟學研究主要就是與獎勵誘因有關——預期中的結果如何驅使我們購買特定品項、擱置其

2　編注：美國名媛與電視名人，因其炒作新聞的能力而名列媒體與觀眾心目中的話題人物。

他品項，或是做出各式各樣的行為。獎勵誘因往往「未能契合」，就像基金經理人的獎金繫於短期獲利，然而，他們所服務的投資人比較需要的是長期成長策略。所以，代幣經濟學企圖克服這些問題，藉由建立程式化價值效應——基本上就是價格上漲——在大家做出造福所有人的行為時給予獎賞。如此一來，就能重新協調獎勵誘因。

　　儘管合意雙方可以在任何地方、進行任何交易時交換主流貨幣，例如美元，但加密代幣包含軟體邏輯可限制並禁止代幣的用途。以Brave來說，在它的生態系統中，廣告只可以用BAT支付。其他模式，包括去中心化電腦儲存平台Storj，是讓迫切需要硬碟空間的使用者，以storj代幣交換存取其他人多餘的空間。或者還有Gamecredits代幣，是讓人在線上遊戲社群中銷售虛擬商品賺錢，例如寵物或武器，但是要透過產品底層軟體的區塊鏈紀錄，證明那些商品確實如宣傳所說。Gamecredits表示，目前在150億美元的虛擬遊戲商品市場中，詐騙銷售是一大問題。

　　在這些模式下，金錢不再只是一種沒有道德色彩的交易促成工具，更可以記錄所有同意使用者的共同價值與利益。以BAT的例子來說，瀏覽器記錄的注意力衡量標準決定了誰獲得代幣、獲得多少，比傳統貨幣更能夠給注意力安上有意義的市場價值。重點是，如果Brave成功了，BAT的價格會上漲，這又鼓勵愈來愈多人加入社群，並遵守其誘導良好行為的規則。它的目的是網路效應，在線上內容市場創造誘因與獎勵，協調更良好的正向循環。

　　像這樣的網路效應對數位經濟的許多公司來說，是市場力量的關

鍵來源。亞馬遜、阿里巴巴、Uber，以及其他數位巨擘全都仰賴於此——採用概念的範圍，以及是否在正向回饋循環中得以鞏固。愈多人使用Uber，就吸引愈多司機加入這個系統，要找到搭車的機會就愈容易，這又吸引更多人使用這個服務，如此循環不已。

代幣發行者主張，他們將刺激這類網路效應以及正向的回饋循環。至今這仍是無法證明的論點。成功與否可能取決於各種代幣的流動性、來回交易的頻繁程度。以Brave來說，風險可能在於發行的10億枚代幣被當成長期投資，被投資人貯藏起來而抑制其流通。倘若如此，BAT的價值就不能準確反映使用者注意力市場。需要的是**使用**的臨界量，而非持有。

Brave的模式包括一套處理這項挑戰的代幣發行策略。它撥出3億多的「用戶成長池」來吸引新使用者。例如，有個方案是每當有人新下載瀏覽器，就送出少量的BAT到他的Brave整合錢包。如此一來，代幣就成了引導採用的工具，藉以培養其網路效應。

「早期我們把這當成初始補助，用來資助使用者，」Brave執行長艾克說。這項策略是艾克以自身在矽谷的數十年經驗塑造而成；身為經驗豐富的工程師，艾克在90年代創造出無所不在的網路程式語言JavaScript，後來又共同創立瀏覽器開發商謀智（Mozilla）。久而久之，他發現創投業者不樂意資助爭取用戶的行銷費用，但利用新股或新債支應，又會稀釋創辦人與早期投資者的持有股份。「但是有了代幣，就能分配給使用者，卻不會有賒欠借貸的後果，」他說，不同於價值1美元的股票或債券，他認為「BAT是一種**社會**信用貨幣；沒有這種

通貨膨脹特性。」

　　我們就來分析最後一點。無論如何，分配代幣給新使用者的成本是由現存代幣持有者承擔，而現存持有者會看到他們在整體供應的持有比例遭到稀釋。但要是按照Brave的打算，這種分配成功鼓勵使用的網路效應，代幣價值可能也會升值到足以抵銷仍有餘。重點是，承擔這種風險的全是社群中人——BAT使用者**社群**——而不是外部投資人。這也是艾克說「社會信用」的意思。

　　不過，Brave的「快閃」ICO還有其他疑慮。問題之一：大型投資者付給以太坊礦工高手續費，藉此在銷售案中取得優勢。就像受限於1MB區塊容量的比特幣礦工，會將手續費高的交易列為優先，在Brave的智慧合約開始處理訂單時，這些大型競購者的手續費讓他們快速排到隊伍前方。等到10億代幣在24秒鐘售罄，就透露出只有一百三十個帳戶買到，而前二十大持有戶就包攬了發行總數的三分之二以上。這些畸形現象惹怒許多投資人。

　　有些人認為，Brave預先設定的3,500萬美元籌資上限是一大問題，因為剩下的代幣太少，迫使無法辨認身分、但有辦法操縱系統有利自己的競購者，採取積極進攻的策略。但有人說，Brave決定限制要接受多少資金，對待投資人就比新區塊鏈計畫Tezos採用的方法更公平；Tezos募集了2億3,200萬美元，給開發者的錢遠超於他們需要的，而投資人的股份卻稀釋了。至於艾克，他對CoinDesk抱怨很難招募到「以太坊人才」，有部分是因為高達九位數的募資金額，使得在緊俏的工程人才市場上，Tezos一類的新創公司給程式設計人員的

出價，高於Brave和其他公司。

這些形形色色的代幣銷售策略，最重要的考驗是它們到底是協助、還是妨礙代幣演變成期望中的模樣：不是融資工具，而是功能型代幣。

也就是說，是否有助於發展網路，並確保該去中心化應用實現預期中的目的。既要避免與證券法規相牴觸，還要確保平台未來能夠發展，ICO發行者必須證明他們的代幣並非只是投機工具，而是真正可以稱為「產品」，是有功能的軟體。這個問題引來律師和監管者的關注，他們正在設法了解這些模糊的價值交換新方法是否有別於證券，應該豁免證券適用的繁複法令與限制。事情如何發展，將決定投資人與使用者到底會虧錢還是賺錢，以及他們可能有什麼法律反應。

代幣淘金熱

驟然出現的ICO熱潮本來就與以太坊的成功有關。以太坊在2016與2017年成為首選平台，數百個智慧合約型Dapp在那上面執行，並發行相關代幣。這股狂熱發展之勢產生強大的正向回饋循環，推動以太坊的價值在2017年的前八個月不斷升高。

2017年7月30日，以太坊在曼哈頓一個高空酒吧高調奢靡地慶祝兩歲生日。自從十九歲的科技怪客勇於夢想，創造無人控制的全球性通用計算系統，四年來已有長足進展。當時許多人認為布特林的構想是異想天開。即使有世界級開發者如英國的伍德受聘加入，以太坊

還是災難不斷——在比特幣價格暴跌時，讓它一度差點燒光ICO賺來的比特幣。但是到了2017年，情況大為改觀。財星五百大公司的董事會與政府部門都在討論以太坊。布特林瘦骨嶙峋的臉龐與帶著憨厚的笑容，登上無數雜誌的封面。人人激動熱切地談論，卻通常不甚了解以太坊的可能性和局限，不太清楚它可能改變世界。

從很多方面來說，推動以太坊成功的因素跟比特幣很像，是聚集起來的社群，對去中心化全球經濟的願景傾注信心與熱情。以太坊研討會（Ethereum Meetup）現象尤其重要，也就是紐約分會安排了那一晚的派對。

那次派對賣出了三百張票，之後又多賣了四十張，因為需求太大了。酒吧原本被告知參加者頂多就五十人，後來勉強才容納下那麼多人。是什麼原因引發那麼多人的關注呢？這個嘛，以太幣這個以太坊網路的原生貨幣，其價格在2017年上半年突然飆升，從8美元漲到6月中約400美元。之後雖然又大跌到200美元，但還是讓僅僅七個月前買進的人大賺一筆，同時也吸引了其他想分一杯羹的人。

那是一個晴朗如畫的日子，溫暖但不燠熱，天空湛藍無雲。狂歡作樂的人襯著四周的紐約天際線擺起姿勢拍照；往東，是紐約人壽大樓的金色圓頂。南邊是大都會人壽大樓。往北，雄偉高聳於眾的是帝國大廈。派對引來一群活力充沛的人，從密碼學界老將到新秀都有，老將中有協助布特林創立以太坊的魯賓，如今正執掌頗有影響力的以太坊開發實驗室ConsenSys。就像多數科技界的場景，男性多於女性，但女性還是不少，而且成員分布平均，有X世代甚至也有嬰兒潮世

代，全都一派輕鬆隨性。他們討論以太坊與比特幣的各種戲碼和未來的挑戰，也說起價格以及令人目眩神迷的ICO現象。大家大方地交換名片。人人交際結交人脈，當場發想他們猜測可以致富的產品。

我們遇到一位年輕女子，幾個月前剛辭掉工作要創立自己的事業。我們遇到一名六十多歲的男士，當了二十七年的理財經理人，正要賣了他的顧問事業，建立自己的區塊鏈服務。一個千禧世代的摩根士丹利職員耐心等著跟魯賓說話——他希望投入以太坊，建立自己的去中心化應用，追求自己的財富。我們問他是否認識其他感興趣的人，不管是朋友或同事。「人人都是，」他說。

身為財經記者，我們曾經見證也報導過一些投資狂熱。我們看到2013年對比特幣的第一波關注，但我們的年紀也足以報導1990年代更大的網路熱潮與泡沫，乍富新貴的結局。那場7月週日在紐約市的派對，感覺很像其他年代。群眾的充沛活力顯而易見。期待立刻致富的心理不會看錯。就像其他大部分科技突破，這一次也混合了烏托邦主義和資本主義。有些人想改變世界。有些人想要致富。許多人想像自己能兩者兼顧。價格大幅上揚是造成這股狂熱的部分原因。比特幣的價格在2017年翻了三倍。以太幣的價格上漲了5,000％。但這些進展並非全貌。2017年真正改變的就包含在ICO這幾個字母。

前面說過，ICO代表「首次代幣發行」（initial coin offering），即預先銷售加密貨幣或區塊鏈型代幣。他們分配資金的方式迥異於比特幣採用的模式，即從第一天起，就是礦工用計算能力滿足工作量證明的要求來「賺取」，並按照無人控制的軟體系統設定的時間表釋出。

至於ICO，是平台創辦人進行銷售而導致代幣的存在，但不同於比特幣的通用狀態，只用在相關Dapp的有限需求。換句話說，ICO發行直接流向由Dapp創立者設置及控制的機構，表面看來是支應開發成本，但也是著眼於發展創業的風險，獎賞他們以及他們的支持者。

這種構想存在已久。以太坊基金會的1,840萬美元募資就是這樣處理；其他早期區塊鏈計畫也是採用同樣的方式。但是需要一個新工具才讓這個概念在2016年下半年打開局面，這個工具是由柏林的沃格史戴勒（Fabian Vogelsteller）領導的一組以太坊開發團隊開發出來的：給稱為ERC20的代幣一個容易採用的智慧合約系統。

這套標準化的智慧合約指令，意味著代幣可以在ICO以及ICO後的交易中，保持始終如一的共同格式。代幣不需要自己的區塊鏈及挖礦群體來維護。ERC20代幣是在以太坊**之上**交易。它們由以太坊認證的智慧合約產生，而智慧合約會記錄代幣發行以及代幣持有人的交換。這些代幣如同比特幣與其他所有加密貨幣，還是需要一個區塊鏈真理機器的不可變動帳本，維護它們可驗證、不可複製的數位資產地位。但因為有ERC-20解決方案，所以不需要開發具備所有必要獨立計算能力的**自有**區塊鏈。以太坊既有的計算網路就能為它們做驗證。

這個解決重複使用問題的低成本方案開啟了ICO工廠，因為發行者發現接觸全球投資團體的輕鬆方式。不用與創投業者就稀釋問題與董事會的控制權進行痛苦的談判。不用和華爾街投資銀行觥籌交錯，爭取他們將客戶放進訂購名單。不用等著證券交易委員會批准。只要直接面對大眾：**這是我的代幣，很酷，買吧**。這是簡單又低成本的公

式，而且降低了進入障礙，方便一些聰明絕頂的創新者，將可能改變世界的構想帶入市場。可惜，這也是吸引騙子的磁石。

而拿ERC20能做什麼事，從一個惡名昭彰的例子就能看得一清二楚：DAO，我們在前一章討論過，2016年深受大規模代幣偷竊之害。創造DAO的新創公司Slock.it，其創辦人圖爾打算以ERC20 DAO代幣進行ICO時，估算籌募個2,000萬美元，大概就足夠實驗這個非正統的新投資模式。後來，DAO籌募到1億5,000萬美元。那當然是它失敗的部分原因，因為這代表在發生攻擊時，牽涉到的不是只有實驗的金錢，這就讓人有賞罰的要求。但另一方面，這也讓其他原本打算推出的ICO發現，打破傳統的去中心化應用概念，投資胃納很大。

諷刺的是，正是DAO模仿現象，將以太坊從DAO攻擊事件的餘波之中解救出來。6月中攻擊事件爆發時，以太幣大約在20美元，事後一個月及以太坊硬分叉時下跌到8美元。但因為ERC20代幣完全是在以太坊平台之上編寫，因此控制它們的智慧合約需要用以太幣支付，DAO事件後對這些代幣的熱潮，最後救了以太幣的價格還綽綽有餘。ERC20標準讓以太幣進入甜蜜點。在此之前，比特幣其實是代幣銷售中唯一能收到資金的貨幣。以太坊2014年的群眾銷售（crowdsale）就是如此，其他ICO先驅也是，例如去中心化儲存供應商Maidesafe。

如今，ICO貨幣的最佳選擇是以太幣。要買以太幣，才能投資一波波的新代幣，這創造了逐步上升之勢，有利以太坊生態系統的所有開發者。不但他們的新ERC20代幣價值上升，還擁有以太幣——要

不是靠著給以太坊挖礦得到的獎賞，就是投資獲得，或是當成管理智慧合約執行工作的「燃料」儲存。而以太幣也迅速上漲。這個正向回饋循環又鼓舞其他以太坊開發者，構思出自己的新代幣Dapp，並以ICO上市，這又進一步刺激以太幣的需求，並加快價格飆漲的速度。

某種非比尋常的事正蓄勢待發的感覺，在2016年11月更加確定，當時一個稱為Golem的網站，提供平台讓人交易閒置的電腦效能（它標榜自己是「電腦的Airbnb」），在半小時籌措到860萬美元。在那之後，資金像是對所有拿出白皮書和代幣銷售的人敞開大門。

最初的高點是2017年4月，提供平台給使用者建立預測市場對所有事物下注的Gnosis，賣出該公司創立的5％代幣，在12分鐘籌措到1,250萬美元。由於其餘的95％掌控在創辦人手裡，那樣的價格意味著整個事業的隱含價值達3億美元——隨著Gnosis代幣的價格在次級市場迅速翻了四倍，這個數字隨即升至10億美元以上。按照矽谷的標準，這代表我們有了第一個ICO「獨角獸」。但不同於其他高度獲利10億美元以上的獨角獸，如Uber和Airbnb——Gnosis什麼都沒賣。

另一方面，ICO的構想如雨後春筍般不斷出現，有些相當出色，有些似乎打破傳統，有的不怎麼可靠，許多則彷彿只是出於純粹的投機主義。隨著ICO新聞稿瘋狂流入作者之一的保羅在《華爾街日報》的收信匣，也聽到愈來愈多人拿這些ICO新聞，跟過去網路泡沫時具代表性的IPO（首次公開募股）的Pets.com做對比。

那些發行代幣的公司包括：REAL是一家以加密貨幣為基礎的不動產投資公司。Prospectors是一款以淘金熱時期為背景的線上多人對

戰遊戲；遊戲的代幣可想而知就叫做「黃金」。Paquiarium是一個團體，計畫籌措幾千萬美元，建立號稱「全世界最大的水族館」，投資人可以在其網站上投票，分享獲利，並獲得終身入場券。拉斯維加斯有個「紳士俱樂部」，還有稱為kencoin的加密貨幣保證成人服務業的匿名性。Ahoolee想建立線上購物搜尋引擎……每個計畫都表明代幣將獎賞使用社群，在社群成長時鼓勵正向回饋循環和網路效應，只不過有時候顯得蒼白無力。

　　每天都有來自想要「進行ICO」的人寄來新的電郵。有的想要資助新的橄欖球聯盟。有的想要資助攜帶式個人空調。有的試圖創辦新的廉價航空……有一天，保羅接到一位商人的電話，對方看了他在《華爾街日報》上的一篇報導，想多了解從何著手以及哪裡可以獲得法律建議。那位讀者說，他想聯絡桑托利（Marco Santori）律師，也就是該篇報導中引述的庫利（Cooley）法律事務所合夥人，但始終無法接通。桑托利後來告訴我們，他接到太多有關ICO的電話，根本不可能一一答覆。

　　那些人搭上這股熱潮的理由，從CoinDesk新服務Cointracker的研究結果就能清楚明白。在2017年的前七個半月，ICO籌募到超過15億美元，遠超過區塊鏈公司透過傳統創投募資策略籌得的資金。而且真要說的話，從Bancor、Tezos、EOS，以及Filecoin這四個銷售案，在截至8月12日的兩個月籌募到8億3,000萬美元看來，似乎發行銷售與資金的浪潮有增無減。隨著以太幣和比特幣價格在8月再次急漲，似乎什麼都無法抑制這股氣氛，即便美國證交會7月時曾發出

警告，表示這些銷售標的可視為「證券」並應接受監管。

這股趨勢什麼時候會停止呢？等到市場轉向就是了。當投資人發現，他們買進的許多「錢幣」根本就不存在，這時候我們大概就會發現有個巨大泡沫了。

「這些ICO大多都會以失敗收場，」知名數字貨幣基金Polychain Capital的執行長卡爾森威（Olaf Carlson-Wee）提到，許多構想考慮不周且缺乏程式編寫開發。「大部分的計畫從一開始就不是個好構想。」儘管如此，Polychain卻是卡爾森威特別為投資這些新專案而創立的投資公司。其實，大部分進行投資的人似乎都採取非常類似創投的態度。他們知道這些專案大部分會失敗，只是希望有幾個籌碼能落在贏家身上。

其實，有強烈的理由證明，ICO是一種民主化現象。只要開發者坦然面對風險，投資者也知道自己在做非常投機的賭注，ICO可以視為一種更快速的方法，對廣大群眾提供高風險／高報酬的投資機會，而不讓創投業者在初始階段優先進入。

為什麼創投業者可以拿下早期階段的全部投資呢？康乃爾密碼學家兼加密貨幣專家岡塞爾表示，其實「創投業者認為這是真正的潛在威脅。從他們的肢體語言就看得出來。」若說到傳統的股票投資，創投基金、私募股權基金、避險基金等等，相對較小的投資人一定有優勢，因為他們能豁免旨在保護小人物的規定。創投業者大到被證交會列為「合格投資人」（accredited investor），因此容許投資未經公開發行程序的證券，而這個程序牽涉到說明書和許多其他訊息公開。那樣

的特權使得過去二十年的所有大型賭注，如臉書、Google，Uber，創投業者都得以在初始階段就進場。

岡塞爾說，如今普羅大眾想成為參與投資的一份子，而「代幣狂熱」給了他們一條路。為什麼有這樣的需求呢？「因為大眾目前沒有更好的地方，可以讓他們的資金去停泊。他們需要回報。銀行最多給他們1％或2％的利息。他們知道創投業者在這些新商業模式中獲得的遠遠更多，所以他們熱切地想要冒同樣的風險。」

岡塞爾並沒有為了有些人可能虧損而憂心。那只是投資的風險。「他們可能發現，有時候真的會為了自己做的決定而後悔，但這個群體似乎也相當獨立，對於行動的結果處之泰然。你不會看到有人組織著要反對什麼，說些『我們來推動立法監管吧』的話，因為那些投資本身就非常令人激動興奮。」

看到矽谷創投世界，一個由男性主導、充斥著性別歧視與性侵醜聞的封閉世界，正承受逼迫壓力，頗令人震驚。那些對緊張的東岸商人及政府官員宣揚「破壞，要不就被破壞」真理的西岸金融專家，突然發現自己正是破壞瞄準的目標。他們甚至能嗅到一絲南加州挑戰北加州在早期投資的獨占地位，因為一些以代幣為主的投資基金都在洛杉磯設立辦公室。

這些投資人包括：米勒（Erick Miller）在洛杉磯的CoinCircle，以及Crypto Company。後者是由獲得世界撲克大賽冠軍的佛斯特（Rafe Furst）經營，採取投資代幣的方式，有部分是以佛斯特先前創辦的Crowdfunder為模型；Crowdfunder是將散戶投資人的資金導向持

有多個新創公司，讓他們得以參與創投活動。這當然還算初期，但想像「矽灘」（Silicon Beach）有一天給矽谷帶來競爭壓力也挺有趣的。

毫不意外，許多創投業者選擇經驗證有效的「打不過，就加入」策略。大型公司如安霍創投（Andreessen Horowitz）、紅杉資本（Sequoia Capital）、聯合廣場創投（Union Square Ventures），以及Bessemer Venture Partners，宣布將透過稱為Metastable Capital的避險基金投資代幣，Metastable Capital於2014年由AngelList執行長拉維康特（Naval Ravikant）等人創立。另外專業的區塊鏈投資機構，如摩黑德（Dan Morehead）的Pantera Capital以及史蒂芬斯兄弟（Bart and Brad Stephens）支持的Blockchain Capital，紛紛設立專攻代幣的基金。

另一方面，大型法律事務所，如庫利、博欽（Perkins Coie）、貝克豪斯（BakerHostetler）、德普（Debevoise Plimpton）、MME，以及蘇利文·沃徹斯特（Sullivan Worcester）全都加入隊伍，建議ICO客戶如何遵守法律。這讓人真的有種感覺——金融界的專業人士正在加密資產產業搶奪地盤。以整個代幣市場的狂熱來說，那些玩家給產業引進重要勢力，還有一層合法性的粉飾。

同樣值得注意的是，儘管有大衛對上歌利亞的說法，但重量級創投業者投入資金會明顯推動結果。傳奇投資人、德豐傑投資公司（Draper Fisher Jurvetson）的提姆·德雷珀（Tim Draper）就是如此。他的祖父威廉·德雷珀（William H. Draper）及父親比爾·德雷珀（Bill Draper）可說開創了矽谷的創投業，而他的兒子亞當·德雷珀（Adam Draper）更是最早投資比特幣與區塊鏈新創公司的創投投資人之一。

當外界知道德雷珀也買進2017年6月的Bancor代幣銷售，這次銷售案迅速成為有史以來最大的ICO，高達1億5,300萬美元；Bancor是供其他區塊鏈平台推出及管理代幣銷售的平台。只是這個紀錄並未保持太久，因為投資人聽說德雷珀也支持布雷特曼夫妻（Arthur and Kathleen Breitman）的Tezos，於是隔月也在他們的新區塊鏈專案投入令人瞠目結舌的2億3,200萬美元。「12月時，我夢想我們能籌募到3,000萬美元，」凱斯琳·布雷特曼回憶道，「但我想，那是不可能的。」

凱斯琳·布雷特曼現在大概希望實際數字更接近她的夢想。一舉籌募到2億3,200萬美元的鉅款，把他們夫妻倆推到刺眼的聚光燈下。這令人格外注意到幾次麻煩的軟體開發延遲事件，問題又因為布雷特曼夫妻與葛維斯（Johann Gevers）的內部爭執而惡化；葛維斯是Tezos基金會主席，資金分配即是由表面看似獨立的Tezos基金會負責。那次爭端引來大量媒體報導，引發謠言說證交會已經正式展開調查，布雷特曼夫妻公開聲明表示「證交會並未與他們接觸」，企圖藉此平息謠言。

布雷特曼夫妻和其他類似的創辦人，等於是在經營萌芽階段的新創公司，而這個階段通常會向天使投資人和親朋好友尋求種子資金。但他們卻向廣大群眾籌募到大筆金額，通常那是企業經過數年營收上升及穩定成長的證明，才有可能發生的。對傳統新創公司來說，這根本極為不公平，他們得經歷過戰鬥訓練營，還要去帕羅奧圖和山景城的許多公司叩門求見，才能要來少得可憐的50萬美元早期基金。地位比較穩固的公司也一樣，他們得跟律師及華爾街公司角力一番，才

能透過傳統的首次產品發行IPO，獲得「出場」。

舉個例子，線上食材製造商藍圍裙（Blue Apron），在2017年6月的IPO要籌募3億美元所下的工夫。一開始，該公司想以每股15至17美元賣出，卻找不到人接手。於是降低價格，然後一降再降。最後以10美元上市。藍圍裙已經存在八年左右，前一年的營收約為8億美元，有產品也有歷史。隔月，一家名為block.one的新創公司在ICO中籌募到1億8,500萬美元，而該公司在十二個月前根本不存在。該公司的產品就是尚未推出的「EOS區塊鏈」，目的是提供企業建立自己的去中心化解決方案。Block.one有些令人驚豔的構想，並宣稱他們的區塊鏈最終將可一秒鐘執行數百萬筆交易。但沒有人能肯定是否真的可行。

不過，拿這些去中心化平台和傳統公司例如藍圍裙來比較並不準確。理論上，擁有自己代幣的人，都能因為服務擴張、網路效應，以及價值上升而獲益。

代幣的結構不同於傳統公司，傳統公司有明確的經理人和股東——後者清楚明白握有投票權——還有明確的營收來源。Block.one產生的「營收」，如果可以這樣說的話，可以想成是其代幣的價值上漲，產生的獲利則由EOS的礦工、開發者，以及使用者賺取和交易，讓所有人分享那筆營收。在這些相互連結的事業中，公司、擁有者、投資人、經理人、員工，以及顧客的界線都模糊了。因此，拿傳統以股權為主的籌資做法對比可說並不恰當。事實上，這些難以比較的定義，就是一場緊張又有爭議的法律辯論核心。

金融監管機構扮演的角色是？

ICO領域的一大困擾，就是代幣發行者對大眾銷售本應登記為「證券」的東西，監督管理者會對此採取嚴厲措施。這或許就是觸動泡沫爆破的原因。2017年9月，市場就嘗到這樣的滋味，在中國監管單位採取徹底禁止ICO的嚴厲手段後，所有錢幣的價格都急遽下挫，甚至比特幣和以太幣也在內。此舉迫使中國許多較熱門的加密貨幣交易所剔除數十種代幣。

至於美國證交會，從它對DAO所做的不作為意見，就表明了包含投資承諾的代幣可視為證券，因此可能要遵守鮮少ICO接受的公開資訊、登記註冊，以及許多其他規定。哪些代幣符合DAO的狀態是個大問題。證交會並未說**所有**ICO都將判定為未註冊證券，只說「將視事實與情況而定」。部分發行代幣的新創公司，他們的律師代表則樂觀評論道，證交會已經暗示，「代幣不會自動被定義為證券」，並明確表達對資本市場創新的支持。

只不過，這樣的意見對產業確實有抑制效果。香港的Bitfinex交易所選擇封鎖美國投資人交易特定資產，包括EOS代幣，謹慎因應證交會的警告，即代幣交易所如果讓未註冊證券在他們的平台上交易，交易所也可能受罰。

法律含糊曖昧的原因之一，是代幣並未確切符合定義類別。許多代幣如以太幣，如果開發者想在代幣相關的去中心化平台建立新應用，那麼將之描述為必要的「產品」也相當有說服力。

另一方面，大部分ICO背後都有清楚的募資意圖，而從當日沖銷交易者對加密交易網站的說法判斷，許多散戶投資人純粹將這些代幣看成是有機會獲利的投機性投資。他們對於代幣要怎樣充當工具不感興趣。現在還不清楚這種心態的盛行，是否會讓證交會偏向於斷定：許多代幣發行符合所謂的有價證券「豪威測試」（Howey Test）。這項測試是因為1946年一起重大事件而制定——認為如果銷售案必須在**共同的事業投資金錢**，而這項事業**預期**將因**第三方的努力**而**獲利**，這就是有價證券。

　　無論監管單位怎麼做，這個產業都大聲疾呼，要求要有一個更成熟的投資基礎架構。由AngelList的拉維康特成立的Coinlist，正在建立代幣銷售的標準化做法，目的是要讓投資人清楚了解兼及法律明確性，也就是一種蓋戳認證。諮詢顧問公司如Coinfund，正協助投資人和發行者了解代幣如何運作。Token Report率先提供該領域各式各樣可能的投資人新聞稿，而ICORatings.com則進行它自稱的ICO獨立稽核，並給予「積極」、「穩定」、「風險」、「負面」、「違約」，或「詐騙」的評等。

　　法律方面也出現創新，庫利法律事務所構想出新的法律工具「未來代幣簡單協議」（Simple Agreement for Future Tokens, SAFT），提供更大的法律明確性，並確保新創公司有誘因可引入資金適當發展服務。做為模型範本的是稱為「未來股權簡單協議」（Simple Agreement for Future Equity, SAFE）的合約，專業投資人有時以此進入尚未發行股權的公司，且SAFT可銷售給合格投資人——必須至少有100萬美

元的流動淨值，超過2億美元的收入——確保流程從第一天起就合法且無可挑剔。

「發行者之後用他們籌募到的資金發展平台網路，」庫利法律事務所的桑托利說。「唯有等到網路能運轉了，代幣也像真的產品一樣運作，才能銷售給大眾。」SAFT規避的風險是：如果代幣還不屬於一個運作中的去中心化平台，許多ICO會被證交會判定為證券。許多投資人買進ICO顯然是抱持獲利的預期心理，而且仰賴開發團隊建立平台來實現這個目的，這兩個特質在SAFT設計者來說，代表可符合豪威測試的判斷標準，可視其為有價證券。問題是，因為限制接觸合格投資人的機會，SAFT就略偏離了上述岡塞爾等人對ICO現象是金融民主化的讚揚。

限制接觸合格投資人，似乎沒有嚴重妨礙聰明的開發者取得資金。最早的申請案中，2017年8月初的一次SAFT，為Filecoin的群眾銷售帶來創紀錄的2億5,200萬美元，打破了Tezos維持一個月的紀錄。Filecoin是當成獎勵制度銷售，獎勵大家貢獻電腦硬碟給一個分散式網頁代管系統「星際檔案系統」（Interplanetary File System, IPFS），該系統或許能將「全球資訊網」再次去中心化。

還有一種方法可以散播代幣、建立網路，並提供資金發展平台，卻不會引來證交會的動作，而且在許多加密貨幣倡議者的眼中，也得以保持健全完整。那就是按照舊式的加密方法進行：透過不斷挖礦的過程，將代幣引入生態系統。沒有預先銷售的機制獎勵創辦人並提供營運資金。開發者必須和所有礦工競爭，在代幣定期發放時爭取，就

像中本聰的每個比特幣新區塊，從第一天起就是如此。

　　按照這個模式，開發者永遠是最早的採用者，因此通常在累積錢幣時搶得先機。但公平分配的問題還是出現了，特別是工作量證明演算法。那是因為贏得最多代幣的人，就是電腦最強大的人。然而，並非所有以挖礦為主的加密貨幣最後都得像比特幣一樣，只有最大、最強力的計算效力——現在都是以工業化規模經營了——才能有效競賽爭取錢幣。

　　有些新的山寨幣設計為「抗 ASIC」（ASIC-resistant），意思就是通訊協定內建的共識演算法——礦工要贏得錢幣必須解決的難題——迫使電腦執行各種功能，而以最大比特幣礦工挖礦設備統一內嵌的超快「特殊應用積體晶片」（Application-Specific Integrated Chip, ASIC）現有版本，無法輕鬆執行這些功能。其概念就是不讓那些擁有昂貴、單一用途的半成品計算機器的人有特殊優勢。這代表以相對不昂貴的「圖形處理器」（graphic processing unit, GPU）執行電腦的人，可以順利競爭充裕的錢幣供給，「擴大代幣的分配」於是得以實現。

　　最後，晶片設計者通常會設法了解如何讓 ASIC 克服這種阻力，就像為了處理萊特幣的 s-crypt 演算法、特別設計 ASIC 挖礦設備。但綠幣（Vertcoin）的開發者也證明，可以創造抗 ASIC 的永久保證，只要引入現實世界非數位社會組織的一樣東西：契約。如果平台的管理原則包含一項「早已存在」的承諾，所有錢幣使用者接受分叉——更改程式碼——只要有人開發出這樣的晶片，就會增加新的抗 ASIC 元素，錢幣社群便能保護 GPU 挖礦網路的分散式民主結構。

然而，ICO或代幣銷售——隨你想怎樣叫——在改造資本市場上可以、也將扮演強而有力的角色。因此，我們有信心看到投資圈開始以這個令人振奮的概念為中心成長茁壯，發展更高的標準。有愈來愈多專業投資人進入市場，而且據說採用較長期的買進持有策略。他們可望醞釀信託保管標準，要發行者負責客觀評估並做公開資訊揭露，將他們收到的資金交付託管。

如果這些都實現了，這個產業應該看起來就不那麼像蠻荒西部了。一開始或許會有些令人痛苦的損失，但也可能有淨化作用。要記住的是，經過了網際網路泡沫破滅，以及 Pets.com 與同類的消失，焦點才回到網際網路真正的創新突破。那些失敗經驗為 Google、臉書，以及亞馬遜等公司鋪平了道路。

「開放通訊協定」的黃金建設期

雖然湧入ICO的資金引起注意，但新經濟典範的可能性、重視保存公共財的新方法，才是新興代幣經濟最令人無法抗拒的地方。

聯合廣場創投的共同創辦人威爾森（Fred Wilson）在一篇部落格文章中，對其中一個層面做出令人信服的解釋；他在文章中提出，代幣將引進「開放通訊協定的黃金時期」。雖然建立網際網路最初得以建設的開放通訊協定——例如，核心通訊協定組合 TCP/IP，網頁 HTTP，電子郵件 SMTP——開發者沒能賺到錢，但給那些新去中心化應用建立通訊協定的人，現在卻能因此致富，即使他們的產品同樣

是開放給所有人使用。威爾森認為,這可激勵大家給數位經濟的基礎架構帶來一波強大的創新。

威爾森寫道,開放平台的建立者不再局限於無須討好股東的大學、政府機構,或其他非營利團體。因此,儘管這些團體總是很難跟營利的網際網路商業應用創造者搶奪工程人才,但是像以太坊之類的平台,現在能吸引到最優秀的頂尖人才。他們能迅速進入開源程式設計人員的全球網路社群,利用遍布其中的創意力量「群體心智」(hive mind)。這證明了一個更大的想法,就是藉由獎勵保存公共財,代幣或許有助於人類解決公有地的悲劇,這一場醞釀數世紀的經濟現實轉變。

雖然相較於傳統資本市場依然渺小,萬一泡沫破滅了,情況肯定也大不相同,但這個代幣與開放平台生態系統,漸漸看起來像是去中心化新經濟未來的地圖。新創公司的承諾從電腦儲存平台與共乘應用、到太陽能發電與線上廣告合約,一切都將去中心化並以代幣管理。事實上,這些數位資產說不定會成為人類產生價值與交換價值的主要工具。

數位「以物易物」

在一個無人控制的數位帳本上輸入條目,就能發揮貨幣的功能,這得有認知上的跳躍才能讓人接受。從區塊鏈式數位代幣學到的心得之一是,它們將幫助我們進一步重新定義「金錢」是什麼。

雖然「比特幣絕不妥協者」（Bitcoin maximalist）的看法認為，每一筆支付或價值表現，最終都會流向比特幣（只要它的網路能夠安穩地擴大規模），但代幣經濟的願景在我們的價值工具中，只是一個片段。事實上，如果我們按邏輯推論總結，而且軟體驅動的系統可以發展到容許各種數位代幣流通交換，或許根本不需要共同的貨幣來互相交易。

要實現這種情況，需要強大的電腦程式，可以即時創造市場給任何兩樣東西產生反向參考價值。例如，程式要能告訴我們，若要購買波洛克（Jackson Pollock）[3]一幅畫的三分之一權利，需要多少「基本注意力代幣」（Basic Attention Token）。這可能是一個數位以物易物的世界，沒有我們熟悉的金錢。

雖然這似乎異想天開，但有些人已經開始建造這個另類世界。在他們的想像中，所有實體資產，例如汽車、船隻、房屋，以及無形資產，例如品牌，都可以在不可變動的區塊鏈上以安全可靠的數位資產表示，並直接與其他類似資產交易，價格由數十億個買方與賣方組成的母體制定。

蘇黎世金融科技發明家奧爾森（Richard Olsen）一直對這個概念深感興趣，我們也在《虛擬貨幣革命》最後引述他的想法。大約在該書出版時，奧爾森開始將夢想付諸實現。他籌募到500萬美元，有部分是用代幣，創立了一家新創公司Lykke，他表示該公司的宗旨就是

3　編注：美國當代抽象主義畫家，以獨創的「滴畫」技法聞名。

「建立一個媒合引擎，可以給任何數位錢幣提供公平的市價，無論錢幣的本質是什麼。」他有信心區塊鏈的規模擴張問題終能找到辦法解決，也深信開放數據以及無中間人的區塊鏈資產市場，將走向所有證券化數位資產的交叉買賣零交易成本。

奧爾森計畫在這個有效率的市場環境中，部署一個高速的電腦化交易機器網路。非常類似華爾街的債券交易商，這些將「造市」給每組相對代幣引進金融流動性——這裡買一些，那裡又賣些別的——也就是說，如果有人想以 100 BAT 交易波洛克一幅作品的三分之一，能保證有合理的市價。

我們的財經記者思維，太常接觸到華爾街銀行以鬼祟手段隱匿價格，剝削投資人，所以非常努力想像如此複雜的事情，怎麼可能有成本效益。但奧爾森反駁說，他的造市自動程式不需要依循華爾街的資本主義剝削手段來獲利。機器將光明正大地獲利，靠的就是在市場自然的短期上下波動中進出買賣，而這也是因為區塊鏈環境的高效率和低交易成本才有可能做到。

在這個透明、無剝削的複雜系統前景中，「流動性是免費的，」奧爾森說。「在大自然中，不需要付錢給蜜蜂採蜜。牠就是飛到了那裡，又湊巧為花授粉——好的商業模式要有食物鏈。」

烏托邦理想？當然。可能嗎？誰知道？但至少可以說，熟諳市場與科技的人正籌募資金建立系統，要讓通貨本身變得多餘，這一點就頗值得注意了。而從各種區塊鏈專家正在進行的一些跨帳本互操作性計畫中，正出現一個類似的、不需要經過傳統通貨的跨資產交換系統

願景，只不過比起Lykke的計畫就是小巫見大巫了。

瑞波實驗室（Ripple Lab）的Interledger專案創造智慧合約式的託管協議，可以自動鎖定兩個不同帳本任一方的承擔義務，無論是私有區塊鏈還是公有區塊鏈，因此資產可以在相互之間無縫交易。另一方面，區塊鏈解決方案公司Tendermint公開一個可相互操作的通訊協定Cosmos，形容它是「區塊鏈的網際網路」，而Web3基金會也有和Polkadot的「平行鏈」（parachain）概念相仿的東西。

類似的可互操作概念可能出自區塊流（Blockstream）公司的「側鏈」（sidechain）專案，或是麻省理工學院媒體實驗室德雷亞的成果，讓閃電網路的交易跨越不同的帳本。或許到頭來比特幣——或是美元——**並非是**未來世上唯一有霸權地位的貨幣。

當個人或品牌價值貨幣化

在注入這種多重資產數位價值系統概念的世界觀裡，不但Dapp與實體資產代幣化，諸如品牌與個人聲譽等無形概念也可以代幣化。事實上，這種情況已經出現一段時間了。

例如杜拜的新創公司Loyyal，正在建立由區塊鏈確認的可交易品牌忠誠點數。比方說，目前你在本地藥局購物賺取的點數，只能在這家店將它當作貨幣使用，但Loyyal的代幣可用來交換其他代幣或是交換現金。商家為什麼會容許顧客有機會跳脫忠誠呢？在柏林Leondrino交易所創造、並交易品牌代幣的羅謝爾（Peter Reuschel）

說，因為代幣價格是即時衡量「品牌」在市場上表現的強大指標，聰明、反應快的經理人會拿它來當作改進的信號。

我們人類呢？一家名為TokenStars的新創公司表示，計畫將名人本身的價值代幣化，說不定能讓粉絲有機會擁有一點費德勒（Roger Federer）[4]。但是髮型設計師、律師或營建商呢？代幣能讓各種專業人才將自己的才華「貨幣化」嗎？像這些服務供應者——或者有一天所有的人類——都可以拿他們的聲譽進行市場評估，用「自己」創造股權。

不可否認，若我們餵養孩子的能力取決於其他人對我們人格帶有偏見的判斷，這類構想也可能加深反烏托邦想像。社會是否更無法對抗群體的霸凌，因為一大群粉絲競相哄抬凱蒂・佩芮（Katy Perry）或小賈斯汀（Justin Bieber）的個人品牌，一面卻貶低其他所有人？不過，在代幣的管理演算法中嵌入適當的獎勵制度，或許就能將這個模式轉變成更有價值的東西，成為推動問責制的市場紀律來源。

在一個美國總統散播「另類事實」及權威專家公然談論「後真相社會」的時代，使用「真理機器」為誠實賦予價值，聽來很有吸引力。

區塊鏈新創公司Augur已經在探索這些構想。該公司在以太坊之上建立去中心化的加密貨幣預言市場，玩家對事件的結局下賭注，最終結果則由特定個人的查證確認來決定。這些查證確認者也以他們的聲譽代幣下注，表示他們說的是真相，如果大多數人同意他們確實說

4　編注：瑞士網球名將，生涯贏得二十座大滿貫冠軍，被譽為「網球之神」。

了實話，系統就會歸還代幣並支付他們現金。

　　但其中有一個風險就是，多數人可能操弄系統而對那些說出真相者不利，但還有其他查核平衡措施，鼓勵雙方誠實。科技記者梅茲（Cade Metz）在《連線》（*Wired*）雜誌一篇有關該構想發展方向的文章中推測，可以用「聲譽計價」獎勵認證者，在賽局中支持或反對政治人物的說詞，提供可由新聞機構支付費用的服務。如果真的能夠建立一套兼顧獲利動機與陳述真相的系統，那將會大有裨益。

萬物價值之重新理解

　　儘管我們思考代幣可讓人們和社會誠實行事、並保存公共財的各種方法，但若是不考慮在面對最大的「公有地」時，代幣能否解決最大的悲劇，那就不對了。

　　氣候變遷是全世界面臨的最大威脅。米勒（Erick Miller）有一個解決這個問題的遠大構想。米勒是以洛杉磯為根據地的狂熱創業家與創投業者，他曾在好萊塢工作，也曾投資早期的網路公司，對於社交平台Snapchat發展到炙手可熱，扮演著舉足輕重的角色。現在他想透過自己的投資基金CoinCircle「將世界代幣化」。其中有一部分，他和合夥人想出一個稱為「加密衝擊經濟學」（crypto-impact-economics）的名詞。

　　根據這個概念，米勒分別和加州大學洛杉磯分校的金融教授喬德利（Bhagwan Chowdhry），以及世界經濟論壇海洋保護學家史東

（Gregory Stone）的團隊，提出兩個特殊價值代幣：海洋健康幣（Ocean Health Coin）和氣候幣（Climate Coin）。

這些代幣可以發行給全球氣候問題的關鍵利益關係者，包含企業、政府、消費者、非政府組織，以及慈善團體，他們可以用代幣支付各種與管理碳信用（carbon credit）及落實減少排放與污染相關的功能。其中包括一筆由世界經濟論壇管理的代幣預備金，用來調節全球錢幣流通的價值。提案的實質要點涉及一項計畫：每當國際科學界證實污染與碳排放目標有改善，就永久銷毀預備金中的部分錢幣。透過加密功能銷毀代幣的行為，將提高剩餘代幣的稀缺性，進而提高它們的價值。重點在於：持有者有動機為了立竿見影地去改善地球環境而行動，而不是明日復明日的拖延。

天知道米勒的遠大構想是否能成功。但是令人耳目一新的性質，在於它正面挑戰我們未能成功處理氣候變遷背後的真正問題：經濟利益衝突下的政治分裂。就是這種赤裸裸的權力鬥爭，讓被煤產業脅持的政府（例如川普當局），幾乎不可能做出正確的事來。所以何不乾脆繞過政府，透過軟體管理我們使用的金錢，以此解決政治問題呢？

在全球資本主義目前的設計中，金錢貨幣不單只是交換的工具，更是一種「物化崇拜」的價值標記，鼓勵我們累積以展示力量；這樣的設計就是地球如今這一團混亂的原因。我們當然有義務為未來世代重新設計制度，努力解救地球上的生命。那樣的機會或許來自可程式化的金錢——金錢本身不是最終目標商品，而是一直以來代表的意義，就只是一種交換以及合作創造價值的工具。

當然，全球資本主義及背後支持的政治模式，並非只有毒害地球這件事令我們失望。在鼓勵政治人物制定有利企業金主的法令、與獎勵政治人物立法為他們理應代表的選民謀福利之間，我們有嚴重的不協調。大肆宣傳退休是某種夢寐以求的終點，這個想法造就了基金經理產業，基金經理人每季抽取短期獲利，但是一旦漸趨高齡的社會開始壓低經濟生產力，卻沒有適當的誘因鼓勵人們解決那些資產會遭遇的威脅。這些緊張壓力煽動恐怖主義、暴力、不安全感，還有個真正的風險是，這種揉雜了保護主義、國族主義，以及仇外心理的有毒組合，有一天將使我們走上嚴重的武裝衝突。

　　然而，對變革前景若心存懷疑，那就是放棄。就是基於這種精神，我們鼓勵大家省思這些後資本主義社會的另類願景，想像這些科技成為平台，未來不會陷入社會主義失敗的集體主義思想，也不會落入受官方保護、大企業獨占壟斷的集中式排他性政治經濟。

　　這些構想提供一條出路，但這條出路需要改變對價值創造的思維。與其將生活中的交換——勞力、資產、構想——設想為一種手段，用來取得由象徵性紙鈔定義的特定金錢形式，我們應該探索新的價值模式，無論是用代幣還是其他東西，鼓勵所有人合作改善求進步。

　　財富的累積從來不是零和遊戲。當我們從事的行為孕育出包容、效率，以及創新的自我強化回饋循環，就有可能藉由創造財富而累積財富，而不是以掠奪建立財富。設計得當的話，這些新經濟體系或許能引領市場力量，不是用過高的報酬獎勵執行長建造燃煤電廠，而是以最高效率使用我們的資源和地球上的資源，讓所有人都能蓬勃發

展。下一章，我們將更深入探討區塊鏈技術如何提供新方法，重新想像這個體系。

第五章

Five

啟動！第四次工業革命

Enabling the Fourth
Industrial Revolution

🔒 區塊鏈如何拯救物聯網？

🔒 滴水不漏的「可信賴」運算

🔒 去中先化的能源機制

🔒 追蹤所有可被製造的事物

你可能以為，當你透過65吋的智慧型電視追看Netflix最新一集《陰屍路》（*The Walking Dead*）時，你只是喜歡收看精采喪屍故事的觀眾。但你不知道的是，你也是一名未來主義者。因為你的智慧型電視並非只有放映電波發送的節目，更是全世界插入所謂「物聯網」的逾80億個裝置之一。

物聯網基本上是個龐大的裝置網路，如電視、汽車、電表，以及監視攝影機等裝置，由程式設定成可交換資訊，彼此可以「交談」。你聽說物聯網大概有幾年了，但你可能不知道它早已存在。

自從第二次世界大戰後製造出第一個可以稱為電腦的機器以來，進展日新月異。甚至二十年前，大學生製造出的半導體晶片，隨便一個都能擁有那些如房間大小電腦的原始計算能力。如今，日常小裝置包含的微小微處理器，計算能力比起早期體積龐大的電腦，更是強上數千倍之多。資訊處理不再局限於單一電腦，而且運算漸漸發生在電腦的**互連**（interconnection）上。這是為什麼物聯網重要的原因：並不是我們賦予數十億新裝置進行運算的能力；而是它們彼此連結，創造一個運算的龐然大物，比起部分的總和還要無限大。

我們已經觸及昇陽電腦（Sun Microsystems）資深人士蓋吉（John Gage）的名言「網路就是電腦」的這個真相。隨著我們發現更多方法駕馭這些系統的力量，「四面八方電腦」的處理能力，就隨著每多一個新的裝置連上網路而往上積累。這對社會來說可不是件不起眼的小事。這股力量究竟是會造福人群，還是造成危害，一切都在未定之天。一個堅固耐用、建構完善的分散式「真理機器」摻入這些新網路，對

於確保這些神奇的新虛擬機器為造福人類而運作大有幫助。

　　將處理能力推入網路，一開始是由連結成網的網際網路帶動，之後則是行動運算，如今有各式各樣的無線連結將一切串聯起來。但重要的是，推動網路容量成長的，還有開啟網路龐大資訊潛能的軟體程式。數據分析愈來愈成熟精密，因為電腦探勘由巨大網路產生的龐大複雜資訊，對群體行為做出推論。請想想：交通流量應用程式如「位智」（Waze），給我們的駕駛路線提供多麼精準的最快路線預估，或者「推特」分析對競選活動有多麼重要。機器學習將這些帶到另一個層次，因為個別電腦會依照從網路接收到的數據自行調整，在持續不斷的回饋循環中愈來愈強大。

　　只不過在我們看來，最能夠加強我們對社會現象認識的新軟體概念，是建立在區塊鏈或是受區塊鏈啟發上。沒有分散式信任通訊協定的原理，虛擬機器的應用就有限；由集中式可信第三方控制的數據，是透過祕密演算法壟斷分析，本來就有所局限。廣大群眾除非支付費用，否則無法接觸到數據，不但如此，對壟斷業者的不信任，還可能導致數據提供者保留資訊。

　　在一個由集中式信任模式主宰的經濟體中，是不可能真正存在「全球腦」。以區塊鏈為基礎的網路設計，在家居雜誌中引起的注意大概不如智慧門把或自動駕駛汽車，但它卻是物聯網經濟網路運算容量的基礎骨幹，像是門把與汽車等數百億個裝置，才可藉此互相自主「交談」並交易。

　　世界經濟論壇的創辦人施瓦布（Klaus Schwab）說，我們正邁向

「第四次工業革命」，不是因為有個新產品線出現，而是因為各式各樣的科技結合起來創造全新的系統，包括：行動裝置、感測器、奈米科技處理器、可再生能源、腦研究、虛擬實境、人工智慧等等。

將數十億蒐集數據及處理數據的節點，連結到全球無所不在的連網電腦架構，對我們與世界如何互動將有深遠影響。這代表我們的**物質**存在，包括在自然資源界以及人造製品的世界，都會進行更加全面的衡量、分析與解釋，藉以對那樣的存在，建立無所不在的**非物質化**理解。

相互連結的新運算及感測系統，很快就會給我們更深刻的認識，了解那樣的物質世界如何運作——我們的裝置有多快、多熱，或多冷；運轉得多麼精準、有效率，或可靠；某些資源能夠持續多久，不管是電力儲存、水資源，還是氧氣供應。這種擴張得更加即時、也更加精準的資訊，大大影響我們如何管理地球極度緊俏的資源，以及如何改進經濟流程以產生更多東西，或至少產生更好的東西——例如食物與工具——擴大所有人類的舒適網與繁榮興旺。

想像有一個世界，地面的感測器網路結合先進的數據分析，可以在一座橋梁崩塌之前發現問題。想像有一個世界，從來不曾有流行疾病，因為醫療專業人士即時看到病毒擴散，並在傳染時立刻阻斷。好吧，這場革命不可能出現——資訊根本無法最佳化——除非我們啟動分散式架構，解決信任問題。

如果我們打造一個集中化的物聯網世界，裝置帶來的大量資訊儲存將由過於強大的公司壟斷。他們巨大的蜜罐對竊賊來說太不可抗

拒，引發的安全及隱私破壞問題遠超過我們現在所經歷的。而這類攻擊的威脅可說更加嚴重。密碼被偷讓駭客存取你的電子郵件已經夠糟了。想像一下，如果能夠存取你的恆溫器、汽車，或城市的交通管理系統。如今沒有全球性的連線裝置網路，安全就已是個大問題。如果目前的網路安全水準沒有改善，那可能就是個反烏托邦夢魘。

　　因此，要了解物聯網本身的結構，就得檢視如何將區塊鏈思維的分散式信任概念，納入這個管理物質世界的新方法。

區塊鏈如何拯救物聯網？

　　物聯網狂熱開始沒多久，網路安全專家就開始盤點，一頭栽進我們不怎麼能控制的科技會有多少危險。最嚴重的情境很容易想像：駭客得以進入你的家中、汽車、電話、電視，取得你的醫療紀錄、犯罪紀錄、投票習慣。由國家資助的攻擊者遠端控制飛機、收費道路、投票所，或是電網。別的不說，只要恐怖份子關閉成千上萬人的心律調節器，就能殺人於無形。

　　安全專家施奈爾（Bruce Schneier）2016年發表在Motherboard的一篇文章就明白表示：「如果你的智慧門鎖可以讓人竊聽而得知有誰在家，那是一回事。如果門鎖能被駭而讓盜賊登堂入室，或者不讓你進家門，那就完全是另外一回事了。能夠拒絕讓你控制自己的車子、或是接手控制權的駭客，要比竊聽你談話或追蹤汽車位置危險得多。」針對物聯網以及其他這類「虛實整合系統」（cyber-physical system，又

稱網宇實體系統），施奈爾說，「我們給了網際網路手腳——直接影響實體世界的能力。以前針對數據和資訊的攻擊，已經變成對肉體、鋼筋水泥的攻擊。」

雪上加霜的是，人類在給裝置軟體升級時面臨挑戰；我們已經很難跟得上微軟與應用程式供應者給筆記型電腦和智慧型手機的安全修補更新，更別說還得給連結網際網路的冰箱更新軟體。（這個問題從針對網域名稱服務供應商Dyn的攻擊就能看得一清二楚，我們在〈第二章〉討論過，那是藉由控制維護欠佳的裝置來執行。）如果物聯網要成為對人類有幫助的工具，而不是壓迫的工具，就必須重新思考設計原理以確保使用者安全。

IBM因為分析方法、雲端運算，以及其他企業軟體業務，成為物聯網基礎建設的重要業者，現在它更擁抱區塊鏈。在一篇題為〈裝置民主：拯救物聯網的未來〉流傳甚廣的論文中，該公司一組科學家直指核心的道德困境：如何確保信任。誰能夠受信任、也可以受委託，經營一個涵蓋全球數十億裝置、探取我們每日大小事的網路？民間公司如康卡斯特（Comcast）提供相對簡單的服務，比方說給數百萬人提供有線電視，這是一回事。但是把由你的裝置播送的敏感個人資料託付給一個壟斷的守門人，那就大有問題了。

如果Google、亞馬遜、臉書，以及蘋果對你的了解已經讓你不安，不妨試想置身在集中式的物聯網背景。交易要通過少數幾家龐然巨獸般的公司，不但是沒有效率的發送數據路徑，且需要監管約束系

統，還造成了「歐威爾式」（Orwellian）的控制[1]。我們真的想讓亞馬遜網路服務（Amazon Web Services）或其他大型雲端服務供應商控制那些珍貴的數據嗎？那些公司不但可取得前所未有的特權窗口，一覽整個物質世界與人類活動，實際上更讓那些集中控制的公司，掌控數十億機器對機器的代幣與數位貨幣交易。如此又賦予「大到不能倒」這句話新的意義。

另一種選擇就是由政府充當守門人——但如果你認為史諾登對國家安全局的窺探指控很惡劣，那麼請試想聯邦政府中介所有從你的裝置流出、透露私人資訊的數據……不，謝了。「網際網路原本是建立在信任之上的，」這篇IBM論文的作者普瑞斯瓦朗（Veena Pureswaran）與布洛迪（Paul Brody）寫道。「在後史諾登時代，顯然對網際網路的信任已經告終。與可信夥伴建立集中式系統的物聯網解決方案構想，如今是一種幻想。」

普瑞斯瓦朗與布洛迪認為，區塊鏈提供唯一的方法，可讓物聯網在規模化的同時，又確保不會被任何機構掌控。以區塊鏈為基礎的系統，成為物聯網不可變動的封印。在一個有太多機器對機器交換成為價值交易的環境中，我們需要區塊鏈，讓每個裝置的擁有者能信任其他人。一旦這個去中心化信任結構完備，就開啟了新的可能性。

想像這個未來主義的例子：試想有一天，你開著特斯拉電動汽車

1　編注：意指英國左翼作家喬治・歐威爾所描述，破壞自由開放社會福祉的做法，包括意圖監視、操控人民。

前往鄉下小鎮，要去山裡健行。回程時發現車子的電力不足，而最近的特斯拉超級充電站（Tesla Supercharger）還很遠。不過呢，在區塊鏈帶動的共享經濟中，你根本不用怕。你可以把車開到任何一棟公告可讓駕駛插上插座、購買電力的房屋。你可以在大容量支付系統上用加密貨幣付費，例如閃電網路，而代幣就會從汽車的數位錢包扣除，轉移到房屋電表的錢包。你不知道這屋子是誰的，是否能相信對方不會敲詐你，或者他們是不是會在你的汽車電腦裡安裝某種惡意軟體、洗劫汽車數位貨幣錢包。房屋主人也有類似的理由對你抱有疑慮，而且還無從確知你送出的錢真的有效。但有一點：如果正好有個分散式信任系統如區塊鏈，那麼這些裝置與交易的誠信，就可以藉由雙方都能信任的防竄改紀錄加以保證，這種相互缺乏了解的情況就不是問題了。分散式信任系統讓完全不認識的陌生人——以及最重要的是，陌生人的機器——彼此交易。

　　普瑞斯瓦朗與布洛迪擘劃的系統，應可讓在單一的全球連線裝置網路上進行的數十億筆交易獲得可信度。在他們的模式下，分享的數據僅限於用來確定各裝置可信任，而不是一條輸送身分識別資訊的大水管，供刺探的人窺看。因此當你的汽車和房屋的電表交換加密貨幣，不管是你、還是整個用戶網路及區塊鏈確認者的任何人，都無法存取交易雙方的個人資訊。

　　「在我們的去中心化物聯網願景中，區塊鏈是促成交易處理以及協調互動裝置的框架，」普瑞斯瓦朗與布洛迪寫道。他們解釋分散式信任系統如何讓人用裝置完成更多事，因為人人可以相信自己無論遇

上什麼樣的裝置，都不會有惡意行為。「每個（裝置）管理自己的角色與行為，結果就是『去中心化自主物聯網』（Internet of Decentralized, Autonomous Things）——於是數位世界實現民主化。」想像這是一個機器社會在建立自己的社會資本。

滴水不漏的「可信賴」運算

　　還有一個問題：我們必須知道裝置本身沒有在什麼時候遭到破壞、機器本身的「身分」可以信任，這可追溯到工廠裡一堆未組裝的零件。這是個麻煩的問題。裝置製造商用「可信賴運算」（trusted computing）這個名詞，形容他們解決問題的努力。這個概念是由晶片製造商超微（AMD）與英特爾聯合IBM、微軟、思科等多家公司組成「信賴運算組織」（Trusted Computing Group）聯盟共同進行。

　　按照目前的設計，可信賴運算的用意，是要確認電腦會按照我們的想法運作——比方說，敲擊特定按鍵時，完全照實傳達使用者輸入的一串文字，再無其他——也就是說，沒有遭到惡意程式碼的危害。要達到這個目的，首先需要電腦化設計實驗室與半導體製造中心內部，都有嚴密的安全防護。為了說明這項挑戰的難度，密西根大學的研究人員不久前展示，惡意行為者只需要稍微調整一個電晶體，就能在半導體晶片插入微小的「後門程式」——理論上，我們使用的智慧型手機可能有個內建竊聽裝置，那是有人在我們或製造商不知情的情況下安裝的。避免這種入侵極為重要。

一旦網站安全有了保證，可信賴電腦模組的下一步，就是給裝置裝載密碼工具，讓裝置可以安全無虞地與軟體溝通。

　　目前的可信賴運算方法，包含裝置安裝的軟硬體元件要有相同的密碼簽署訊息，以證明雙方都沒有遭到竄改。這個系統在隱私倡議者眼中並非毫無爭議。那是因為要確保毫無人類錯誤的防呆環境，這些系統不讓裝置擁有者控制、甚至是讀取裝置內元件之間的訊息。使用者不得不信任建造裝置、並安裝那些安全通訊系統的公司——大型業者如英特爾——這實際上是在系統的安全等式中嵌入了它們的權力。於是我們又回到了可信第三方的問題，而且這時候中介者控制了**我們**擁有的裝置的一切狀況。只不過目前我們有的就是這種可信賴運算模式，而且大致上能發揮作用。

　　可信賴運算只是「保護物聯網安全」這個重大挑戰的一環。裝置活動的紀錄也很重要：交易歷史紀錄；為執行各式各樣的任務而接收的不同密碼啟動授權；從製造出來起、到出貨、到開始服務，再到最後報廢的生命週期中，經手過的人與事。就像維護人類活動的帳戶有助於防止詐騙，好的紀錄保存對於了解特定裝置是否可安全使用、以及發送到另一個裝置的數位貨幣並非偽造，也都至關重要。如果可以說區塊鏈在追蹤與管理人類交易方面，優於集中式帳本，那麼物聯網裝置就更是如此了。比方說，機器並非法律實體；它們無法擁有銀行帳戶或使用 Paypal、Venmo，或其他受管制的數位錢包。

　　在這個想像的情境中，物聯網裝置將付出費用，獲得短期存取由其他設備控制的服務——例如使用附近某人的 iPhone Wifi 熱點，發送

重要的電子郵件——呈現出來的經濟狀況，就是有多方參與、快速連續的小額支付。而這種環境根本不可能以現有集中式金融模式、需有三天結算期和高額交易成本的迂迴支付系統來管理。如果物聯網裝置要彼此交易價值，需要更去中心化的紀錄保存與交易系統，例如區塊鏈。很多公司正企圖建立這樣的系統。

這個領域的早期先行者之一是英特爾。這家晶片製造巨擘開發出一項區塊鏈技術稱為「鋸齒湖」（Sawtooth Lake），建立在已經存在、名為 Software Guard Extensions（SGX）的可信賴運算模組之上。該系統打算設計為「區塊鏈通用」，意思就是可以在公司建立的私有認許制區塊鏈上運作，也可以在公有的非認許裝置網路上運作。

然而，純粹主義者可能會說，Sawtooth 依賴英特爾的 SGX 可信賴運算模式，使用者必須信任英特爾的軟體，那就削弱了非認許系統的去中心化優勢。不過，把專門針對物聯網的保護納入非認許區塊鏈，這種功能非常重要，因為開啟的物聯網未來發展可能，遠比由特定 IT 公司控制的願景更加開闊。

試想有些人想像的物聯網世界情境，急著要趕往某個地方的自動駕駛汽車，可以支付小額費用給另一輛自動駕駛汽車，好讓自己超車通過。我們討論過，你需要有分散式信任系統來驗證交易的誠信，而這牽涉到的資訊，在能夠處理之前就比金錢轉移多得多——例如，你可能需要知道超車的車輛是否已證明是以較快的速度安全駕駛，或者是否可以信任一輛車的軟體不會讓另一輛車感染上惡意軟體。這些核實查證以及付款汽車的錢包資金餘額，可以經過區塊鏈紀錄查核，確

認雙方的請求有效，給予雙方各自需要的保證，不用仰賴某個認證的中央權威機構。

只不過問題是：如果是建立在私有區塊鏈之上，這樁交易能輕鬆處理嗎？在一個有超過2億3,000萬輛汽車的國家，雙方車輛都在同一組認許制電腦執行驗證的封閉網路中，這機率有多高？如果它們不屬於同一個網路，就無法順利完成付費，因為各自的軟體不能相互操作。其他汽車製造商或許不想用像是通用或福特擔任守門人的認許制驗證系統。如果他們轉而組成汽車製造商聯盟來經營系統，他們集體掌控這個至為重要的數據網路，會不會給後起的新創汽車製造商造成進入障礙？這會在實際上變成扼殺競爭的寡頭壟斷嗎？

真正的去中心化、非認許系統，或許是繞過這個穀倉式技術「圍牆花園」問題的方法。

去中心化、非認許系統意味著任何裝置都能參與網路，但仍讓所有人有把握數據、裝置，以及交易的價值完善可靠。非認許系統將創造更為流暢、廣泛的物聯網網路，不用仰仗強大守門人的許可和手續費。問題是，目前存在的去中心化非認許區塊鏈面臨到局限。基於區塊容量數據限制以及「鏈上」處理能力，比特幣目前一秒鐘處理不了幾筆交易──不過「鏈下」閃電網路解決方案或許可大幅增加──而以太坊雖然處理區塊的速度較快，但在網路忙碌時通常也無法處理交易。這些限制如果繼續存在，就是阻礙物聯網成功的因素了，因為物聯網預期要處理數十億裝置上的大量微交易流量。

不過，同樣有公司在努力攻克這項挑戰。一家新創公司IOTA正

使用一種非正統共識演算法，希望對運算網路的負擔可較傳統區塊鏈為低。在這個所謂的 Tangle 系統中，每個交易裝置也是確認節點——不同於比特幣二分法，區分出使用者與礦工。IOTA 的做法是，一個裝置若要與另一個裝置進行交易——以 IOTA 代幣的形式寄送金錢，或是寄送其他形式的重要資訊——本身必須確認兩筆從網路其他地方隨機指派過來的交易有效性。

幾百萬筆交易中的兩筆，計算負擔明顯遠低於比特幣和以太坊的礦工，那些礦工必須處理一個區塊的所有交易。IOTA 以此為基礎，提出他們的可擴展性主張。但 IOTA 的成功——其實還有整個 IOTA 網路的安全性——取決於網路效應。如果網路中的裝置屈指可數，那麼掌握一部機器的惡意行為者，遲早會被隨機指派去驗證自己過去的其中一筆交易，於是有機會批准重複使用或是詐騙交易。另一方面，隨著網路日益擴大，發生這種情況的機會則呈幾何級數減少，提供誠信健全的強大保證。IOTA 稱自己愈是擴大，就會更加強大也更有擴展性——正與比特幣相反。

IOTA 號召了一群熱情的支持者，其中許多人都投資了 IOTA 代幣，使得 IOTA 成為市場上表現最佳的代幣之一。但是麻省理工學院數位貨幣專案的密碼學家發現，IOTA 設計用來產生交易雜湊的演算法有瑕疵，很容易被人利用，頓時掀起了波瀾。

IOTA 團隊不像比特幣和許多其他加密貨幣採用標準化的雜湊工具（例如 SHA-256 演算法），而是選擇了客制版本，結果卻有嚴重瑕疵。消息一出，導致 IOTA 代幣的價值急遽下挫，於是它要求所有使

用者升級為新版本的軟體，否則就要被封鎖在IOTA經濟體系之外——換言之，就是硬分叉。在麻省理工學院團隊公布他們的發現、並以此為例說明為何需要更好的安全審核之後，IOTA代幣價格為之重挫。

顯然對代幣價值下跌不滿的IOTA投資人，在社群媒體上進行損害控管，指控麻省理工學院團隊為了增進自己的利益而故意散播「懼惑疑」（fear, uncertainty, and doubt, FUD），並抨擊詳實報導麻省理工學院調查結果的《富比士》記者的誠信。IOTA的共同創辦人伊凡契格羅（Sergey Ivancheglo）不同尋常地在一個IOTA相關的部落格辯稱，程式碼的瑕疵是刻意插入充當「複製保護」，若是有人複製了開源軟體要與IOTA競爭，就會遇到問題。這引起密碼學圈子許多人的猛烈抨擊，這個圈子有個悠久傳統，會公開批評彼此的成果以修正錯誤，並讓程式碼更安全穩固。

但如果說IOTA讓區塊鏈社群中一些備受尊崇的密碼學家失去信心，卻繼續讓許多知名大企業產生熱切期待。這或許是因為撇開不說密碼的開發及管理有多差，IOTA團隊的經濟模式的確吸引人。如果它的密碼瑕疵可以修正，Tangle系統的構想對運算能力的負擔，理論上遠低於比特幣和以太坊的做法，而且更為低廉；比特幣和以太坊要求龐大確認者網路的所有電腦，處理並驗證每個新區塊的所有新交易。

德國電子工程巨擘博世（Bosch）與IOTA進行一系列的實驗，其中包括一個排列成節能線性「排」的自動駕駛卡車之間的支付。其概念就是後方受益於車行氣流的卡車，要支付IOTA代幣給前方的卡車，

補償它們創造氣流所承擔的大部分能源成本。另一方面，IOTA 與博世都是「信任物聯網聯盟」（Trusted IoT Alliance）的成員，該聯盟致力於為產業建立、及維護區塊鏈基礎架構。其他成員包括富士康、思科、紐約梅隆銀行（BNY Mellon），以及許多區塊鏈新創公司，例如供應鏈廠商 Skuchain 和以太坊研究實驗室 ConsenSys。聯盟網站以「企業的區塊鏈物聯網」為號召，承諾「共同推動第四次工業革命」。

IOTA 頗具爭議的做法或許不對，但是 IOTA 著重的可擴展解決方案，很多人確實有興趣發展。甚至美國政府也對這個領域表示興趣，國土安全局就補助 19 萬 9,000 美元給區塊鏈基礎架構建造商 Factom，開發物聯網安全解決方案。以 ICO 募資標準來說，那只是九牛一毛，卻是政府部門對區塊鏈技術投下重要的信心一票。

Factom 的模式可建立一個由裝置發出的身分數據紀錄，包括裝置的唯一識別碼（unique identifier）、製造商、更新歷史、已知安全問題，以及獲得的授權等。重點就是，如果裝置的表現、許可授權，以及認證歷史登記在不可更改的帳本上，駭客就無法修改紀錄，掩飾他們利用的瑕疵。目前還不清楚美國政府對這個系統的監督有多少。

麻州劍橋的 Context Labs 正在進行類似的工作，達到他們所謂的「資料正確性」（data veracity）。許多產業的做法，就是聯合有興趣的各方通力合作，商定一個應用程式介面（API）開放數據標準，讓各方可以分享印上專屬密碼雜湊戳記、證明與辨識裝置及其主人的數據。藉由處理透過區塊鏈蒐集而來的資訊，Context Labs 希望培養對物聯網裝置產生的數據更大的信任，例如衡量氣候變遷標準的感測

器。該公司的執行長哈波爾（Dan Harple）認為，如果有足以反映特定產業各層面的不同利益相關者，組成聯盟並達成採用標準化開放API的共識，應該就能減少認許制區塊鏈遭寡占業者收編的疑慮。理論上，廣大的物聯網領域會更容易建立可擴展解決方案。

但這種主張就和新生的區塊鏈產業一樣，一切都有待證實。我們目前有的就是一些指向重大機遇的核心概念。令人振奮的是，那些核心概念、讓我們想像去中心化信任世界的那些概念，也暗示我們的經濟運作方式可能出現非常重大的變化。物聯網的安全防護做得好了，說不定就會釋放一波前所未見的創新，不但讓網際網路的運作更有效率，還將改善企業與消費者使用經濟中其他資源的方式。結果就是：大幅降低成本以及環境對所有人的影響。我們現在就來看看，這對宇宙中的最重要資源——能源的生產有什麼意義。

去中先化的能源機制

2015年10月，聯合國在巴黎舉行針對氣候變遷的會議COP 21，印度總理莫迪（Narendra Modi）在會議中宣布印度一項大膽的目標：2022年前將安裝175吉瓦（GW）再生能源發電。

按照當時約280吉瓦的電網總發電量，莫迪宣布的數字相當於目前印度六億人口的用電量。這項計畫也是為了另一個大膽目標籌謀：將電力帶給目前生活在無法取得穩定電力的三億人口。這項重大任務提及一組目標，是人類如果要避免自我毀滅和摧毀地球，勢必要努力

完成的——大規模降低碳排放，同時穩定提高全球四十億低所得人口的發展與福祉。

我們在此要提出另一個大膽的說法，一個「尚未」在德里政府會堂中引起共鳴的說法：如果政府不能同時將電網去中心化，把產出控制及所有權下放到村里層級，這項大規模計畫根本不可能做到。這需要部分人士所稱的「能源民主」（energy democracy）。

地球的氣候變遷問題不單是因為發電廠仰賴骯髒、重碳的燃料，如煤；整個集中式電網模式基本上是沒有效率的——從地理布局，到安全風險，到由政治推動、長達數年的龐大融資模式。盡可能以最低成本產生最多能源，並盡最大效率使用可再生資源，這個目標**必定**包含讓發電來源盡可能接近消費來源。

光電發電的快速進展讓這個目標看似有可為，也將太陽能推入類似「摩爾定律」（Moore's Law）[2]般的成本驟降趨勢；一個中日聯盟就因此在2016年以令人震驚的低價2.42美分／每千瓦時，標得阿布達比一座太陽能發電廠的興建工程。這個價格大約是美國一般成本的一半，重要的是，這樣的差別讓太陽能得以和石化燃料競爭。而且儘管阿布達比的電廠本身是集中式解決方案，用一個大型太陽能板農場來供輸整個酋長國的日常負載容量，但也強調地方性太陽能微電網同樣可行。

2　編注：該定律由英特爾創辦人之一的戈登・摩爾（Gordon E. Moore）提出，意指電腦處理器中的電晶體數目，會以大約每兩年增加一倍的速度成長，並進而刺激一系列的科技創新。

社區受惠於去中心化電力的好處十分驚人。如果社區可以掌控自己的能源來源——也許是建立微電網，分享個人家中太陽能板發電的電力——可以大量減少因長途傳輸而耗損的電力，有些時候這樣的耗損高達30%。去中心化微電網比較不容易受到網路攻擊，因為駭客要追蹤多個分散式活動中心，比起只要從區域的集中式電網找出單一伺服器，代價可要高出許多。

去中心化電網也創造冗餘——或備用——限制了自然災害的影響。（可看看曼哈頓在超級颶風珊迪過後的夜間照片，當時三十四街以下的市中心大部分區域，都因為集中式電網受損而停電，只有華盛頓廣場公園附近的小塊區域有光，因為當地的紐約大學和周遭建築同屬一個去中心化微電網。）

另一方面，雖然很難杜絕所有形式的貪腐，但地方性的小型交易不比開發中世界長期以來的大型電廠項目，會吸引不正派的政客和聲譽不佳的銀行業者。而且不發行國際投資銀行和政治風險保險公司擔保的三十年債券，過程中的財政浪費可能就會減少很多，而這應該可讓公民家中每塊錢可得的能源變多。

更重要的一點是，去中心化的電網設計可以做到更細緻的用電量控制管理。電腦建模若運用得當，應該能達到更大的資源效率。

借助成熟精密的軟體監控、自動化智慧電表，以及個別裝置根據價格做最佳化定時使用、家中「奈米電網」（nanogrids）局部化，實踐的高科技微觀管理水準，可讓公用事業的區域性負載管理策略相形見絀。從智慧恆溫器如Nest與Ecobee開啟的革命，正蓄勢往前大步邁

進。但這個低成本、低碳足跡的未來，取決於兩件事：能源系統的去中心化控制（發電、配送、消耗），以及有能力設計並經營一套智慧系統，其中包含相互連結的智慧電表，以及因應價格信號而調整的連網設備與裝置。換言之，這是一場物聯網大賽。

同時，這也意味著我們必須思考組織結構。誰來管理費用帳單？你不能將鄰里屋頂太陽能電池和物聯網連線空調之間的一大堆地方性微交易，放進一個大型公用事業——基本上是個可信的第三方，一種銀行，管理記錄所有人的電表、發票與帳戶的帳本。那不但是公用事業管理過分缺乏效率的問題，而且和希望盡可能少用電的社區整體利益相衝突。不過，如果公用事業無法管理這些微電網，就依然有信任問題。

有鑑於銷售電力者對獲利的關心，和購買電力者對節省成本的關心，兩者不可能協調一致，鄰里之間不會盲目地信任彼此——社區愈大，愈是如此。你該如何證明人家不會給自己的電表動手腳，或是溢收送電費用？

此外，如果你想妥善處理，那些付款與收款全都得用一個特殊的內部交易貨幣結算，這種代幣的浮動價值與千瓦時掛勾，且用戶可以轉換為美元，有助於地方電網管理的最佳化。如此一來，你就有個市場定價機制，可執行類似傳統電網管理者在更廣大能源區域中採用的負載管理策略。浮動的千瓦時代幣代表地方的電力價格，而且就像所有市場價格，可充當對微電網內用戶發出的信號。但因為這是數位信號，大家可以微幅調整裝置來因應。

舉例來說，他們可以選擇只在電力充裕且便宜的時候給特斯拉充電，或者可以給不同的裝置建立優先順序清單，有些可以自動關閉（例如電視），有的則由程式設定為保持開啟（例如電冰箱）。這些反映電力供需平衡的價格信號，同樣可以指引管理微電網的軟體，在電力充足時將過剩的電力轉移到蓄電池，或者在系統缺電時取用備載電力。問題是：誰、或者什麼單位，來管理這個內部電力市場與支付系統呢？按照我們提過的理由——高中介手續費，交易後對帳的缺乏效率，以及帳本保存者干預的風險，例如公用事業的利益就與用戶的利益不一致——像這些去中心化團體，就確實需要去中心化信任解決方案。

　　專注於打造智慧電網的新創公司LO3 Energy在布魯克林發展「交互電網」（TransActive Grid）時就是如此。那是一個原型計畫，家戶與企業相互連結，分享地區太陽能產生的電力。社區的動機是希望讓有環境意識的消費者和用戶知道，他們購買的是地方生產的乾淨電力，而不是只幫忙付費給電力公司，像美國其他地方一樣，購買再生能源信用額度，資助綠色能源產出。

　　在「交互電網」中，建築物的擁有者安裝太陽能板，再與配送網路中其他鄰居的太陽能板串聯起來，使用的是平價的智慧電表和儲存裝備，以及可讓電網擁有者將電力賣回給公共電網的變流器。只不過，融合這些端點的神奇媒介，是來自於調控智慧電表之間電力分享的私有區塊鏈，數據就登記在分散式帳本中。而在2017年夏季，LO3又將流程往前推進一步，它制定了「可用能量代幣」（exergy token），

推動去中心化微電網內部與彼此間的市場機制，例如布魯克林地區。（「可用能量」是衡量能源效率及控制浪費行為的重要概念；這個概念不但可衡量產出的能源數量，還有每特定單位可產出能源的有效工作量。）

要注意的是，LO3的微電網是以私有區塊鏈為基礎。這種模式供給充足時，微電網可做為例子，因為社區是建立在一群固定的用戶之上，他們會同意使用條件。這意味著可以避免比特幣和以太坊的一些大規模處理難題，因此能駕馭區塊鏈的高交易能力，不需要施行閃電網路和其他目前正在發展的「鏈下」規模化解決方案。

私有區塊鏈可以處理微交易、執行智慧合約，例如根據用戶是否支付數位貨幣費用而允許取用預付電力，同時得以用有效率的點對點能源交換，換取千瓦時代幣。所以是區塊鏈打開去中心化市集和微電網需要的價格信號，將效率最佳化。這意味著系統的運轉，可以不靠集中式公司或權威機構決定誰能取得電力、以及用什麼樣的價格。這也意味著電網的容量可以有機成長，因為有利可圖，社區成員會增加新的太陽能板和其他設備賺取營收，確信這套系統也將有效整合。

LO3絕對不是這個領域的唯一業者。另一個能源區塊鏈構想的重要推動者是柏林的新創公司 Grid Singularity，該公司與非營利的可再生能源支持者落磯山研究院（Rocky Mountain Institute）組成聯盟，加速區塊鏈技術在能源業的商業布局。

Grid Singularity 著重在如何使用該技術，安全讀取及解讀來自成千上萬個獨立裝置的大量數據，讓電力系統管理者對於電力如何使用

有具體而微的認識，才能將地區電網和公共電網的管理做到最好。這類專案計畫屬於推動使用區塊鏈改善及鑑定重要數據的重大努力，這些是政府、企業，以及其他特殊利益團體監督和解決氣候變遷挑戰時所需要的。隨著問題惡化，這類效率微觀管理——其實就是可用能量——將是調整世界因應標準的基本條件。

因為颶風艾瑪及瑪利亞重創加勒比大部分地區的電網，這個構想又更加迫切。兩個月後，聯合國在波昂舉行氣候變遷年度會議COP 23的同時，這些概念就在一場黑客松（hackathon）活動中展示陳列。

發展微電網的挑戰之一就是如何籌措資金，因為電池成本雖然在下跌，但要在社區安裝系統卻不便宜。而且有個問題是，如何最理想的讓太陽能電池的擁有者將投資轉換為現金。

目前，這項挑戰是指營利的太陽能計畫，大多興建在健全完善的已開發市場，設備的擁有者可以利用「淨計量」（net-metering）工具組，將他們生產的部分電力賣回給公共電網。這不但需要高科技設備和可靠的傳輸設施，還需要不貪腐的監管者強制要求電網管理者制定合理的回購費率，即使會違反公用事業的直接利益。公用事業握有價格協商權力，因此太陽能系統擁有者得仰賴地方政府的政策立場。

不過，隨著儲存容量興起革命，這一切可能會改變。有部分是因為特斯拉等公司在電池技術、燃料電池，以及蓄熱模型，投資進行大規模研發的刺激，儲存容量的機動性與效益快速改進，成本也穩定下降。這最後可以達成能源完全獨立自主。我們可以想像一個電網外社區，集體擁有一個由區塊鏈管理的去中心化太陽能發電廠，創造一個

系統，儲存、運輸——透過自動駕駛電動汽車——並與其他電網外社區交換電池。

這對各種社區意味著機會——印度位於電網外的村落，電力匱乏的三億居民；美國的特別自治區（例如印地安原住民），或尋求能源獨立的澳洲原住民；或者農民與低密度農村地區的其他用戶……他們苦於社區需求程度低，以及傳輸線與中繼站的安裝成本負擔可能極為沉重。這些例子當中，許多的電力傳送有政府補貼，其實就是對都市用戶課徵較應付費用更高的費率。

然而，我們還得處理另一個挑戰，那就是給沒有可靠信貸基礎結構的地方籌措資金，以支付設置去中心化區塊鏈微電網的預付成本。說不定區塊鏈技術也正好對那些地方有幫助。這部份我們將在〈第七章〉深入討論，屆時將探討資產登錄、替代擔保品，以及開發中世界的創新金融。

能源資源管理並非實體經濟中，區塊鏈與物聯網解決方案唯一可帶來希望的部分。對於供應鏈的區塊鏈管理，關注也正快速增加，那些井然有序、環環相扣的業務關係，決定我們消費的商品如何從原材料衍生而來，經歷中間的生產流程，最後分配到零售通路讓消費者購買。管理得當的話，整個供應鏈的透明度改善，可讓較小的生產者有機會提高競爭力，融資及保險的定價會更有效率，減少使用資源的浪費，而顧客也會更信賴他們製造的產品安全或合乎道德。

追蹤所有可被製造的事物

2015年10月，一家奇波雷墨西哥燒烤（Chipotle Mexican Grill）分店爆發大腸桿菌感染，造成五十五位顧客上吐下瀉，也砸了這家連鎖餐廳的名聲。奇波雷的業績一落千丈，股價大跌42％並下探至三年來的低點，一蹶不振直到2017年夏季。

總部位於丹佛的奇波雷遭遇的危機核心，也是其他仰賴多家外部供應商提供零件與原料的公司一直以來面臨的問題：複雜的供應鏈缺乏透明和問責。許多奇波雷的忠實顧客或許認定，這次食安問題爆發是源自於連鎖店的其中一家餐廳或設施操作不當。但是儘管這對公司的名聲已經夠不好，實際情況卻更糟——奇波雷根本無法精準找出危險的病毒「是在哪裡進入」出售的食品；他們只知道是來自眾多第三方牛肉供應商的其中一家。

五個月後，該公司管理團隊能想出來的最佳結論，是「最有可能」來自受污染的澳洲牛肉。問題的核心是，對流入營運業務的全球原料供應鏈，奇波雷和所有食物供應商一樣缺乏能見度。缺乏清楚認識，意味著奇波雷無法在污染發生之前預防，也無法在發現問題之後鎖定目標加以控制。

供應鏈由各自獨立的不同企業組成。他們的利益圍繞著最終產品銷售最大化的目標——舉例來說，一部三星智慧型手機的電晶體、晶片、電容器、螢幕，以及其他零件的製造商，將因為三星的需求上升而獲利。但既然他們彼此也採取價格敏感的採購合約，所以供應鏈上

下游的不同成員之間，本來就利益不一致。也正是後面這部分使得彼此難以分享資訊，因為約定俗成的做法，就是各方保留自己的內部工作流程與庫存動向資料紀錄。

各公司可以詢問其他公司，但就像一連串支付處理業者中的銀行，保留自己的帳本卻不公開給其他人一樣，這些不同的資訊穀倉之間缺乏可見度。這意味著像奇波雷一樣的公司，無從查證一家澳洲屠宰場的工作紀錄，是否顯示員工履行法規要求，並按照規定的程序執行。條碼及無線射頻辨識（RFID）晶片，在某方面提高了全球商品的追蹤溯源，但可見度的真正問題是藏在每家供應商緊閉的大門之後——終端生產者，以及重要的消費者，全都是瞎子摸象。

區塊鏈技術有辦法讓或許互不信任的各路人馬，為著共同的利益協調一致，給問題提供一個可能的解決辦法。原本不分享資訊的公司，現在可以用資訊的密碼雜湊查證關鍵程序是否執行，卻不必透露重要的機密資訊。那些雜湊值之後可以登錄在所有供應鏈成員都能存取的區塊鏈，建立一個大家都認可又方便追蹤、不可變動的紀錄，自然而然可提高對數據的信任。

有愈來愈多新創公司、銀行業者，甚至是大規模製造商，都開始研究這個構想，並認為這是解決「資訊揭露」與「問責」問題的可能辦法，這些問題以前對那些分散各地的供應商來說太難解決。一旦能即時更新對彼此都重要的數據——必要的話，以匿名方式或加密形式——就移除了對照彼此內部紀錄這種費力辛苦、又容易出錯的工作。這讓網路中的每個成員對整體活動能有更清楚、更即時的掌握。

奇波雷得以隨時合理地查證，肉販供應商是否妥當處理稍後將供給餐廳連鎖店的肉品。當然，供應商還是有可能沒有切實執行工作、紀錄造假，而實際存在著無所不知的活動帳本，就能強制要求大家有更好的行為表現。

將這個共享透明與即時追蹤的區塊鏈模式，延伸推廣到整個國際商務網路，我們預期全世界的供應鏈系統可更有效率地使用資源，進而徹底改變全球經濟的貿易條件。

藉由揭露資訊，以及給生產流程的各端點附上專屬類數位資產代幣，這項技術可以在多方製造與出貨流程的中間階段，打開交換的價值。企業因此有了更大的彈性，隨時在供應鏈上發現市場與價格風險，並迅速回應消費者的訂單，而消費者將要求知道自己購買的東西從哪裡來。我們最後就有個動態的**需求**鏈，取代僵化的**供應**鏈，促成更有效率的資源利用。

英國新創公司 Provenance 宣稱正利用區塊鏈技術「喚醒你的企業與產品背後的資訊和故事，」以便「追蹤每一批產品，附帶有從源頭到消費者的驗證聲明。」沃爾瑪（Walmart）與 IBM 及北京清華大學合作，透過區塊鏈追蹤豬肉在中國的流向。礦業巨擘必和必拓（BHP Billiton）正使用這項技術，追蹤外部供應商的礦物分析。新創公司 Everledger 將 100 萬顆鑽石的專屬辨識資料上傳到區塊鏈帳本系統，建立品質保證並協助珠寶商遵守法規，杜絕「血鑽石」產品。

這些解決方案也和物聯網區塊鏈息息相關，因為它們原本就與感測器、條碼，以及 RFID 晶片連結，這些元件在製造商品及運送出貨

時用得愈來愈多，用途包括：追蹤商品、啟動行動，並提醒付款。同樣的，也會有「認識機器」制度的需求，以「辨識」裝置並確保它們以可信賴的方式運作。一旦加入了智慧合約，那些裝置的信號可以自動執行預先確立的權利和付款義務，並履行所有簽約方同意的內容。這些模式也設想了海關關員、港務局、貿易融資銀行，以及其他利益相關團體連上這個網路時，該如何進一步管理各自的流程。

可追蹤性和自動化的優點不限於事物；區塊鏈還可以約束供應鏈上的人類。不同供應商的員工和監督者，可能被指派特定密碼許可授權，若是放在區塊鏈環境中，就會顯示為專屬的可追蹤辨識符碼。（我們或許要考慮使用為了數位身分而探索的強力加密方法，以便保護員工的個人資訊。）供應鏈圈子裡的所有成員就得以監督彼此員工的活動。舉例來說，奇波雷可以即時看到，牛肉處理廠的專職員工是否執行適當的殺菌消毒程序。

這種可查核的透明認證，對於「積層製造」（additive manufacturing）特別重要。這項技術是工業版的3D列印，對所謂「工業4.0運動」的動態隨選生產模式，是重要核心；「工業4.0」這個名詞是形容製造業，對變化多端的消費者和其他需求可以快速做出回應。

3D印表機已經能產出比傳統建材更輕巧的零件，設計上更強大，而且更容易按照需求生產精密機器，例如NASA火箭及空軍戰鬥機等。但是像這些關鍵任務產品也有個風險，精密零件製造商穆格公司（Moog, Inc.）的積層製造與創新部門經理瑞吉諾（James Regenor）就清楚解釋道：「美國航空母艦的維修團隊如何能十足把握，他們下載

3D列印噴射戰鬥機新零件的軟體檔案，沒有被外國敵對勢力所駭？」為了解決這個問題，瑞吉諾在穆格公司的團隊推出一項名為Veripart的服務，利用區塊鏈技術等方法，查證供應鏈中不同3D列印產品供應商的軟體設計和更新工作。

這項服務計畫納入許多功能，可保護智慧財產權，而且能成為更有彈性和動態的資產。穆格公司的團隊打算邀請供應鏈中分布全球各地的所有成員參加。另一方面，國防工業承包商洛克希德馬丁（Lockheed Martin），也是穆格的大顧客之一，同樣體認到在這個高度敏感的產業中，區塊鏈在安全工作流程的價值。該公司宣布與維吉尼亞州的GuardTime Federal組成合資公司，將區塊鏈技術整合到供應鏈的風險管理。

如果我們將供應鏈看成是一連串「接單即生產」（agree-to-work）的互動功能，那麼可以從這種處理資訊的新方式中得益的產業就相當廣泛了。就舉營建業為例，田納西州納許維爾的新創公司Keyturn打算用區塊鏈技術，協助一般建築承包商管理特定承包工程的工作與材料供應鏈，共同監督使用的時數與材料，為終端顧客節省資源和金錢。同時也企圖確保非正式登錄的營建工人獲得公平報酬，反抗這群工人常遭遇「狄更斯式」的惡劣壓榨；根據麥肯錫全球研究所（McKinsey Global Institute），這些工人構成全球勞動力的7%，而這個產業則占全球GDP的13%。

對帳工作可大大受益於分散式供應鏈解決方案。IBM使用認許制分散式帳本，追蹤及管理每年處理的超過2萬5,000件供應商爭端，

2016年時，該公司表示將解決爭端的時間從四十四天減少到十天。基本上，所有人都可以即時看到、並查證付款與交貨的紀錄保存，就能更快達成共識。這也不是幾毛錢的問題。IBM表示，那些爭端目前每年占用1億美元的資本。

因此，其中有很大的省錢與效率潛力，可惠及供應鏈中從粗礦採礦業者到消費者的所有人。問題是：該如何把它變成現金，以及誰將受益？其中有一個關鍵機會，就在金融與保險業。

全世界的中小企業，都得歷經千辛萬苦才能取得信用狀和其他貿易融資工具，藉以支應出口商將商品出貨給海外買方的這段時間。主要原因在於：借貸機構無法完全信任中小企業提供做為貸款擔保品的文件，例如港口核發的提單。以目前來說，就算只有一丁點懷疑擁有提單的出口商，已經將運送貨品抵押給其他借貸業者，對於申請貸款來說就是死亡之吻。如果那些文件和附帶優先權的證據，可以安全可靠地登錄在區塊鏈上，證明並未遭到複製，或許中小企業最終可以確立他們的信譽，給全球市場帶來更大的競爭。渣打銀行在新加坡已經發展出這樣的概念證明（proof of concept）。

另一方面，這項科技可以讓供應鏈中的壟斷業者，成為供應者實質上的銀行或保險公司。利用區塊鏈證明的加強版供應商庫存資訊，可以微幅調整支付條款——例如從九十天變成三十天。這有助於上游供應者鬆綁原本被存貨占用的資本。服務對象包括蘋果等大型廠商在內的電子製造大廠富士康，在這個領域正領頭衝鋒陷陣。富士康展示原型給各種價值鏈中成千上萬的供應商，而且不久之後，該公司表示

原型的使用，為他們創造了650萬美元的貸款。

在供應鏈的區塊鏈解決方案中擷取價值，有個比較極端的做法，就是發行前一章討論過的專屬代幣，以特殊數位資產呈現商品和服務在供應鏈中的移動。這或許可為進出口領域的商業行為帶來彈性，並開創新的業務流程。

代幣化加上GPS數據和其他記錄在區塊鏈的資訊，可讓運輸中商品的擁有人，隨時隨地將權利轉移給任何買方，不需要由港口記錄運輸的貨物。韓國的韓進海運公司（Hanjin Shipping Co.）在2016年宣告破產時，價值140億美元的貨櫃正卡在海上，有產品在其中的公司大概會樂見這個選項。我們可以想像躉售市場或中間財市場，發展類似證券市場的價格動能和流動性，能大幅加強企業的風險管理。

區塊鏈證明的數位代幣，意味著區塊鏈顧問兼創業家黃品達（Pindar Wong）所說的「風險封包化」（packetization of risk）。這個全新概念給供應鏈的不同階段引進可協商轉讓的結構。原本因為預先建立的未結算承諾鏈而停滯的中間財，就能拿出來競標，看看其他買方是否願意承接相關的權利與義務。這會吸引到「臨時需求」這種非傳統來源，對於資源管理或許有盤整市場作用。業務流程的可見度改善了，如果又有辦法找到商品連結數位資產的流動市場，代表產業參與者能獲得誘因激勵，前所未有地同時兼顧獲利和負起環境責任。這就類似前面討論過的原則，利用價格信號將太陽能微電網最佳化。如果代幣可為先前並無其他需求來源的商品和服務制定價格，生產者或許能夠做出更理想的資源決策。這是為什麼許多人相信，「循環經濟」

的概念——能源來源和生產材料盡可能循環利用——將取決於區塊鏈技術提供的透明度與資訊流。

主要的挑戰仍是規模擴張。完全開放的非認許區塊鏈，例如比特幣和以太坊，根本沒有迎接全球貿易鼎盛時期的準備。如果全世界的供應鏈交易都要經過非認許區塊鏈，可擴展性就需要極大的提升，不是鏈上就是鏈下。解決辦法或許來自創新，例如〈第三章〉討論的閃電網路，但是現階段仍然遠遠不夠完備。所以一些公司著眼於**認許制**區塊鏈，我們將在〈第六章〉詳細討論。

這一點可以理解，因為許多大型製造商認為供應鏈是**靜態**的概念，有認證過的明確成員供應成品這樣或那樣的零件。但在第四次工業革命的快速變遷世界，這或許並非是最有競爭力的選項。新興科技如積層製造，任何人只要可以存取適當的軟體檔案並有裝配充分的3D列印機，任何地方都可以進行生產並交貨，這就代表一個更加流通、動態的供應鏈世界，供應者的來去更為容易。在那樣的環境中，非認許系統似乎有其必要。

一旦解決了擴展的難題，又有強韌的加密和可靠的監控系統可證明供應商的工作品質，非認許的區塊鏈供應鏈最後可能成為全球製造業競技場的大型平等器。

除此之外，法律問題也帶來挑戰。一連串複雜的法規、海商法，以及商法典，支配管理全世界航線沿線的所有權和屬地，以及多個法律管轄權。我們很難將從前的法律條文及由人類領導、負責管理的機構，和區塊鏈與智慧合約的非物質、自動化，及去國籍的本質結合起

來。如果區塊鏈對所有權的看法，並非取決於擁有實體物品，而是掌控有關那些商品數位紀錄的私密加密金鑰，港務關員會用什麼樣的標準確認進口商取得貨主托運商品的所有權呢？

為供應鏈開發區塊鏈應用，藉以改善商務機會、增加小型企業取得融資的機會、減少浪費，並讓消費者更能洞悉他們購買產品的出處，這也需要一定程度的標準化。

競爭當然是好的，但標準可讓更多使用者與科技產生聯繫，創造網路效應。所有科技都一樣，無論是測量模型（例如公制系統），還是鐵路軌距。要等到有足夠多的人開始用核心通訊協定傳送資料、寄發電子郵件、分享檔案，以及保護資訊，網際網路才得以開始發展。現階段，並沒有哪一個全球性團體企圖發展這樣的標準，但在各種不同的產業——運輸業，信任物聯網裝置業，食品業——正出現各式各樣的聯盟和集團，探索通用技術。

此外，這項技術的去中心化本質也讓統合協調有些困難。不過這時候，網際網路的先例一樣有幫助。在香港有個多元公司與其他利益相關者組成的團體，稱為「一帶一路區塊鏈聯盟」（Belt and Road Blockchain Consortium），一直在開發一項由ICANN開創及測試的網際網路治理方法；總部位於加州的ICANN是民間機構，全名為「網際網路名稱及號碼指配機構」（Internet Corporation for Assigned Names and Numbers），執行管理與裁決全球網際網路網域名稱和其他唯一識別符的系統，為管理網際網路的幾個重要支柱之一。

該機構在指派與管理網域名稱——網際網路最重要的URL位址

（全球資源定址器）──這方面的權威並不受任何政府的規則約束，而是由利益關注不同的多個利益相關者約束，目的是為了保護網際網路的公益特質。

「一帶一路區塊鏈聯盟」企圖涵蓋的範圍也頗重要。該集團包括安侯建業（KPMG）和匯豐銀行等公司，並有從事航運及物流的業者，例如香港大型企業利豐集團，而「一帶一路」的名稱就取自中國的同名全球性大型投資計畫。北京的一帶一路計畫包含投資3兆美元、在六十五個國家合作發展高科技製造，另外還有三條貿易路線，連結亞洲和歐洲與非洲。

有些人描述這是北京帶頭的「馬歇爾計畫」（Marshall Plan），但是正如麥肯錫的合夥人施南德（Kevin Sneader）說的，這項企圖遠大的計畫，規模是馬歇爾將軍1948年、以美國投資重建歐洲時的十二倍。一帶一路區塊鏈聯盟的創辦人黃品達這樣看，「跨越六十五個信任程度不一的不同管轄權區域，如此複雜的供應關係如果要運作順暢，需要分散式資訊分享典範。」

於是，有了區塊鏈技術發揮國際管理系統功能的機會。香港的角色將舉足輕重：英國法律傳統以及尊重財產權的聲譽，使得香港成為管理國際貿易中智慧財產與其他契約責任時，備受尊崇的安全之地。如果區塊鏈要切入全球貿易流動，香港的橋梁功能或許提供最快捷、也最有影響力的途徑。對於希望香港保留英國法律傳統的當地居民來說，那樣的角色可能是讓香港不受北京侵蝕的重要保護。

これらの二十一世紀全球經濟的嶄新概念，配合高科技裝置與動態的供應鏈，對於從上個世紀以來始終是商界霸主的公司來說，既是重大機會也是重大威脅。那些公司承擔不起按兵不動的後果。但他們經得起擁抱比特幣徹底顛覆的經濟關係管理模式嗎？下一章，我們將檢視金融與非金融業公司，探索區塊鏈技術的不同方式，並盡量找出它們在未來去中心化經濟的位置。

第六章

Six

金融守舊派的變與不變
The Old Guard's New Makeover

2015年8月5日，比特幣進入華爾街。或者更精準地說，是一個比較「傳統守舊」的比特幣新版本進入華爾街。

早期，聽說過比特幣的銀行業者，認為那只是個有趣的玩意兒。比特幣瘋狂波動的價格或許會成為有趣的投機性投資，但「不穩定性」排除了比特幣成為替代貨幣的可能性。對銀行業者來說，比特幣在現有金融體系中沒有可以扮演的角色。銀行機構靠著一套不透明的體系而繁榮興盛，而我們在這個體系中無法信任彼此，於是只能依賴**它們**為我們的交易居中斡旋。銀行業者或許口頭上會喊著要改革體系的內部作業，但是要將整個體系徹底翻轉成像比特幣那樣不可控制，這種想法更甚於離經叛道的邪說。根本匪夷所思。

另一方面，堅定的比特幣粉絲對華爾街也不太感興趣。畢竟比特幣的設計目的是為了替代現有的銀行體系。它是一種改進。說實話，儘管在2015年8月這件事之前的將近七年間，這個新崛起的加密貨幣伴隨出現一場令人注目的運動，也儘管催生出創新和無數其他加密貨幣、網路和可能性，但比特幣對於重新塑造舊秩序其實沒有留下多少印記。華爾街的金錢機器還是牢牢矗立在全球經濟的中心，至今依然如故。如今，你若想用科技改善金融界──例如，降低債券市場的系統性風險，或是讓窮人更容易寄送和收取金錢──還是得跟華爾街打交道。

那是一群來自新創公司Symbiont的科技專家，在2015年那個晴朗的八月天準備做的事。他們帶著顛覆性較低的新版比特幣來到市中心，雖然他們的模型並非完全翻版，形容為受比特幣「啟發」會更貼

切，但還是有帶來革命的可能，只不過是比較受控制的革命。他們的模型中與比特幣類似的功能，就有分散式帳本、可點對點轉移數位化資產，以及低成本且近乎即時交易等重要元素。但Symbiont捨棄比特幣的其他功能，包括排除銀行為支付中介者的需求。最值得注意的是，這個系統並沒有自己的原生加密貨幣，用來獎賞礦工和維持非認許確認系統。

本質上，Symbiont提供的是「沒有比特幣的區塊鏈」——維持快速、安全，且低廉的分散式網路模式，以及以「真理機器」為確認交易的中心，但是並非無領導人、非認許，且它對所有人開放。那是華爾街可以控制的區塊鏈。

將比特幣、以太幣，或任何加密貨幣與區塊鏈切割開來是否可能，仍有待長期測試。有些數位貨幣迷認為，去除內部加密貨幣將破壞區塊鏈的完整性。沒有原生數位貨幣可獎賞和鼓勵確認交易，就不會有非認許網路，這就達不到許多人心目中，真正去中心化價值交換系統的必要條件。

沒有加密貨幣的系統最後必定成為認許制區塊鏈，或私有區塊鏈，加入運作網路的電腦得由管理帳本的公司批准。這有其優點——網路上可識別身分的成員，比桀敖不馴的比特幣暴民更容易圈養管理，意思就是處理容量更容易擴張規模。但這些認許制系統比較不能開放給電腦工程師做實驗，而存取數據和軟體的權利全在官方守門人的一念之間。這在本質上就限制了創新。有人說，**私有**區塊鏈是個矛盾說法。這項科技的關鍵重點就是建立一個開放、容易取用，且公用

的系統。許多人用比較廣泛的用語「分散式帳本技術」取代「區塊鏈」。

但是那天會議室裡的銀行業者不太在乎這樣的細微差別。大致上，他們喜歡聽到的內容。他們知道業內彼此交易的系統也受**集中式信任**的根本問題限制。機構之間相互不信任，迫使他們對彼此保留資訊，將資料放在難以進入的密閉企業穀倉，這給他們的後勤工作程序增加時間、成本、無效率，以及風險。

雪上加霜的是現代金融業多方參與的迂迴機器，這個程序包括創始銀行、通匯銀行、票據交換所，還有經紀商、結算機構、付款處理方等等。銀行業者對系統充滿摩擦且代價高昂這件事心知肚明，所以暗地裡認同比特幣創造者中本聰企圖解決的一些問題。他們或許想像不到一般人把錢從西岸寄到東岸，卻不需要中介者，但他們知道有許多沒有意義的流程拖慢了金融體系、增加成本，還讓顧客心生不滿。

就像中本聰在2009年寫的：

傳統貨幣的根本問題，就是需要信任才能運作。央行必須令人相信不會讓貨幣貶值，但歷史上法定貨幣違背那種信任的例子比比皆是。銀行必須令人相信拿了我們的錢後會電匯匯出，但他們卻在一波波信貸泡沫時把錢借出去，幾乎沒有儲備。我們必須將自己的隱私託付給他們，相信他們不會讓身分竊賊榨乾我們的帳戶。他們龐大的間接成本造成小額付款不可行。

中本聰寫作時正值金融危機期間。全球銀行體系已經非常不透

明、密不透風，再也沒有人會相信銀行體系說的話。資產價值無從判斷。一場神奇的大火一引燃，就全都爆發了。比特幣的設計或許是為了避開那一切，但是實現這一點的核心部分——防止內部人員操弄，但可驗證真相的系統——也可以被華爾街拿來利用，並非不可想像。

2015年8月的事件是Symbiot的「智慧證券」（Smart Securities）新交易平台首次亮相。諷刺的是，地點就在俯瞰祖科蒂公園（Zuccotti Park）[1]的摩天樓頂端，而綠樹成蔭的祖科蒂公園正是四年前「占領華爾街」運動的發源地。

Symbiont的平台利用運作方式類似比特幣區塊鏈的分散式帳本——最重要的是省略了獨立的加密貨幣——旨在整頓管理超過200兆美元資產的全球金融市場系統核心功能。它許諾將精簡股票、債券，以及其他金融合約的發行、買賣與轉讓——這些是盤據在紐約、倫敦、香港的投資銀行業者、經紀商，以及資產經理人等行業人士賴以為生的活動。我們可以說這是收編嗎？一群網路無政府主義者希望用來繞過國際金融公路系統巨大收費站的技術，被重新包裝後又賣給那些機構。

五年之前，摩天樓下方的公園擠滿了灰塵滿布的帳篷、圍成圓圈打鼓的人群、留著長髮站在肥皂箱上大聲疾呼把華爾街那群人丟進監獄的演講者。在那一場自發性的運動中，熱烈歡迎抨擊華爾街特權地

1　編注：該運動起初由數十人發起，以離紐約華爾街不遠的祖科蒂公園為大本營，不到三週的時間，活動就擴展至全美乃至於全世界。佔領運動旨在抗議經濟資源被社會極少數1%的富人把持，其它99%的人卻受到不公平的待遇，貧富差距懸殊，讓他們無法再忍受下去。

位的自由意志主義、反統合主義（anti-corporatist）等評論的許多人，肯定也會擁抱比特幣。比特幣在2008年10月首次提出，正好是金融危機最嚴峻的時刻，它被當成那些問題的解決辦法。那一場金融大崩潰成了證明中本聰論點的頭號例證，即對如雷曼兄弟等不值得信任的機構投注信任大有風險。但是Symbiont執行長史密斯（Mark Smith）卻將比特幣的一些原理，推銷給那些若非有納稅人紓困、就會步上雷曼兄弟覆滅後塵的機構，而根據彭博新聞（Bloomberg News）估計，那場紓困的實際成本高達12兆8,000億美元。

史密斯的聽眾包括：瑞銀集團、摩根士丹利，以及集保結算公司的主管；集保結算公司是負責美國所有證券與債券交易結算與清算的機構。紐約證券交易所前執行長尼德羅爾（Duncan Niederauer）就在現場，只不過他並非守舊派的代表，而是這家新創公司的投資人。

史密斯從一個簡單的期許開始：可以幫銀行業者節省時間與金錢，很多很多錢。他公開展示一項產品，可將證券交易交割時可能費上數天、甚至數週才能完成的整個迂迴複雜步驟，壓縮成只要按幾下滑鼠和幾分鐘的事。他端出Smart Securities平台，模樣有些像亞馬遜的「結帳」頁面。上面包含債券工具的所有變數欄位——發行者的名稱、數量、殖利率（實際利率）、債券到期日等等。這個時候，他交易了一檔由持有Symbiont股份的投資公司SenaHill Partners發行的債券。他填寫各個欄位，按下執行鍵，然後繼續他的簡報。幾分鐘後，他宣布確認消息進來了。債券已經賣出、買進，交易結算完成，就只是幾分鐘的事——對於美國資本市場的兩天結算時間標準來說，這是

非常大的改進。

　　這代表交易對手或中間人沒有遵守交易承諾的危險、損失或未能兌現應付金錢或證券的風險，都大幅降低了。這是個實實在在的問題：集保結算公司表示，光是美國公債市場，這類「失信」每天就超過500億美元，通常是因為投資人利用兩天的交割空窗期，拿那筆錢或證券去做短期貸款，但是等到被要求履約時，卻沒辦法拿回錢或證券。結果可能是他們借出證券的第三方以所謂的「放空」——賭價格會下跌——賣出，並勉強找到有人願意以更低的價格目標賣回給他們。而這一切都會在債券持有人的資產負債表列為虧損。若能解決這個問題，或許就能釋放投資機構為了支應這些風險而保留儲備的幾兆美元。

　　那一天，Symbiont初次展露一個可能未來的苗頭，此後幾年，一直有許多活動企圖為傳統金融業建立區塊鏈系統。華爾街已經從嘲弄比特幣，走向試圖建立自己的版本。

華爾街的選擇：私有區塊鏈

　　雖然比特幣粉絲不能苟同「認許制區塊鏈」，華爾街仍舊繼續發展。那些調整過的比特幣版本，同樣有比特幣的強大密碼和網路規則等各種元素。不過，他們沒有用比特幣亟需電力的「工作量證明」共識模式，而是採用比特幣出現以前較舊的通訊協定，比較有效率，但是若沒有一個集中機構負責識別和授權委託參與者，就沒辦法達到同

等程度的安全。

　　最主要的是，銀行業者的模式採用的共識演算法，是1999年發明的一種密碼解決方案，稱為「實用拜占庭容錯」（Practical Byzantine Fault Tolerance, PBFT）。這種演算法讓網路中所有核可的帳本保管人確信，彼此的行動不會破壞共有的紀錄，即使他們無從得知是否有人心懷叵測，企圖欺騙其他人。有了這些建立共識的系統，一旦整個網路證明到達某個接納門檻，電腦就會採用更新過的帳本版本。

　　這些私有的封閉式認許制區塊鏈，在開發者之間吸引到的熱情，不如那些企圖全面去中間化的瘋狂以太坊概念，也不如那些ICO引來八位數或九位數籌募款項的代幣發行者。「幫助銀行在證券結算程序中省錢」，不怎麼有吸引力。但華爾街的口袋深，確實有助於招募人才。尤其是那些專案的資助者，在比特幣區塊容量內戰最激烈期間，吸引到一些關鍵開發者和加密貨幣早期採用者。當時，中本聰的實驗缺乏進展令大家氣餒，這裡卻是他們可以繼續發展的東西，而且董事會不會有紛亂的分裂陣營。

　　這場招聘熱潮的最大贏家，是專注金融業的研發公司R3 CEV。該公司企圖建立的分散式帳本，一方面可以收割證券即時結算和跨產業帳本整合的優勢，但另一方面又能遵守大量的銀行法規，並符合會員不公開帳冊的業主權益。

　　到了2017年春季，R3 CEV的會員數已經破百。每家會員公司每年支付25萬美元，換得R3實驗室內部研究出來的精闢見解。該公司的創辦人也在2017年從創投募資中籌得1億700萬美元，主要來自金

融機構。那些錢有的用來招聘像賀恩（Mike Hearn）之類的人才，賀恩曾是知名的比特幣開發者，卻用一篇名為〈我退出〉的部落格文章抱怨那場尖銳對立的內戰，戲劇性地與加密貨幣社群分道揚鑣。R3也找來曾經背叛加密貨幣領域的重要份子葛利格，但他後來離開，加入EOS。領導這個研究團隊的是思慮周密、也備受尊崇的IBM區塊鏈大師甘達爾—布朗（Richard Gendal-Brown）。這些都是深思熟慮下招聘的重要工程人才。

　　而在他們到來之前，R3也簽下了史文森（Tim Swanson）為研究經理。史文森是分散式帳本／區塊鏈分析師，一度熱衷於比特幣，但後來對比特幣意識型態掛帥的陣營幻滅。他成了直言敢言的「反比特幣」烏鴉，似乎對嘲笑比特幣的痛苦艱難樂此不疲。

　　類似的人還有原來叫Eris、後來改名為Monax的公司法務長伯恩（Preston Byrne），Monax為銀行以及許多公司設計私有區塊鏈。伯恩在推特上的推文，若不是表達他五花八門的政治立場——反川普、反英國脫歐、支持美國憲法第二修正案、支持加密、反軟體烏托邦主義——或不時提到土撥鼠（Eris品牌的吉祥物），就是尖酸嘲諷狂熱的比特幣追隨者。對於像史文森和伯恩之類的人來說，比特幣的管理失能是天賜福音。

　　但是拿比特幣的弱點取笑有利也有弊。雖然R3靠著雇用賀恩、甘達爾—布朗，及葛利格等人，買到了一些科技業的聲望，但是所有權結構卻讓R3顯得滑稽可笑。它昭告世人自己是「華爾街老夥計俱樂部」（Wall Street old boys' club）。

R3的九位創始會員包括：巴克萊銀行（Barclays）、西班牙對外銀行（BBVA）、澳洲聯邦銀行（Commonwealth Bank of Australia）、瑞士信貸（Credit Suisse）、高盛（Goldman Sachs）、摩根大通（J.P. Morgan）、蘇格蘭皇家銀行（Royal Bank of Scotland）、道富銀行（State Street）、瑞銀集團。其中除了西班牙對外銀行和澳洲聯邦銀行之外，全都名列金融穩定委員會（Financial Stability Board）2016全球系統重要性銀行（Global Systemically Important Banks, G-SIBs）。它們不僅止於是普通「大到不能倒」的銀行，其龐大的資產負債表會給自己國內的市場造成問題；它們屬於一個特殊類別，貸款帳冊大到會給全球經濟構成危險。而且許多還要承受數十億美元的罰款。

在追蹤金融科技趨勢的人看來，這個情形很熟悉。華爾街的銀行收編科技、抵銷破壞性威脅的歷史悠久。1990年代末期，外匯、債券，以及資本市場其他不透明的區域，出現一波電子交易系統，承諾排除投資銀行中間人，達成點對點投資，當時最大的銀行聯合起來推出自己的線上交易所服務。這確保那些銀行的股票、債券，以及商品契約存貨清單仍在所有投資交易所的中心，而它們也保住價格制定者的特權地位。

對於2008年那場大崩潰記憶猶新的監管者，也有理由對華爾街建立認許制私有區塊鏈戒慎恐懼。在金融穩定委員會安排的聽證會上，由二十國集團（G20）成立的國際監管者團體，來自央行與國家證券委員會的工作人員，探討未來區塊鏈的市場結構，是否會醞釀系統性風險和金融不穩定。一方面，R3銀行聯盟的成員是熟面孔令監

管者放心；比起穿T恤牛仔褲的密碼發明家，他們更習慣和銀行業者合作。但是另一方面，對於什麼人、什麼事可以納入這個金融體系唯一的分散式帳本，這個全世界最大銀行聯盟有說了算的權威，這一點令人心生恐懼，憂心銀行業權力過大，也想起危機發生後在政治上不得人心的紓困。

華爾街有可能建造一個「大到不能倒」的區塊鏈嗎？

修正系統性的金融危機

面對現實吧：雖然說樂見「老夥計俱樂部」剝去層層不必要的金融中介，但是監管與經濟障礙，還是讓這樣的革命性改變幾乎不可能由內部達成。不過，這也不是說R3的聰明人、會員銀行的內部區塊鏈實驗室人才，以及分散式帳本新創公司（例如數位資產控股與Symbiont），沒有產生優異強大的改革，改善陷入瓶頸的金融體系。

目前的體系中，要管理跨公司協調對帳耗時費力的流程，所以創造出帳本保存中間人——票據交換所、結算所、通匯銀行、保管銀行等等。這些中介機構解決部分信任問題，但也增加了成本、時間和風險。

在美國，一筆長期公債交易的最後結算需要兩天時間，而類似企業聯合貸款的工具則要三十天。不但還是會出現重大錯誤疏漏，時間延滯更癱瘓高達幾兆美元的可用資本，這些都得留滯在託管帳戶或抵押協議，直到各方都清算完帳目，交易才算完成。更有效率的即時系

統可解放這些資金，將大筆金錢送入全世界的市場——是的，讓銀行業者更有錢，但也給企業和家庭提供更多信貸額度。理論上，R3的分散式帳本可以實現這一切，它可以釋出一波資金。

「結算時間」也是金融危機的因素之一，更造成2008年的全球恐慌。不確定對手機構是否信守承諾交付金錢或證券，總是令投資人躊躇。但是等到市場轉跌，恐懼超過貪婪，緊張不安可能引發層出不窮的避險行動，演變成不斷破壞財富的混亂。

這個系統性風險問題，吸引華爾街區塊鏈創新背後其中一個關鍵人物——瑪斯特斯（Blythe Masters）加入數位帳本科技；她在2014年加入「數位資產控股公司」（Digital Asset Holdings）擔任執行長，該公司是為金融體系的後勤處理作業提供區塊鏈服務的供應商。瑪斯特斯最為人知的，就是當代最受爭議的金融創新之一，「信用違約交換」（credit default swap, CDS），這是一種金融衍生合約，如果有哪一筆債券或貸款違約了，有機構同意支付這個風險損失給另一方。

瑪斯特斯年僅二十五歲時，就是摩根大通頂尖團隊的一員，她設計出CDS讓投資人可以買來當保險，預防資產負債表承擔的風險——並因此解開為預防風險而綁住的資本——同時也讓其他投資人、銀行，以及其他發行CDS的機構對標的物資產下賭注，卻不用真正擁有它。這些合約可以交易，因此一檔CDS的相關各方可以出售給其他第三方機構。

這個系統給信貸市場增加便利與流動性，因此CDS市場發展到驚人的規模，金融危機當時的票面價值估計達600兆美元。麥克‧路

易士（Michael Lewis）的《大賣空》（*The Big Short*）一書和其他地方都對此有詳細描述，問題在於沒有人能清楚知道，「積欠一家機構債務的相關風險，對於**該機構償還另一機構的能力**」有何影響。

CDS交易是「店頭市場」櫃檯買賣，並未在公開交易所掛牌，而且幾乎完全不受管制，根本無從追蹤記錄。隨著危機惡化，這個匯聚龐大「或有債務」（contingent obligation）[2]的不透明池子，成了最大的焦慮來源之一——證明華倫・巴菲特（Warren Buffett）在2012年給衍生性商品貼上「金融大規模毀滅性武器」的標籤無誤。

CDS大崩潰成了自我實現的事件，因為它引發眾人對銀行的償付能力愈來愈產生懷疑，市場不僅擔心構成CDS工具的那些不可靠抵押貸款，借方有違約風險，還擔心交易對手的潛藏問題與結算風險。憂心忡忡的銀行不清楚交易對手銀行能否履行承諾，於是開始從市場抽出銀根。一股嚴重的連鎖恐慌油然而生，需要數十兆美元的公共擔保、紓困，以及全球央行另外發行貨幣，才得以控制。

設計出CDS的先驅完全沒有預想到這些，因為這並非反映信貸違約契約本身的瑕疵，而是反映了「市場缺乏透明」。瑪斯特斯最後就是從這裡看到區塊鏈技術的巨大潛力，能夠讓所有人對市場上的每一筆交易同樣一目了然。瑪斯特斯猜想，如果2008年就有這個促進透明度的科技，那場金融危機還會發生嗎？那個念頭「就像蘋果打到頭，」瑪斯特斯說。她突然領悟，「一個安全且不可變動的共享帳本，

2　編注：意指企業「有可能」產生的負債。

這個概念不僅減少低效率、風險和成本，還能提供窗口即時窺見系統性重要資訊。」

「在後危機世界中，」瑪斯特斯說，「解決這些問題已經到了影響金融服務業生死存亡的地步。在金融市場浸淫將近三十年，加上思考法規、管道與風險，分散式帳本科技的改革力量，促使我從大型投資銀行跳到一家小型科技新創公司，追求以新的方法改變我所知道的世界。」

像瑪斯特斯和R3團隊那些正在努力克服金融系統諸多失敗的人，無疑相當重要。正如我們說過的，區塊鏈無論是認許制還是非認許制，都是針對社會信任問題。而且你知道嗎？那也正是市場系統性崩潰的核心，這種情況直接關聯到銀行間與機構間的關係。只是要解決這樣的崩潰失靈，這一波新的分散式帳本系統設計者，精選中本聰的發明中對銀行體系參與者威脅最小的適用功能，例如加密確保完整性，不考慮比較激進而且可說更為強大的功能，特別是去中心化、非認許的共識制度。

這些銀行雇用的開發者，簡單明瞭的任務就是滿足傳統的金融體系。因此，我們不能責怪他們對比特幣破壞性的去中心化嗤之以鼻。比特幣的規模擴張挑戰，也是帶來疑慮的真正原因。為絕大多數美國股票與債券交易做清算和結算的集保結算公司，每秒鐘處理一萬筆交易；而比特幣在我們寫作此時卻只能處理七筆。儘管比特幣的價值與獎勵安全模式已經證明很強大，但我們卻完全不清楚在公債市場露出億萬美元的詐騙機會時，比特幣挖礦的區區幾億美元成本，能不能嚇

阻紐約或倫敦的無良交易商。

　　或許市場會推高比特幣的價格與挖礦基礎設備，設定更高的新安全障礙，也可能不會。無論如何，對於R3和數位資產要服務的單位來說——全球退休基金、企業薪資發放、政府債券發行等等的管理者——這些不是他們應付得了的安全風險。目前，至少在像閃電網路之類的解決方案提供大規模交易容量之前，比特幣根本不能拿來滿足華爾街後勤部門的需求。

　　除此之外，還有法律方面的考量。R3的史文森曾主張，光是51％攻擊的可能性——單一礦工取得加密貨幣網路過半的計算能力，並竄改交易詐欺——就代表加密貨幣交易絕對不可能有「最終清算效力」（settlement finality）。他說，那樣始終處於不定的狀態，是華爾街律師無法忍受的情境。我們或許會反駁，危機期間的紓困以及銀行翻轉虧損的其他各種處理方式，讓「最終效力」淪為笑柄，而比特幣的不可逆轉紀錄可是要比華爾街高出許多等級。然而，史文森動聽好記的評論在銀行業者間流行起來。畢竟他是在對見解相同的人鼓吹。

　　按照這樣的邏輯——也就是忽視當初把全球金融系統搞得一團亂的集中式守門問題——銀行業者這下可以欣然接受認許制帳本，彷彿那是完美的替代方案，可解決比特幣和其他非認許系統面對的發展挑戰。在認許制系統中，會員機構證明並維護共享帳本的誘因，是因為這符合他們的共同利益。他們不是在互相競爭搶得貨幣獎賞，這也代表他們不會跟比特幣一樣，不斷建立浪費的運算基礎建設。而非認許帳本在擴張規模時面臨的政治與經濟棘手問題，認許制系統也不需要

解決。他們不需要在全球性無領導人的用戶社群中，讓成千上萬無法識別身分的人取得共識；改變的提議只需要由相對少數的已知成員委員會處理。

當然，問題就完整呈現在那個畫面：一群會員決定哪些可行、哪些不可行。由銀行領導的認許制系統，完全取決於那些已經控制金融系統的大型機構利益，但也正是那些機構造成加密貨幣企圖克服的系統性風險、把關限制，以及政治危機。

你可能會說，銀行體系的認許制帳本只會將我們帶回到2008年，觸發強烈反彈以及加密貨幣興起的系統性崩潰與社會崩潰那一刻。那是為什麼我們主張，個人、企業，以及政府確實需要支持各種「硬核心」（hard-core）抗改變的骨幹科技解決方案，那是開發者努力要幫助像比特幣和以太坊等非認許帳本，克服擴張、安全，以及政治挑戰的辦法。

我們在〈第三章〉討論過這些：鏈下構想如閃電網路和以太坊的Plasma新概念，以及鏈上解決方案如SegWit和Sharding，壓縮數據而得以用去中心化網路妥善管理、儲存，並一致同意龐大資料庫的完整性，使用的計算資源卻少了許多。監管者應該抗拒誘惑，不去抑制這些開發者進行實驗，他們才能無拘無束地研究這些令人振奮的解決方案，而投資人則應該注資協助。

我們不能、也不應該阻止銀行追求聰明的辦法，解決他們後勤部門缺乏效率的實際問題。但是金融危機的傷疤猶在，人人都有興趣設計區塊鏈系統，限制現有大型機構積累過大市場力量的能力，不管是

認許制還是其他。鼓勵開放取用平台，讓非認許創新能徹底轉變破碎的金融體系，並擴大可觸及的參與者範圍，才是符合社會的利益。

另一個模式：央行法定數位貨幣

說到這裡，還有一個未知因素，讓金融機構的前景更加複雜。除了可相互操作的非認許開放網路之外，可能還有個大型機構競爭對手——中央銀行。央行對採用數位貨幣科技的興趣日趨濃厚，如果加以實施，面臨最大破壞的產業將會是銀行體系。

在《虛擬貨幣革命》的最後一章，我們推測政府與央行或許會研究發行自己的數位貨幣。根據金融科技新聞服務業者Finextra報導，截至2017年1月，全球有二十六個央行正啟動專案探討區塊鏈技術，包括英國、日本，以及加拿大的央行。還有更多規模較小的央行在做初步研究。沒有人知道那些研究工作會得出什麼結果，但卻很可能衍生影響深遠的後果。

同樣正在進行的麻省理工學院「數位貨幣專案」是國際性計畫，希望發展一個央行與政府可以採用的數位法定貨幣原型。起點是個由該專案的研究人員洛夫喬伊（James Lovejoy）所建立、名為Cryptokernel的區塊鏈工具組，這樣要進行區塊鏈技術實驗就比較容易了。Cryptokernel又稱為CK，是個開源軟體，也就是說任何人都可以拿來做實驗。「這一點很重要，」羅布勒・阿里（Robleh Ali）如此說，因為這代表「未來金融系統的設計，開放接受任何地方、任何人的想

像。擴大從事努力的人數，讓我們更有機會從大家的手中發展出真正去中心化的金融系統，而不是由銀行發展。」阿里曾領導英國央行開創性的數位貨幣計畫，之後加入麻省理工學院擔任研究科學家。

CK的第一個應用是稱為K320的實驗性數位貨幣，它有個關鍵之處迴異於比特幣。比特幣的發行時間表硬性固定為最多到2140年，共計會發出2,100萬枚，而K320的發行量並未嚴格固定。這是希望降低稀缺性因素，以此勸阻儲存加密貨幣的行為，這種本能在比特幣相當強烈，也讓許多人推論出比特幣在社會中最重要的角色就是價值儲存——或許是數位版的黃金——而不是日常交易的一般貨幣。

社會需要大家花用貨幣，而不是儲存貨幣；儲存的本能是漫長經濟問題史中的一環，最極端的情況就出現在經濟大蕭條期間。為了避免這種命運，K320的發行設計是以溫和通膨的傾向不斷持續下去。這代表經過最初八年的增量釋出，錢幣的供應最後會落入每年3.2%的穩定增加。這個增加比率是刻意略高於多數央行給本國消費者物價指數所定的2%目標。K320團隊的目標是不會太通貨緊縮（那樣可能導致像經濟大蕭條期間的儲藏危機），也不會太通貨膨脹（那就沒有人想持有這種貨幣，就像1920年代德國威瑪共和期間的狀況）。

雖然K320貨幣發行時間表背後的思維反映了央行的想法，但是許多已開發世界的央行不太可能採用他們無法控制發行時間表的數位貨幣。他們第一個推出的數位貨幣，借用目前既有系統的可能性遠超過使用K320。有個更強烈的論點是，第一個演算法貨幣發行與數位貨幣的央行實驗，可能出現在開發中國家，那些國家以政治控制貨幣

的成效，因為長期的金融危機而遭到質疑。

　　無論如何，各國央行竟然正在研究數位貨幣，這就為將來有個迴異的法定貨幣金融系統打開大門。如果政府或央行發行的數位貨幣存在，個人和公司若純粹為了交易或保管的目的，而想尋求安全的地方儲存資金，那些創造資金的機構就能做到。而且比起將錢暴露在民間機構的償付能力風險之下、以及為獲利而收取的手續費，更加便宜也更安全。

　　換句話說，每當一般家庭和企業財務主管為了支付用途，要選擇存放短期資金的地方，無論是購買日用品雜貨還是員工的每月薪資，央行都可能成為商業銀行的破壞性新競爭對手。想想蘋果公司。在2016年12月底時，該公司帳面上有驚人的2,460億美元現金，大多投資在短期的「類現金」工具上，例如短期國庫券，但是存放在銀行的小部分存款，依然是非常龐大的一筆錢。我們可以合理假設，像這樣的公司如果有得選擇，會將很大一部分的持有現金轉移到央行保管。這是其中一個原因讓英國央行的研究人員推測，可能需要差別利率——也許是央行數位貨幣較低，但銀行存款較高——以阻止毀滅性的大批資金出走，並順利管理數位貨幣的過渡。

　　不過，許多央行人員同意，逐步將銀行抽離支付業務或許是好事。理論上，這可降低成本和缺乏效率的情況，因為牟利的銀行（有些人可能稱之為競租者）已經不再扮演經濟中商務活動的收費關卡。重要的是，政府與央行紓困銀行的壓力就會比2008年時少，當時是擔心迫在眉睫的崩潰暴跌，會切斷經濟的支付救生索。央行十分清

楚,那一場迫使他們降到零利率、且無力有更多作為的危機,嚴重壓縮他們刺激經濟成長的能力。所以支持央行數位貨幣最強而有力的論點之一,就是可以促進金融穩定。

如此一來,數位貨幣科技的到來,突顯了央行與他們監督的民間機構之間的利益分歧。多年來,存在著一種共生關係,銀行享有受控制的官方貨幣工具獨家使用權,而做為回報就是擔任央行政策目標的代理人。這導致陰謀論者動不動就搬出傳說了幾百年、祕密集團陰謀策畫世界秩序的反猶太神話。現實情況當然更為複雜。但是隨著區塊鏈技術提供創造、交換,及管理貨幣的新模式,兩邊或許發現彼此竟然要直接競爭。

Hyperledger 聯盟與自己的戰役

不光是金融產業的守舊派面臨這些變化。還有許許多多非金融業的重量級企業也開始嘗試區塊鏈技術,並努力了解這對他們來說有什麼意義。有一個令他們極為關注的計畫就是 Hyperledger。該計畫是主要致力於開源協作法的大型企業聯盟,企圖為全球經濟開發一個共同區塊鏈/分散式帳本的基礎架構,目標鎖定的不僅有金融業和銀行,還有物聯網、供應鏈,以及製造業。

加入 Hyperledger,創立企業會員就是在宣告:預期全球數位經濟演變得更為開放且強大,是共同的利益。該集團的網站形容這項科技是「提供給市場、數據分享網路、微貨幣,以及去中心化數位社群

的作業系統」，並宣稱Hyperledger「具有潛力大幅降低現實世界中，完成工作的成本和複雜問題」。如此令人耳目一新的版本，不能對將來可能勝出的模式太過封閉保守。

因此，值得注意的是，在2016年底時的超過一百個成員中，有許多以比特幣為重心的公司，將自己的案例加入去中心化加密貨幣系統。包括Blockstream、區塊鏈應用供應商Bloq，以及比特幣錢包與數據處理公司Blockchain,info。不過這個團體中最大的業者都是現有的大型公司。而這就造成協調上的困難。那些公司的商業模式大多建立在集中式的數據控制，以及扮演顧客交易的信任中介者。因此不可避免地，似乎又要發生非認許與認許制帳本分裂對立的緊張和權力角力。

Hyperledger的核心創立會員包括IBM、數位資產、埃森哲（Accenture）、集保結算公司，以及英特爾，並引進備受尊崇的Linux基金會執行這項計畫。十分普及的Linux作業系統背後即是Linux基金會，而Linux作業系統核心驅動全世界90%的伺服器，廣泛使用在路由器、機上盒、智慧電視等裝置，更是Google Android作業系統的基礎。Linux的故事是教科書級的案例，說明開源軟體開發如何利用最廣大的人才庫，建立最好、最強韌，且最通用可行的技術。此外，Hyperledger也挑選一位對**開放**平台開發有強烈誠意的執行董事：貝倫多夫（Brian Behlendorf），他帶頭開發開源Apache網路伺服器軟體，同時他也是Mozilla基金會和電子前線基金會（Electronic Frontier Foundation）的董事。

這些都是重要信號。憑著一片空白畫布要給全球數位經濟設計一套新作業系統，這樣的艱鉅任務有這種鼓勵開放創新的團體就很重要，具破壞性潛力的新概念才不會被遭受威脅的守門人打壓。

按照麻省理工學院媒體實驗室伊藤穰一的說法，線上經濟不是由早期網路事業的封閉迴路「企業內部網路」（intranet）勝出──不是法國電信的Minitel系統，或是AOL或Prodigy的內部網路──而是因為開放通訊協定組TCP/IP，而得以徹底普及的網際網路。網際網路的開放構造一直受各種全球性非營利團體的保護──雖然有些人憂心他們的權力過大。Hyperledger計畫似乎按照類似的原則形成。

不過，Hyperledger那些大名鼎鼎的成員還是引發挑戰。每家公司都有股東的利益要保護，而做法就是推動將符合自己業務優先順序的程式編碼元素，加入開源計畫的基礎程式碼。聯盟中資源最完善的公司最方便做這樣的事，只要寫出大量的程式碼即可。而當那些利益和其他計畫貢獻者出現利益衝突，爭執和內部政治問題就出現了。

「同意新聞稿算是簡單的。做事才是困難的部分，」Linux基金會執行董事澤姆林（Jim Zemlin）2016年1月在Hyperledger成員的開發者社群成立大會上說。「我們企圖結盟合作一項開源計畫……我們人為地把來自不同地方的人湊在一起。所以就來聽聽所有人的看法。」

他對眾人說起IBM從Linux開發過程中學到的教訓。該公司最初是按照Linux工程師在計畫中插入多少IBM的碼區（code line）而給予獎賞。想來IBM的理由大概是：如果Linux作業系統的底層程式碼最佳化到可以使用IBM的電腦、伺服器，以及對客戶推銷的IT解決

方案，IBM就可從中獲利——特別是若掌控了Linux的程式碼，也代表競爭對手型號的設定若不同，運作不會太順暢。但是如同澤姆林說的，IBM很快就發現，以這樣的方式和Linux開源社群合作沒有效果。於是，IBM改為按照工程師為整體程式功能做的改善給予報酬，發現這比什麼都符合IBM的利益。

這是個重要的小故事，因為IBM已經明確表達自己是Hyperledger舉足輕重的要角。在2016年1月的那場會議中，這家科技巨擘將4萬4,000行「鏈碼」（chaincode）開放給自動化智慧合約，實際上就是捐給Hyperledger的共同帳本軟體，如今稱為Fabric。一方面，這可以視為一種沒有附加條件的慷慨資源捐贈。但也代表這家科技大廠從一開始就在塑造這項計畫。而隨著時間過去，似乎IBM所想的系統，是特地設計給自己的封閉迴路事業，用來提供「雲端」代管業務。這符合整個群體的利益嗎？

當然，其他公司也貢獻程式碼和構想——數位資產捐出全球記錄同步系統（Global Synchronization Log）給金融機構，英特爾留下Sawtooth Lake程式，確認運算裝置的確實可靠。但IBM早期的舉動，使它成為Hyperledger生態系統的主要角色。這就增加了它主導系統底層程式碼設計的機會，進而指揮業務和經濟的優先項目。這與比特幣「內戰」雙方提出，由哪些公司支付開發者薪資的疑慮並無不同；他們知道那些開發者可能因為雇主的看法，而支持或反對增加區塊容量。

IBM對Hyperledger計畫的興趣，很大程度是因為有機會將區塊

鏈應用在供應鏈之中。前一章提過，IBM已經在自己的業務線上用程式碼改善賣主與供應商支付爭議的解決機制。IBM的區塊鏈技術副總裁庫默（Jerry Cuomo）在Hyperledger那場早期會議中，說明該項業務的成功經驗時，為私有區塊鏈提供令人信服的理由。似乎並不需要開放的非認許系統，以類似區塊鏈的方法進行連續性紀錄保存，也能從中擷取價值。不過，他在無意間也證明了，有影響力的成員，其傳統商業利益可能使得像Hyperledger的開源聯盟，偏離建立真正開放創新的系統。我們很快就清楚看到，IBM預期的業務機會，就是引導客戶回到他們自己的傳統業務，尤其是那些急切想解決供應鏈管理問題的客戶。

一年後，IBM推出自己的「區塊鏈即服務」（Blockchain as Service）產品——「區塊鏈」這個名詞首次在電視廣告中出現。這項服務鼓勵客戶與供應鏈夥伴合作，創造結構完全與IBM既有雲端服務整合的私有區塊鏈。由IBM代管你的區塊鏈相關數據——仰賴「可信第三方」——有點違背區塊鏈的完整性、破壞性、自助精神。

這種悲觀諷刺有部分源自於「雲端運算」這個名詞產生的意象令人誤解。當IBM、亞馬遜、Google，或任何雲端運算供應者幫你儲存檔案，或執行外包運算服務，那些作業是在由那些公司控制的可識別伺服器上進行。他們是我們租用伺服器空間的房東。「雲端」給人的想像是虛無縹緲的去中心化系統，然而實際上卻是集中式解決方案，完全仰賴一個可信的第三方。

區塊鏈技術的遠大願景在於去中心化，在於使用者不必依賴任何

單一個體為他們執行作業。（其實，就像我們在本書其他地方的討論，具體的去中心化應用已經建立在區塊鏈架構之上，用意是要提供真正的去中心化檔案儲存和異地電腦服務）。IBM的區塊鏈模式顯然著重在改善正受去中心化願景威脅的集中式營利業務。從IBM股東的觀點來看，這是完全可以理解且聰明的理性策略，但卻和Hyperledger自己在行銷材料所傳達的「開放平台」精神矛盾。這也引起法律問題——如果區塊鏈數據的關鍵要素儲存在一家公司的電腦，有關資料落地（data residency）的現有法令能給政府權力控制區塊鏈嗎？

這些問題也說出了建立由企業成員組成的聯盟，行事難以真正符合跨產業成員和未來使用者的廣大利益，畢竟許多成員距離叛逆的草創初期已經幾十年了，仰賴的業務根深柢固，容易受破壞衝擊。

這一點之所以重要是因為，「成功的最佳選項必然是由同樣對去中心化有興趣的社群所領導的」。包容、機會，以及最強大的創意生成流程，最終將由一個開放系統產生，這個系統拒絕讓那些意圖削弱創新，以免威脅自身地位的機構有過大的影響力。

認許制系統的限制

大型金融機構與現有科技公司正在從事的認許制、類集中式解決方案，本身並不壞或者會產生反效果。

從R3與Hyperledger的認真研究中顯現的心得與發現，將貢獻給更大的知識庫，全世界的工程師和創業家將從中建立更理想的全球信

任管理系統。但就像麻省理工學院媒體實驗室主任伊藤穰一引用過的話，如果我們吸取歷史教訓，開放網際網路通訊協定TCP/IP最後勝過封閉式的圍牆花園「企業內部網路」，例如Minitel、AOL，或Prodigy，就能看出這些認許制區塊鏈提案的先天限制。

伊藤穰一指出，那些封閉式內部網路模式最後落敗，是因為比不上受吸引在整個全球性網際網路生態系統上，發展的活動量和應用開發量。使用者或開發者若能存取開放網路的電子郵件系統，而且又有來自世界各地的新增功能，他們怎麼會想要用AOL笨拙遲緩的信箱系統呢？同樣的成敗機率也會出現在區塊鏈和分散式帳本之戰，伊藤穰一如此說道。

非認許系統如比特幣和以太坊，本來就有利於更多創意和創新，因為可想而知沒有授權公司或集團會對你指手畫腳，「說哪個不能做」。就算是認許制系統的管理人表示會將平台開放給其他人，但有他們當守門人，就仍有對外人限制約束的可能。而且這會讓原本受吸引、打算在該平台發展的開源志工遲疑。正是開放取用的保證，才孕育出「非認許」網路的巨大熱情和興致。這在從事公有區塊鏈應用的人才以及開發者數量的快速擴張，已經明顯可見。

認許制系統將有其地位，別的不說，就因為更容易在科技的生命早期階段程式化，處理更重的交易負荷。但我們的最高目標，應該是鼓勵發展一個可相互操作、開放的非認許網路。

我們有理由期待一個開放的公有區塊鏈和分散式信任模式的世界，讓所有人都有一席之地。就讓我們密切關注。

第七章

Seven

區塊鏈如何造福眾人？
Blockchains for Good

🔒 萬事萬物的證明

🔒 真理的替身：數位戳印

🔒 鬆綁僵化資本的挑戰

🔒 土地之外，更龐大的資產登錄系統

🔒 人人都可使用的貨幣

🔒 利用社群人脈引進區塊鏈、智慧合約與代幣

教宗方濟各鍾愛的聖羅倫索（San Lorenzo）足球隊，其主場在阿根廷布宜諾斯艾利斯的巴霍弗洛雷斯（Bajo Flores）區，球場四周的貧民窟中居住著數十萬窮困的玻利維亞移民。許多人的住所搖搖欲墜，附近的馬坦薩河一氾濫，就有可能被沖走。

不過在這個社區當中，有條兩街區長的小街道，房屋的地基明顯更為牢固。當地的學校就位在這個區塊，另外還有一間衛生所，以及身居阿根廷的玻利維亞文化社群使用的許多其他機構。恰露阿（Charrúa）在這個地區並沒有什麼獨特的地理優勢優於其他鄰近街坊。所以問題是：為什麼住在那兩個街區的家庭似乎比較幸福？為什麼這個地方成為玻利維亞裔阿根廷人的文化驕傲焦點？

一言以蔽之：房地產的產權。

歷經數十年和市政府的抗爭後，恰露阿這兩百戶人家在1991年獲准取得可讓他們發展的最重要基礎——房地產所有權權狀。恰露阿的家戶所得並沒有比其他街坊高，教育程度也沒有更高或者人脈更廣。差別在於他們有辦法用毫無爭議的政府印信，**證明**他們的住屋擁有權。而這樣的狀況開啟了許許多多其他好處。身為納稅的房產所有人，他們在社區中有了社會地位，這代表他們可以遊說政府、爭取服務。於是有了學校和衛生所。而且他們可以拿契據當抵押，借錢投資生意，而這正是為什麼恰露阿成了商業中心，商店和小餐館櫛次鱗比。從城北一帶高雅社區來的訪客，還是會發現這裡明顯缺乏便利設施，但對當地的玻利維亞人來說，這狹長的兩個街區起碼證明：他們有些自己人**成功了**。

這跟區塊鏈有什麼關係呢？嗯，要回答這個問題，先別把焦點放在恰露阿比較幸運的這兩百戶人家，來看看那幾十萬玻利維亞人和其他住在布宜諾斯艾利斯貧民窟的人，以及開發中國家那些沒有自己住家產權的貧民區居民。他們的社區「承認」他們是住屋擁有者，但是卻沒有官方證明，也就是沒有可讓政府或銀行接受的東西。低所得國家的公共登錄系統通常容易有貪腐和效率低落的問題，因此印度北部的北方邦（Vttar Pradesh）或菲律賓馬尼拉鄉村貧民區裡的窮人，也許想拿自己的住家當抵押取得貸款，卻沒有銀行會接受。

　　甚至世界各地比較富裕的房屋擁有人，也常常遇到類似的問題——他們從開發商手中買下公寓，卻發現商人賄賂註冊登記人員，將開發商自己的名字保留在產權上。在這種地方要證明所有權太不可靠，所以銀行不太願意提供抵押貸款給這些人，至少不會以合理的利率提供。

　　但是最近我們看到有新創公司企圖透過區塊鏈技術解決這個登錄問題。其概念就是，因為區塊鏈不可改變、有時間戳記，又可受大眾審核，也因為可以幾乎立即完整地執行財產轉移，讓雙方以各自專屬的私密金鑰確認交易，幾乎不可能一個人單方面做出有利自己的改變。上述案例中的開發商，理論上就沒有辦法賄賂註冊登記人撤銷產權轉讓，因為沒有人能夠提供必要的密碼證明。

　　我們說「理論上」，是因為我們面對的是極端複雜、且充滿政治因素的土地所有權領域中未經測試的概念。可能還是會有許多賄賂案例，導致區塊鏈帳本輸入了不良資訊。貧窮國家的註冊登記系統必須

從無到有開始建立，有個風險就是負責證明眾人所有權的是貪官污吏，從一開始就在區塊鏈註冊紀錄嵌入有害的謬誤。接下來我們將討論減輕這項風險的各種方法。但是，如果一份帳本被認為是無爭議的真相，那麼「該放進什麼樣的資訊」就是個嚴肅的議題。

不過，如果我們採取宏觀角度，假定在絕大多數情況下都誠實使用區塊鏈，那麼受密碼保護的資產登錄，就有相當吸引人的莫大優點。秘魯經濟學家暨反貧窮運動家德·索托（Hernando de Soto）估計，「僵化資本」（dead capital）的總數，意即全世界無合法權利的房地產總和，約值20兆美元。他說，如果窮人可以用那筆資本當抵押品，那筆信貸在全球經濟流動的乘數效應，可在開發中國家創造超過10%的成長率，占全球GDP的一半以上。

而且不只是土地。這項科技也激起關注，希望協助窮人證明對各種資產的所有權，例如小型企業設備與交通工具，以及確實可靠地證明他們在信用等問題的個人現況良好，並確保他們的投票被納入計算。我們希望區塊鏈能給人力量，證明他們對自己的身分主張，讓他們在迄今仍被排除在外的全球經濟中，可以成為積極活躍的公民。

萬事萬物的證明

人類社會設計出一套證明制度或測試，你必須通過之後才能參與許多商業交換和社交互動。在你證明自己是口中所說的人之前，以及在身分聯繫到按時付款紀錄、房地產所有權，以及其他值得信賴的行

為之前，通常會被排除在外——不能開立銀行帳戶，不能取得信用貸款，不能投票，只能用預付電話或電費。這是為什麼這項科技是解決全球普惠金融（financial inclusion）[1]問題的最大機會之一，就是它可以協助提供這些證明。簡而言之，目標可以定義為證明**我是誰、我做什麼工作**，以及**我擁有什麼**。機關行號在把人家納為員工或事業夥伴之前，習慣問問題——身分，名譽聲望，以及資產。

企業若無法對人的身分、名譽聲望，以及資產建立清楚可靠的形象描述，就會面臨難以預料的狀況。你會雇用一個一無所知的人、或貸款給對方嗎？和這樣的人打交道風險更大，而這又代表他們必須付出更高價格，才能取得各種金融服務。他們的貸款要付更高的利息，或者在當鋪典當東西時，被迫接受很大的折扣，才能換取信貸。無法取得銀行帳戶或信用卡，他們得用比票面價值低很多的折扣兌現支票，匯票要付高額手續費，什麼都要用現金支付，而其他人卻享有信用卡二十五天免利息。貧窮的代價高昂，這意味著那是一種不斷延續的狀態。

有時候服務供應商的謹慎小心，多是礙於法規規定或遵守規則，而非銀行業者或交易商不願意進行交易——舉例來說，美國與其他已開發國家，要求銀行持有的資本必須高於被視為品質欠佳的貸款。但是許多時候，驅動因素只是對未知的恐懼。無論如何，只要可以給眾人生活的多重面向增加透明度，應該有助於機構降低提供他們融資及

1　編注：意指一套為整體人類社會，包括為金融弱勢族群提供服務的系統和作為。

保險的成本。

這並非只是開發中世界的問題。美國有7.7％的人口是「無銀行帳戶者」（unbanked），意思是他們沒有銀行帳戶，有17.9％被視為「銀行服務不足」（underbanked），意思是他們仰賴發薪日貸款（payday loan）、先租後買（rent-to-own）服務等等。巴爾的摩有14％的居民是無銀行帳戶者。曼菲斯則有近17％。而在底特律和邁阿密，這個數字是20％。還有許多中產階級的人也因為無法證明自己的現況良好而受到不公平待遇。

舉例來說，各種貸款還款方式就未被收入極為重要的FICO徵信評分。然而，西方先進經濟體中的人，大多將可靠的出生證明、駕駛執照、銀行帳戶，以及信用等級——我們取得服務的證明——視為理所當然。不出所料，改變的真正機會在開發中世界。

對於全世界超過二十億被世界銀行描述為「無銀行帳戶者」的成人，好消息就是：人道主義與金錢動機的組合催生出全球性運動，要將無銀行帳戶者帶入現代金融世界。對於尋求下個市場的人來說，這也是好消息：如果解決了這個難題，就有可能出現前所未見的經濟榮景。而這就在於吸納新市場、新顧客、新產品，以及這些人帶來的幾兆美元未利用資本。

在開發圈子廣為使用的名詞「無銀行帳戶者」會令人誤解。雖然這個名詞準確描述那些人無法取得標準的銀行服務，使他們更難參與經濟交換，但也暗示解答只在於提供他們銀行帳戶。但是就如比特幣和區塊鏈所證明的，點對點數位交換系統避開了累贅繁重、代價高

昂，而且天然就排他的銀行系統，或許是更好的辦法。

　　只不過，目前銀行還是「普惠金融」官方論述的一部分。在聯合國計畫於2030年前根除全球貧窮的關鍵目標中，有個「鼓勵並擴大所有人使用銀行、保險和金融服務」，世界銀行還有個專屬計畫稱為「全球金融普及倡議2020」（Universal Financial Access by 2020, UFA2020）。根據扶貧諮詢集團（Consultative Group to Assist the Poor），包括金融機構、基金會、捐贈者，以及投資人在內的各種團體，2013年為提高普惠金融總計投入310億美元，而且這個數字預料每年將成長約7%。

　　區塊鏈能幫上什麼忙呢？我們暫且再次後退一步，提醒自己這項技術是為了什麼而建立的：更理想的通用資訊及紀錄保存系統，永遠存在且不可改變，並對所有人開放。這個概念轉變了機構之間的談判交涉，例如政府和企業，與他們理應服務的人民。掌控了自身的資訊，我們可以主張自己身為公民的權利，並給我們一個堅若磐石的基礎，得以和人互動協商。

　　相反地，如果我們無法控制那些資訊，如果那些資訊轉瞬即逝且不穩定——無論是我們擁有的房地產資料，還是我們按時付款給房東或公用事業公司的歷史紀錄——我們立刻就落入比已有掌控權的人更弱勢的談判立場。借用德‧索托頗具影響力的著作《資本的祕密》副標題，這種不平衡是「資本主義何以在西方世界成功，在其他地方卻失敗的原因」。現在或許有機會解決這種不平衡，這是多麼令人激動難耐的念頭。

真理的替身：數位戳印

　　區塊鏈所提供的，可以歸結為有時間戳記紀錄的價值。在西方，當你買下不動產、房屋，或汽車，登記事業，生孩子，都會有個正式通知：醫院發的文件、汽車經銷商或前一個擁有者的「產權證明」、所有權狀等。每項文件都會有公證人所蓋的戳印，正式承認所有權。那個戳印是象徵符號，但有大作用。基本上，那是「真理」的替身。

　　你可能從來沒有想過，你對住家或汽車的所有權、事業的基礎，或孩子的出生可能遭到他人質疑，但如果被質疑了，你可以拿出簽章公證過的文件。有了公證過的文件，等同你被納入法律合法化的一方，真實無偽。時間戳記讓這一切都成其可能，因為它在一個人人都能查詢、普遍認同的歷史紀錄中植入一項宣言，宣告發生了一件形同里程碑的重要事件——出生，畢業，財產轉讓，結婚。

　　戳印的時間可以回溯到西元前 7600 年。第一個石刻的圓柱形印章出現在新石器時代，位於現在的敘利亞。印章很小，可以當項鍊或手鍊攜帶，甚至可以別在上衣。印章是拿來當作個人印信，從國王到奴隸人人皆有。後來這些印章從圓柱形變成戳章，但重點相同：無論是黏土還是蠟，戳章都是真實性的官方保證。

　　這個傳統延續至今，只是在富裕國家的我們同樣又是習以為常。其實，如果認真思索戳章，可能會把焦點放在尋找公證人的惱人繁瑣上。但是，戳章有不可思議的強大作用。而基本上，那就是區塊鏈給眾人的服務。這個受認可的公開公用帳本，任何人隨時可以查看，作

用差不多跟公證印信一樣：將特定時間發生的特定行為規章化，附加特定的詳細說明，而且交易紀錄不可能私下更改，無論是個人還是政府。

區塊鏈極有可能會以某種形式取代公證印信，無論是個別政府的區塊鏈平台，還是個別政府無法觸及的通用平台。因此，區塊鏈最早的非貨幣應用，有些集中在提供不可改變的公證，應該不令人意外。

最早想出文件可以這樣記錄並證明的，有德州奧斯汀的Factom，該公司設計出金融文件修改的審計追蹤（audit trail），並建立一套模式，如果廣為採用，最終將以即時進行工作取代一整個季度與年度會計稽查的產業。這個領域的另一個業者是Stampery。該公司由西班牙年輕不凡的創業家昆德（Luis Ivan Cuende）創立，他在十二歲時成立第一個大型軟體專案，二十一歲時已經有世界最創新駭客與開發者之一的名聲。Stampery將文件的雜湊值及修改追蹤紀錄放到區塊鏈，為參與談判協商或訴訟的公司提供珍貴的狀態證明。比方說，這有助於記錄多次重複出現，以及商業交易協商期間，不同律師和簽署人對契約做的紅線修改。

但我們可以從更廣泛的方向思考這種時間戳記認證流程，不只是驗證文件，更可以超越保守古板的律師和商業交易世界。就說信用評分領域，按銀行業者的說法，「取得」顧客的成本基本上相當於做盡職調查，以確保顧客信用可靠，這個成本在開發中世界高得令人難以承受。而了解一個沒有書面紀錄存底也無法輕易接觸到的人，或是沒有官方身分證明的人，需要的大量時間往往超過核准的貸款價值。

提供小額貸款給窮人的微型信貸機構一直努力要解決這個問題，包括派出專門的信用調查志工實地了解眾人，為他們擔保作證，並實地交付貸款的現金、收取還款款項。但這種模式因人事成本而無法擴張規模。所以我們或許並不意外，鄉村銀行（Grameen Bank）創辦人尤努斯（Muhammad Yunus）因為開創微型信貸產業而獲得諾貝爾和平獎後不久，違約率的增加和諸多醜聞清楚說明了這個產業的局限。數十億人依舊得不到足夠的信貸，正是因為資訊匱乏。

而這基本上是區塊鏈技術有可能解決的問題：區塊鏈可以改善資訊狀態。這個概念的擴大版本可回溯到一些人突發奇想，將比特幣區塊鏈從只為記錄及交換比特幣貨幣的平台，變成可以記錄及交換其他資產的平台。這導致各種令人耳目一新的相關構想，吸引眾多產業的創新者，並填滿了這本書的內容。

這要追溯到一個由米茲拉希（Alex Mizrahi）帶領的開發者團隊；米茲拉希根據羅森菲爾德（Meni Rosenfeld）2012年的白皮書，在2013年推出「比特幣2.0」計畫，稱為彩色幣（Colored Coin）。其概念是用現實世界資產唯一受信任、認證過的後設數據——也許是汽車底盤的序號，或是一片土地的地理空間座標——聯繫到握有控制比特幣地址私密金鑰的合法擁有者。比特幣交易包括資訊領域，因此當汽車的契據從一個人轉讓到另一個人手中，文件的雜湊值就能插入比特幣的交易，由挖礦網路證明。（這裡的雜湊過程類似比特幣礦工的工作，〈第三章〉曾說明過，只不過這裡是由持有資產所有權的人來做，或是獲得授權更新相關資訊。基本上，所有權文件的內文會顯示權利與義務

轉讓的任何改變，包括擁有者的姓名以及財產的優先權，而內文會經由雜湊演算法產生由字母與數字組成的字串。然後將這個雜湊值插入區塊鏈交易中。）

在這些例子中，使用的比特幣數量無關緊要——可能只有幾分錢，但如果要讓礦工將交易納入區塊之中，也可能需要支付更多手續費當報酬。交易只是成了載具，以此將某項權利或所有權的資訊傳達給世界。

這點之所以可能，是因為我們討論過的，區塊鏈上的加密貨幣讓金錢有了一種傳統貨幣系統沒有的功能——可以程式化，能夠傳達資訊和指令。此外還要注意，這種資產的擁有者不但用這個工具將資產寄送給別人，還能在兩個他們控制的比特幣地址之間進行交易，只為留下無法抹除的紀錄，證明他們擁有房屋、汽車，或其他資產的所有權。

實際上，比特幣要執行這樣的交易也證明是有些笨重，因為它的程式語言相當有局限性，這是為什麼功能更多的以太坊和其他比特幣後繼者，吸引了這個領域的許多心力。但是就概念來說，彩色幣是重大創舉——其創辦人後來組成一家區塊鏈公司Chromaway，承包瑞典的土地所有權註冊登記。彩色幣帶來了防竄改資產登錄的希望，將去中心化信任與不可變動這個強大的新觀念，帶入沿襲數百年的追蹤記錄財產做法——誰擁有、誰握有處置的優先權，以及所有權轉讓的日期。

如果你曾經買過房子，大概熟悉「所有權調查」的概念，但可能

不清楚為什麼有其必要。有一整個產業為了判定房地產來歷的繁瑣工作而存在。（你最不想看到的，就是為了一筆房地產砸了30萬美元，又或者更可能為此借了30萬美元，卻沒辦法真的買到手，就因為有個未通報的優先處置權。）你為了流程的這個部分付錢之後發生什麼事呢？一家產權公司調查房地產的所有權歷史，以確保沒有任何瑕疵，例如在一連串的所有權中沒有偽造文件。如果產權資訊的變更雜湊過並記錄到區塊鏈，這項調查可能就只需要幾秒鐘——不用成本，而且大幅降低詐騙主張所有權的可能。

即使在土地登錄系統運作相對順暢的已開發國家，也有個雞生蛋、蛋生雞的問題。根據你居住在美國的哪一州，決定你要遵守標準所有權制度還是托倫斯不動產登記制度（Torrens systems）[2]，各州基本以此設立登記處並給予背書。第一筆需要很多時間登錄，因為每一筆新的條目需要所有相關細節的完整紀錄。第二筆就比較容易處理，但是要調查例如優先權與轉讓等歷史細節就比較難。

從某些方面來說，區塊鏈代表抽象難懂的制度做了自動化，以達成更方便搜尋的托倫斯登記制度模式。但是這樣建立分散式帳本，需要累積銷售事件才能建立紀錄，而這可能需要經過好幾代才有意義。因此對於有改革意向的政府，比較容易的做法，就是聘用有意願的新創公司，若是有現存的登記目錄，就可將所有項目轉換為可記錄在區塊鏈的數位形式。

2　編注：審查不動產轉移的制度之一，美國部分的州採用此一制度。

無論如何，這顯然牽涉到大量的跑腿外勤工作。分散式帳本對所有權紀錄應該有巨大影響。產權保證業務會凋零倒閉；產權保證公司提供住屋擁有者保險，萬一以後發現房地產所有權有什麼問題，公司會支付損失。原本被迫將大筆金錢連續幾個月停放在信託保管的不動產投資人，就能利用這筆資本了。這對房市、股市與債市都可能有深遠的正面影響。

鬆綁僵化資本的挑戰

打破已開發世界的產權與保險業務，感覺頗吸引人。但是我們也提過，最鼓舞人心的是對開發中世界的潛在影響。因為記錄資訊的行為不但強大，還有可能改變整個生活方式，在社群的資訊保存制度建立新的信任，是個建立社會資本以及擴大經濟交換頻率和廣度的重要工具。

德‧索托已經看出區塊鏈技術是達成他終身志業的工具，給世上的窮人提供房地產產權，他這樣描述對人類行為可能產生的影響：「大家不記錄自己的原因，除了因為前蘇聯與開發中國家的紀錄保存系統破舊凋敝之外，也因為在他們交出資訊時，並不信任交付的對象……他們不希望人家有東西可以拿來對付他們。而那是防竄改區塊鏈有意思的地方──如果你可以從裡面得到正確的訊息，（人家就會發現）記錄自己確實有價值。」

如今這位秘魯經濟學家和新創公司 BitFury 合作，給自己的終身

志業注入能量。他正在喬治亞共和國進行試點，將該國的財產紀錄轉移到區塊鏈背景。還有別的地方也在進行其他試點計畫——Chromaway的瑞典計畫，另一個是由新創公司BitLand在迦納進行。即使在美國，也是方興未艾，區塊鏈新創公司Ubitquity正與維吉尼亞州一家產權調查公司Priority Title & Escrow合作，「我們要簡化追蹤與記錄流程，建立產權保管的長期鏈，」該公司的執行長沃斯納克（Nathan Wosnack）說。

　　儘管這些計畫帶來希望，但是要應用在全世界最貧窮的國家還是有挑戰，那些挑戰讓我們想到，將區塊鏈技術視為「解決貧窮」的靈丹妙藥會帶來的危險。如果這些國家要建立必要的社會資本，培養能夠運作、有包容性的經濟，還有許多「鏈下」制度建立工作需要完成。

　　其中，西非貧窮國家「獅子山共和國」（Republic of Sierra Leone）的經驗讓我們冷靜下來，當地十多個政府機構從1999年起，就努力改革管理不彰的土地產權制度。

　　目前的情況是，獅子山共和國的土地產權制度歧視多數公民，只圖利少數地主，而這些地主的權利是在昔日英國殖民制度的財產登記下最早確立的。而在那之後建立的後殖民混合制度，則充滿多方較勁爭奪的權利主張。情況如此惡劣，國土部在2008到2011年期間，一律暫停西部區域的所有土地交易。2015年才推行新的全國性土地政策來解決這些疑慮。問題是，沒有一個人真正知道究竟要從何著手。政府願意看到改革貫徹嗎？而勢必會蒙受損失的各方人馬會接受改革嗎？這還只是一個國家而已。

或許除了迦納，你會注意到我們前面提及的試點計畫，全都是拿相對可靠的現有登記資料，用不可變更的區塊鏈加以證明。目前，它們並沒有將產權帶到根本沒有這套東西的地方，或是紙本紀錄保存不善、有時破爛解體的地方。

　　關鍵原因就是「垃圾進／垃圾出」這個難題：一開始的紀錄若不可靠，就有可能建立無可爭辯的永久性資訊，將個人財產權的濫用永久保存下來。

　　針對區塊鏈新創公司Factom在宏都拉斯一項廢止的財產登錄試點計畫，英屬哥倫比亞大學教授樂米鄂（Victoria L. Lemieux）發表一篇重要研究論文，特別強調這個問題，她警告過度仰賴科技的危險。樂米鄂認為，區塊鏈財產登錄雖然有助於追蹤交易，「但也可能對資訊的真實性有負面影響。」歸根結底就是證詞的問題，而這又回到可信第三方的問題，那是在這種情況下無法完全避免的。我們能相信誰宣稱的這筆、或那筆財產是屬於誰的？那是另一個「鏈下」問題，源自於資訊原始來源的薄弱，而不在於將資料雜湊到區塊鏈。

　　就說在許多開發中國家，混亂的紀錄可追溯到幾世紀之前，而擔憂之一就是匆匆忙忙將紀錄輸入永久性不可變動的區塊鏈紀錄，會將有權勢者及貪污者的要求權「承認為」合法並永遠銘記，卻傷害了其他人。釀成這種最終決定性公認狀態的爭奪，可能引發衝突、暴力與威嚇。於是就有了乾脆讓罪犯獲勝的問題。在貧民窟中，房地產的產權通常由當地販毒集團決定。我們希望他們的世界觀經由這個制度加以認證嗎？

不過，這項科技所代表的會計審計優異制度，本身就是驅動正面行為的強大力量。區塊鏈無法捕捉到鏈下支付的現金賄賂，但可以透露無可否認的活動形態，在爭議事件中可用來當成對抗貪腐官員的證據。核發地契的每個步驟——土地調查、查訪周邊鄰居、登記契據等等——可以記錄登載到區塊鏈中。審計追蹤提供質疑官方紀錄的強大工具，而這在容易變動的登錄制度是不存在的，因為可以進行修訂而移除做壞事的痕跡。一般人在知道自己受到監視時，通常會比較謹言慎行。

　　德・索托堅持，我們不應該畏懼為眾人資產登錄產權的社會挑戰。建立可靠產權的社會與經濟益處，遠超過延續舊日不公的成本。他還以自己的經驗宣誓，從深刻烙印的文化知識中探知誰擁有什麼，並轉變成可靠的數位數據，通常是可行的。

　　在喀麥隆與塞內加爾，另一位麻省理工學院媒體實驗室研究員阿金耶米（Julius Akinyemi）發現一個辦法，利用由來已久的文化習俗解決證詞的難題。他請村中耆老判定村子裡誰擁有什麼，讓他可以將資料記錄在數位登記名冊中——由他的系統管理，而不是區塊鏈。

　　只不過重點在於，他給他們的紀錄附上一個聲譽評分制度，目的是要耆老誠實。如果他們將一片土地簽給自己的兄弟，或是將並非自己合法擁有的牲口簽給自己，受到不公平待遇的人有辦法透過評分制度表達他們的疑慮。阿金耶米表示，他發現有正向的回饋循環，耆老如今會透過正面的聲譽評分尋求認可。

土地之外，更龐大的資產登錄系統

　　既然提到了阿金耶米，就應該重點強調他的另一個構想，那是超越土地、更大的財產所有權概念。他試圖在擁有豐富生物多樣性的開發中國家，建立區塊鏈的智慧財產權登錄系統，就從與模里西斯（Mauritius）政府合作的計畫開始。

　　其概念是藉由預先登記雨林和其他生物化學豐富之地的天然資產，再代替當地社區登錄到區塊鏈成為財產所有權，那些社區就更能主張自己的權利。如此一來，他們就不會輕易遭到外國製藥公司和化妝品公司剝削，那些公司多年來就以這些地方的原料萃取，提出無數專利申請。這個概念現階段只是有個雛型，但我們在這裡提起是要指出，區塊鏈能登錄的資產遠超過土利。事實上，其他資產可能更容易量化，對於所有權也少些政治性和模稜兩可。

　　一般人說到**動產**的區塊鏈登記，例如汽車，可能是以來自內嵌RFID晶片的信號，將專屬序號記錄到區塊鏈。區塊鏈登錄可以在銷售點建立，當場以資產抵押貸款，這個流程就不需要有像官方登記等級的介入。

　　麻省理工學院媒體實驗室還有另一個計畫，領導人是本書作者之一麥克在數位貨幣專案的同事韋伯（Mark Weber）。該團隊與美洲開發銀行（Inter-American Development Bank）合作，為開源公開資產登記制度的區塊鏈科技建立基礎，可支援各種資產的所有權。其中包括大宗商品、應收帳款、設備，以及土地。該團隊的第一個測試應用是

針對開發中國家的貧農，給存放在倉庫的農作物提供不可變更的倉單。

「倉單」（warehouse receipt）是所有國家管理農業交易不可或缺的一部分。但是在開發中國家，銀行始終不願意接受以倉單抵押，因為那些倉單往往只是薄薄一張紙，在監督不良的單位中很容易複製，銀行不確定倉單有沒有質押給其他貸方，造成優先權的爭奪。區塊鏈可以確保每一筆存放的農作物只有一張倉單，而且可以保存不可變動的紀錄，登記存放的農作物有多少已經質押給誰。這是區塊鏈避免重複使用的另一個方法。

而在太陽能領域，麥克帶領的團隊正在研究一種模式，取得社區共有微電網產生的電力使用權，以此為電網外沒有完善法律制度及產權制度的社區間接提供抵押融資。物聯網新創公司Filament、納斯達克，以及IDEO Colab旗下一個團隊，已經組成團體，找到辦法將智慧電表裝置發出的信號和區塊鏈整合，證明特定光伏板產生並送出可驗證、可衡量的太陽能。

實際上，已經證明的電力流動可登記為一種太陽能認證權利，之後可以交易或抵押。如果我們要將如Filament之類的裝置連接到數位支付或智慧合約系統，加上「資料清除」開關（kill switch）一起調節電力的取用，就產生一種可遠端執行的「智慧資產」（smart property）。如果系統偵測到數位貨幣支付終止，智慧合約會撤銷電力取用直到恢復付款，或者轉移到貯存器或系統中有付款的其他地方。這在金融界有廣泛深遠的意義。

很顯然，這種協議的條款必須對各方都公平。（美國已經有人提

出，以類似資料清除解決方案取得汽車貸款的道德和安全問題。）將能源電網的控制權交給去中心化演算法，聽起來似乎並不明智。但是一旦各方都同意合約，並承認區塊鏈的中立可確保條件條款都能按照協議執行，這個模式有助於補足原本有瑕疵的法律制度，並主動降低這些地方融資的成本。

你可以想像有一名小型投資人，比如奧勒岡州波特蘭一位有綠色能源意識的退休人士，將部分積蓄投資在區塊鏈支持的貸款，為印度北方邦的微電網提供部分資金。那樣的權利可以出售給其他投資人，而對方的投資同樣保有智慧合約給予的保護。現在想像那筆擔保貸款可以和其他對微電網的貸款——有些來自微型貸款機構，有些來自信用合作社，還有些來自當地銀行——綑綁成證券化的「加密太陽能」金融資產庫，可以銷售給投資公司和更大的機構。

區塊鏈在這裡至關重要，因為可以讓投資和能源流動達到粒狀水準和微觀管理，而這在非數位世界中是不可能做到的，因為傳統金融體系的缺乏透明和高交易成本，無法維持這種小額交易。但有了由區塊鏈控管的電腦網路，可充當去中心化的自動化投資組合管理者，精密追蹤每個微電網融資方案分割後各部分的表現，至少就能想像一個更複雜的微投資集合。

這是個崇高的目標：將開發中世界的微小資產，匯聚成華爾街投資銀行可能願意買賣的大筆財富。這像是比較低端的市場，但又算比較可靠安全的不動產抵押貸款擔保證券市場，華爾街的金融工程師可藉此從大量房屋貸款中，建立投資級債券。

有沒有可能我們有一天會開啟同樣的融資革命，提供資金開展這個全世界至關重要的去中心化能源基礎建設呢？「能源」是所有社區擁有最重要的資源。如果可以為遭到邊緣化的人取得價格公平的融資，以可再生的形式取得那樣的資源，有沒有可能既可以挽救地球，又能給貧窮社區一個經濟發展平台，建立有活力的本地企業呢？

人人都可使用的貨幣

　　開發社群近來對普惠金融的前景進行投資，大部分的希望來自開發中世界的行動電話使用快速擴張，以及因此而產生的行動貨幣系統。

　　隨著肯亞在2007年首開先例推出M-Pesa，如今有93國有行動貨幣服務，有271個「上線」布局，還有101個在規畫中。但許多還只是碰觸到潛在市場的皮毛。事實上，統計數據掩蓋了一個更深層的問題。「新銀行顧客開設的（行動）帳戶有60%到90%，是一次交易都沒有就幾乎立刻成了靜止戶，」行動支付專家雷里尼（Carol Realini）寫道。

　　為什麼？這些系統大多仍舊以銀行基礎架構為底層基礎，但經營的銀行未能善加照顧「無銀行帳戶」顧客的需求，許多顧客對加諸他們的要求感到不解。同樣，執著於「有銀行帳戶」，以及努力要獲准進入這個神聖領域的人、和拒絕給他們機會的人，這種分野也是一種障礙。銀行其實往往就是問題所在──或者至少他們營運的監管與風險管理模式才是問題。也許目標根本不應該是把人送進去。

尤其是「行動信用」（mobile credit）始終難以擴大。而銀行的模型典範同樣是阻礙。一旦牽涉到信用，行動貨幣平台如M-Pesa，必須由各國的金融體系共同支持，於是又回到傳統銀行界的典型貸款核發模式。因此，較粗劣的身分證明以及主觀又定義不明的信用資格衡量標準，就成了進入障礙，特別是那些獨大的電信供應商若是利用自己的特權地位，以新電子貨幣系統的守門人之姿收取過高的費用。

包括肯亞Safariom在內的行動供應商，都不願意自己的系統可與其他業者互相操作，以確保跨電信商及跨境的交換必須經過非洲的銀行體系，而非洲的銀行體系卻是缺乏效率、笨重，又昂貴。這些本土化的行動貨幣解決方案，根本不像區塊鏈和比特幣純粹主義者夢想中的公開、非認許創新平台。這代表無銀行帳戶的窮人現在雖然更容易互相寄送款項，至少在他們本地電信公司的封閉迴路之中方便許多，但銀行體系的排他模式問題對他們依然有影響，特別是在他們需要信貸時，而這種時候往往是他們遇到了緊急狀況——無法證明他們是誰、做什麼工作，以及擁有什麼，窮人就得繼續任由高利貸金主宰割，而那些人跟其他人一樣，竭盡所能讓窮人不得翻身。

如果無疆界的加密貨幣可以廣為使用，例如比特幣，就沒有這種個人證明的需求，便能幫助窮人打破銀行與電信公司的封閉領地。這或許也會吸引創新者開發新穎的區塊鏈服務，包括信貸，進一步幫助邊緣化的群體。

科技業花了很多時間討論協助金融遭排擠（包括那些被科技業排除在外的人）的承諾。只是九年來，科技業以外的數位貨幣採用率依

然很低。問題有部分在於一般大眾心中，加密貨幣還是有和犯罪扯上關係的名聲。這在2017年大規模的「想哭病毒」勒索攻擊時又更為強化，當時攻擊者闖入醫院和其他機構的資料庫，將重要檔案加密，然後要求支付比特幣，在收到贖款後才肯將資料解密。（事件之後不免會有禁止比特幣的呼聲，對此我們想指出，美元遇到的非法活動和洗錢還更多，相較於比特幣交易又更難追查。不過，說到個人看法，那就無關宏旨了，那些事件對比特幣的名聲毫無幫助。）

另一個減分的重大因素，則是創新有助於解決的：比特幣的價格波動。既然大家目前總是從自己的國家貨幣**思考**，數位貨幣兌美元的大幅震盪就很難讓一般人把它當成交換的媒介。

誰購物時願意用會讓日用品採買帳單每週有30％價值起伏的貨幣支付呢？這是比特幣履行承諾、成為實現普惠金融工具的巨大障礙。邁阿密的牙買加移工可能發現：將近零手續費的比特幣交易，比起使用西聯匯款（Western Union）代理寄錢回家給母親的9％費用更有吸引力。但如果他的媽媽沒有方便的地方可將錢迅速換成牙買加元，匯率波動可能馬上就抹去省下來的錢。

不過，在比特幣生機蓬勃的創新生態系統中，推陳出新的創新開始解決這個問題。新創的匯款業者，例如以小型企業為主的Veem（原先叫Align Commerce），就使用比特幣和區塊鏈技術為貨幣之間轉移的「軌道」，繞過成本高昂的銀行體系。

藉由區塊鏈技術的透明和低交易成本的聰明避險策略，他們想出辦法將自己短暫持有比特幣的風險降到最低，得以將平價的費率轉嫁

給只用當地貨幣的顧客。這種方法是支付股利，明顯的例子就是最近獲得成功、創立於2013年的BitPesa，我們在《虛擬貨幣革命》做過介紹。該公司提供進出肯亞、奈及利亞、坦尚尼亞，以及烏干達的跨境支付及外匯交易，每月成長率達25％，交易量從2016年的100萬美元增加到2017年中的1,000萬美元。另外，還有報導指稱，南韓的菲律賓移工寄回家鄉的匯款，有20％以比特幣處理。

針對比特幣價格波動，有個特別新穎的解決辦法來自Abra，這個方法是讓人從一個國家用智慧型手機，直接把錢送到身處另一國家者的智慧型手機，不需要中間媒介。使用者從Abra購買比特幣，但應用程式利用區塊鏈交易的透明和低交易成本，以高科技避險系統移除了波動風險。使用者甚至不需要思考，如果比特幣的價值上升至原始購買價格，應用程式就用區塊鏈管理的智慧合約系統，以他們的帳號自動支付給第三方，價格若跌落原始購買價格則反過來收錢。

這個所謂的「差價合約」有點像是「外匯選擇權」，具有鎖定標的比特幣價值的作用。所有顧客在螢幕上看到的，就是最初轉入Abra帳號的法定貨幣價值，例如美元。如果舊金山一名菲律賓移工寄錢給馬尼拉的家人，而在菲律賓當地的人也用智慧型手機開始同樣的流程，只是合約牽涉到比特幣和菲律賓披索。這個系統可行，只因為使用區塊鏈和智慧合約，去除了管理傳統衍生性商品交易的銀行、律師、託管代理人，以及其他中間人。這就創造出更便宜的方式規避匯率風險。

只是還有另一個大問題：金融服務法規。而在紐約州金融服務管

理局於2015年首開先例，針對數位貨幣服務業者制定BitLicense法規之後，這一點又更為重要。BitLicense展現監管者慢慢轉變的心態，亦即他們要負責法定貨幣與數位貨幣交換，同時也誓言在比特幣對比特幣的範圍內，容許商務軟體開發創新的百花齊放。結果就是一套法規條例，給取得和使用數位貨幣增加昂貴的負擔。

提供從美元轉換比特幣「匝道」（on-ramps）路徑的新創公司表示，法規阻礙他們給終端用戶提供便宜的服務。許多人選擇不在紐約營運。但這是紐約，BitLicense事關重大。不但資金流動往往得經過紐約的管轄區，紐約身為世界金融重鎮的全球重要性，更意味著這個模式已經成為全世界其他監管者的樣板。（只是有許多選擇採取沒那麼嚴苛的態度。）

最大的挑戰在於，法規條件要求領取執照者要證明他們可以識別身分。這項規定與不斷對金融服務業者要求的「認識顧客」（know your customer, KYC）一致。「認識顧客」照理說是要保護金融機構避免洗錢、資助恐怖主義，以及其他不法活動。一家金融服務業公司簽下新顧客之前，理應「認識」顧客，並對該顧客可能有的風險感到放心——根據**他們是誰**，只不過是按照相當模稜兩可的定義。這取決於舊式以國家為中心的身分證明概念，若有不符合，可能加註潛在危險警示，例如禁飛名單。如果你沒有一個可靠的官方身分證明，那你就有問題。要是比特幣供應商面臨同樣的要求，並沒有比銀行更輕鬆。

而在金融危機之後、恐怖主義恐懼興起加上毒品買賣，法規也漸趨嚴格，銀行要遵守「認識顧客」，負擔也日漸繁重且代價高昂。雪

上加霜的是遇到國際金流時，金融機構與其他業者理應確知對手銀行或其他國家的資金傳輸公司，對**他們**自己的顧客做了正確的盡職調查。也曾有過大筆罰款案例——匯豐銀行支付19億美元給美國政府，和解該行協助墨西哥毒梟洗錢的指控，特別令人警醒——如果加上所有法遵工作，會讓許多金融專業人士乾脆說「不值得」。結果就是「去風險」（de-risking）現象：全世界針對銀行認為業務風險太高的人與地方，縮減信貸供應和資金傳輸服務。這直接違背聯合國和世界銀行的普惠金融目標。

　　就拿索馬利亞的困境來說。在那個百廢待舉的國家，幾乎不可能建立符合「認識顧客」正式標準的身分，當地是恐怖份子、海盜和軍閥橫行的天堂，鮮少人有足夠可靠的身分證明文件。因此，美國的銀行在財政部的方針下，基本上已經關閉美國與索馬利亞的匯款通道。結果便是：本來就極度貧困的國家，資金更加匱乏，不得不採用昂貴又不可靠的黑市，讓資金進出國內。我們想不出還有其他比這更成熟的環境，方便與基地組織相關的東非洲最大伊斯蘭好戰團體青年黨（al-Shabaab）招募新血。我們稱這樣的結果是重大的**#KYCFail**（認識顧客失敗）。

　　那麼，區塊鏈能幫上什麼忙呢？這個嘛，公開交易數據經分析之後，可以得到特定節點或比特幣地址的「風險圖像」（risk profile），卻不需要知道用戶的姓名。區塊鏈新創公司如Chainalysis、Elliptic，以及Skry，都已經有專案與執法單位合作，利用大數據分析、網路科學和人工智慧，評估比特幣網路的資金流動。這很像Netflix藉由用戶群

收視習慣的大數據分析，了解你可能想看什麼樣的電影，分析比特幣網路的交易流動，可以透露用戶行為的各種深入細節，甚至是可能的意向。

新的加密貨幣如 Zcash 和門羅幣，是針對 Chainalysis 等業者的努力做出支持隱私的反擊，當然也可能給罪犯一個更有效的方法隱匿行蹤。但是我們在這裡著重的比特幣使用案例，並非如何逮到罪犯本身，而是如何讓誠實的系統用戶**證明**他們並非罪犯。這代表沒有身分證明、也沒有什麼需要隱匿的人，在用比特幣移動資金時，他們的行為可以加以分析並證明他們現況良好。

利用社群人脈引進區塊鏈、智慧合約與代幣

社會建立自己的貨幣以及銀行體系，媒合借方和儲戶已有悠久歷史，若能夠解決信任問題，這些體系就可擴張規模。如今，有些區塊鏈開發者想出策略利用這些久遠的體系，有一天或許會讓銀行變多餘。

有個正在探索的領域就是社區的「儲蓄互助會」（savings circle），最尋常的形式就是輪流儲蓄信貸協會，或稱合會（ROSCA）。這些地方性的方法在不同地區有不同名稱——印度的銀會（chit fund），印尼的互助會（arisan）、拉丁美洲的 Tanda，西非與加勒比的 Susu，中東的 Game'ya，以及日本的賴母子講（tanomosiko）——但基本做法相同。

一群彼此認識且信任的人，定期將一定金額的錢投入共同儲金，例如每月 50 美元。然後這筆共同儲金定期拿出給其中一名成員，實

際上就是一種信貸。所有人在那之後繼續投入金錢，直到下次將錢發給下一個人，以此類推。這種制度意味著除了最後一個人，所有人其實在某個時候拿到了無息貸款。而你要付出的唯一代價，就是有責任在拿過錢之後繼續投入金錢。

這些制度向來仰賴緊密的友誼和親屬關係日積月累的信任。如果人人都認識你，你拿到錢之後想不再履行繳錢的義務就困難得多。但是那種信任模式對於規模擴張造成實質限制。

就說「鄧巴數字」（Dunbar number）——人類學家鄧巴（Robin Dunbar）提出的理論，意指任何人可以穩定維繫人際關係的人數，最多是一百五十人。言下之意就是，互助會的圈子必然相當小，因為每個成員都得在互助會其他所有會員的一百五十人信任群組之中，而隨著團體的規模增加，這種可能性會持續下降。

這個時候或許就能引進區塊鏈、智慧合約，以及代幣。麥克擔任顧問的一家新創公司 WeTrust，正用這些科技為合會補充結構、自動化，以及以代幣為基礎的獎勵誘因，讓參與者不得不「做對的事」。事實上，這或許代表傳統合會可以增加並非人人都熟識的新成員。不同於「認識顧客」解決辦法是尋求更聰明的方法讓人證明自己的身分，這個辦法降低了進入障礙，是從制度本身找出有效率的方法，因此「認識顧客」就不那麼重要了。

無論 WeTrust 的模式是否可行，或許都能幫我們學到很多，了解這些新的演算法式、分散式信任制度，如何與根深柢固的古老社會信任網路相互配合。我們認為很重要的是，解決窮人遭遇的挑戰，並非

只有自認最了解狀況的矽谷創投業者千篇一律的辦法。解決方案必須熟諳社會的底層文化結構，並量身打造。

雖然我們應該追求類似WeTrust的解決辦法，專注在減少身分識別負擔以達到普惠金融，但現實情況是每種文化的核心自有一套身分識別制度。處理身分問題是不可避免的。不過，在剝開一層層「身分」的意義時，如同下一章會看到的，我們發現那是個非常有爭議的議題──在網際網路時代充滿了安全風險和社會對立。那是一些最激進的區塊鏈應用概念，如今正在從事的領域。

Eight

拿回你的身分自主權
A Self-Sovereign Identity

🔒 重新定義「身分」這件事

🔒 前路坎坷：終結對第三方認證的依賴

🔒 真的可以「不」處理身分問題嗎？

一直到不久前，負責確認個人身分的五大機構，公認是五大國的政府：中國、印度、美國、印尼，以及巴西。但現在有一群強大的新競爭者在執行以前由這些政府處理的功能。而且他們並非是執行由政府標榜的標準「官方身分證明」功能，例如核發出生證明、護照、國民身分證等等。

　　值得注意的是，這些新進者的其中三者——臉書、Google、推特，如今名列前五大名單之中。這些公司現在從事的重大業務，就是核查我們對自己身分的說法。在建立社群媒體帳號時，我們其實是在建立可驗證的身分，讓第三方得以存取並證實這些說法——於是以「單一登入」（single sign-on, SSO）制度存取其他網站的用法日益增多。

　　這些新的「身分」有多少是由這些科技巨擘管理的？臉書用戶目前超過二十億人，Google有十二億人（透過Gmail），推特的活躍用戶數量約為三億兩千萬人。如果這些公司對我們生活的影響力有一個衡量標準的話，肯定就是他們握有真正能定義我們身分的資料。

　　這種企業入侵在西方已經激起強烈反彈。史諾登揭露美國國家安全局監視個人資料，也牽涉到類似這樣的公司，並將這個議題推入了大眾的辯論之中。劇作家葛拉姆（James Graham）引人入勝的戲劇《隱私》（Privacy），紐約首演由《哈利波特》電影明星丹尼爾·雷德克里夫（Daniel Radcliffe）領銜主演（還有一段史諾登本人客串的影片），而當大螢幕顯示出那些為使用叫車服務Uber的人，允許提供電話上的資料，觀眾對於資料如何遭人蒐集、累積並用來對付他們，開始心生忐忑。

如果說揭露對我們數位足跡的追蹤，在富裕國家滋生焦慮的話，那麼開發中世界人民面臨的問題正好相反：有關他們的活動數據太少。他們無法證明「他們是誰」。而根據世界銀行統計，還有二十四億人沒有官方形式的身分證明，這又使這個問題更加困難。他們非但無法開立銀行帳戶、申請貸款，或旅行，缺乏文件憑證讓他們更容易遭受暴力犯罪攻擊。

根據聯合國教科文組織針對泰國山地部落兒童的研究調查，缺乏正式公民身分地位和身分證明，是造成人口販賣的**單一最大風險因素**。這些兒童在法律上並不存在，所以難以追蹤；他們因此容易遭受無法言喻的悲慘遭遇。在聯合國難民署和非政府組織為難民設置營區時，必然會引來人口販子利用他們這種無助荏弱的狀態。

前銀行業者兼金融科技創業家艾吉（John Edge）在看過劉玉玲監製的影片《米娜》（*Meena*）後深受感動，打算為這個問題盡點心力；《米娜》講述一個印度小女孩遭綁架離家、被迫賣淫。艾吉在得知營救無身分證明兒童的艱辛後，認真思考區塊鏈技術或許可以扮演身分的通用證明，只要建立一個全球性防竄改的個人重要資訊登錄系統即可。

艾吉成立一個機構ID2020，命名表示最初目標就是在2020年前，為全世界的兒童建立安全的數位身分證明。（這個目標之後會轉為配合聯合國，2030年前讓所有人都有官方身分證明的長期發展目標。）他很清楚，在應用區塊鏈的通用身分理想實現之前，需要解決哪些問題。誰能證實孩子的身分？在兒童成年之前，誰來負責控制及保管用

於存取紀錄的私密金鑰？

2016年5月，艾吉與聯合國合作在ID2020的創立高峰會上，於聯合國召集大約五十家科技公司，以及同等數量的外交官和非政府組織，探索數位科技怎樣解決身分證明難題，主要就是指區塊鏈。他們很快就清楚發現：科技專家的態度迥異於政府官員。

對外交官來說，正如他們受雇於政府，政府核發官方身分證明──駕駛執照，護照，出生證明──是神聖不可侵犯的。他們認為個人身分證明的核發與認證是國家名正言順的任務。相反地，對國家權力戒慎恐懼的科技專家，提出的方法則成了會議上的流行詞彙──身分自主權。這個概念主張，個人最好根據**自己**累積、且**自己**控制的生活相關資料，建立證明自己是誰的證據，而不是由政府累積和控制的資料。那是比外交官的想法獨立自主許多的身分證明概念。

而大家普遍同意的是，有賴書面文件如駕駛執照、出生證明、以及護照的「類比身分」（analog identity）已經過時，我們必須發展「數位身分」（digital identity）的標準與模範。若不這麼做的話，個人和機構都將被現代經濟的效率拒之於門外。這個論點認為，隨著以電子形式提供的服務愈來愈多，我們需要更理想的數位介面，這樣個人、公司和機器才能更容易識別並獲准存取那些服務，不用核對大量不可靠的書面文件。

這個新興數位身分模式的起點，就是「公開金鑰加密」（public key cryptography），也就是我們在〈第三章〉討論過的，根據數學的密鑰配對，讓使用者授權比特幣和其他區塊鏈的交易。〔1976年由迪

菲（Whitfield Diffie）與赫爾曼（Martin Hellman）發明的公開金鑰加密，遠較比特幣更早出現，而且廣泛使用在其他網際網路應用的安全用途，包括電子郵件。〕

就像公開金鑰加密讓比特幣用戶以私密金鑰「簽署」比特幣地址（其實就是他們的公開金鑰），證明地址是由他們控制，而認證一個人特質的機構，也可以用同樣的數位簽章模式，為認證賦予權威。這種配對可以建立不可辯駁的紀錄，例如你上的大學確認你有拿到學位，公用事業公司證明你有繳電費，或者出生登記處證實你的出生證明是真的。

各種區塊鏈開發者，包括微軟在內的大型科技公司，都試圖將那些機構簽署的證明納入區塊鏈交易，擴大這個數位簽章系統。其想法就是多增加一層安全保護，因為證詞寫入只可添加、不可更改的帳本之後，認證機構就不能撤銷——就像比特幣交易不能推翻一樣。但是將區塊鏈用在這個用途的想法，在身分證明專家之間卻有爭議，所引發的爭辯我們稍後會再討論。

無論使用什麼工具達成目的，我們認為社會必須邁向一個更為去中心化、數位、最終達成身分證明自主權的模式。

不管身分證明本身究竟是否存在於區塊鏈，將身分數位化並可用密碼證明，對許多無關身分證明的區塊鏈發展都至關重要。而且還有更加重大、而且算得上更加迫切的原因，鼓勵創造一個制度，讓個人對於自身的特質證明如何蒐集、儲存，以及傳播有更大的控制權。2017年9月發生的Equifax駭客攻擊事件中，一億四千三百萬人的姓

名、社會安全碼、銀行帳號等等遭到入侵，暴露了仰賴公司集中式穀倉、封閉管理所有高度機密的個人資料，會讓我們暴露在他們的弱點風險之下。正如我們在〈第二章〉討論到的，這些不斷擴增的蜜罐已經成為吸引攻擊者的誘餌。而「身分自主權」或許就是解答。

政府對這個趨勢感興趣，多少有鼓勵作用——只是政府談的大多是「數位」部分，而非「自主權」部分。許多政府認定的是以**他們**控制的集中式系統為基礎的數位身分證明，其中又有許多人在安全方面偏愛生物辨識，例如指紋和視網膜掃描。

在開發社群的許多政府官員心中，這個數位光明未來的明星在印度。印度政府已經著手進行浩大的任務，給每個國民做身分認證，將他們與各自的生物特徵細節等數位紀錄做結合（主要是指紋），並將該資訊附加到一個大型的集中式資料庫。在我們寫作之際，這套稱為Aadhaar的系統已經核發出十一億個專屬身分認證號碼，其中四億分配到了銀行帳戶。

這個系統有不可否認的優點，應該能為多種數位服務的供應提供無縫的認證流程，無論是開立銀行帳戶還是存取個人醫療紀錄。而一整個軟體開發產業在印度的海德拉巴及班加羅爾等城市如雨後春筍般出現，建立可在Aadhaar之上運作的應用程式。

舉例來說，印度銀行業者IDFC Bank在2017年初推出Aadhaar Pay服務，給商家一個Android應用程式，能接受來自與銀行帳戶連結的Aadhaar身分付款。國民支付再也不需要信用卡或電話，只需要他們的手指和Aadhaar號碼。這項服務正好協助總理莫迪根據他所稱

的「JAM三位一體」政策[1]，發展無現金新經濟的努力——指三合一的互動新技術：該國銀行被迫提供僅有支付功能的新 Jan Dhan 銀行帳戶；Aadhaar 網路；以及行動電話通訊（mobile telephony）。

同樣沿著數位身分路線更進一步的，是規模小得多、但更富裕的愛沙尼亞。愛沙尼亞的全國身分證明系統依然使用實體卡片，但是卡片內嵌的晶片可充當各種公共服務和身分證明系統之間的介面。政府鼓勵民間部門的服務供應商連結到證件卡。愛沙尼亞甚至透過備受讚譽的網路居留（e-residency）方案，將這些身分證明服務延伸到外國人，即使外國人並未在當地生活，也可以輕鬆證明自己在該國的網路居民身分，並能輕鬆在當地經營事業。

該國的數位身分證明給持有者一站式存取點，證明他們有權利參加各種五花八門的服務項目，從健康醫療服務，到公民透過智慧型手機和電腦、參與全國選舉的革命性網路投票方案等。這個基礎建設同樣也引起一窩蜂的創新活動，有些將愛沙尼亞的身分證明系統連結到更高層的區塊鏈服務。舉例來說，納斯達克就引進區塊鏈專案進行股東投票。

印度和愛沙尼亞的方案雖然具有開創性，但不可否認，這些國家經營的集中式資料庫也帶有風險。目前兩國都是由良善的政權管理，似乎尊重公民的隱私。但是一定都存在擔憂，就怕有惡劣的官員——

1　編注：J意指「Jan Dhan Yojana」（印度文：普惠金融）、A意指「Aadhaar」（印度文：數位身份認證系統）、M意指手機（Mobile Phone）。

甚至是未來有流氓政權上台——可取得個人資訊，用在邪惡不良的用途，例如勒索敲詐或是更惡劣的用途。

莫迪或許立場溫合，但他所屬的右翼印度人民黨有激起印度教民族主義（Hindu Nationalism）對抗該國穆斯林少數的前科紀錄。如何阻止容忍度較低的未來印度人民黨政府，有一天因為人家的族裔或宗教，而利用這個生物辨識資料針對他們？至於愛沙尼亞，它脫離蘇聯的極權控制不過幾十年，但已經有一組來自美國和英國的資料安全專家提出忠告，指出該國的網路投票系統非常容易受到駭客攻擊。

我們可以從紐約市看到這種危險的最新例子。當地始終有合理的疑慮，擔心川普當局可能以強制傳喚，要求市政府解開簽署紐約市身分證明方案的移民資料庫。這項方案的立意良好，目的是幫助許多在當地居住數十年、卻沒有文件證明的人，可以取得服務並建立信用紀錄，同時協助市政府更有效監督及管理供應的服務。但是到最後，這個擁抱「庇護城市」信條、對抗川普反移民議程的自由派大都會，卻在無意中建立資源，讓政府部門得以尋找、發現，甚至可能驅逐那些人。

這個例子讓我們想起隱私與運算服務公司 Rivetz（Rivetz Corp.）執行長斯普拉格（Steven Sprague）的嚴正警告：「縱觀歷史，身分證明始終被當成武器。」這些集中式個人資料蜜罐的弱點，強烈證明身分資訊的控制權必須去中心化，而這正是區塊鏈能發揮作用的地方。

重新定義「身分」這件事

我們通常將身分與官方紀錄混為一談。因為國家在**證明**我們的身分上扮演關鍵角色，所以滲透到我們對「自己是誰」的定義之中。

不過，就像身分政策專家伯奇（David Birch）說的，身分其實有三種：我們的法律身分，這和個人的可辨識性有關；我們的社會身分，這是從我們對外與社會互動、建立的人際關係，以及散發出自己是誰的信號塑造而成的；還有我們的個人身分，也就是自我認同。

後面兩種身分比較不固定，特別是在社群媒體的年代，我們的文化更開放接受何謂為「人」的新定義，不管是細分到根據性取向、性別，還是宗教、人種，或民族劃分。只是真正強大的是驅動這些變化的科技，同樣也使得「我們是誰」這些更為動態的層面，有可能變成**證明**工具──主要是在社會身分領域。我們的朋友圈和互動交往組成一個信任網，這個信任網本身有強大的資訊價值。如果這個圈子包含大量基本上可以信賴的人──例如，當中沒有人在禁飛名單中──就有可能以相當高的概率推論出你也同樣可以信賴，或者至少應該給你正分，由其他信賴度衡量標準來加以確認或質疑。

不過，要做到**身分自主權**，必須給予個人控制權，掌控珍貴的身分識別資料，而不是交給政府，也不是交給像臉書或 Google 之類的公司。有些公司企圖證明區塊鏈有達成這個目標的潛能。但是在進行檢驗之前，不妨重新思考如果有那樣的自主控制權，我們會怎樣處理自己的資料。例如，可以只將取得特定服務所需的資訊，選擇性透露

給其他人。

在這個隱私風險年代，保護這些資料至關重要。數位化讓我們將資料分解成粒狀資料或指定資料，就能做到保護工作。另一方面，類比身分證明如駕照和護照，則是靜態的，不能讓你抽離出不同的資訊。

當你對酒保出示證件證明你的年紀可以喝酒時，最後分享的其實更多：你的全名、性別、證件號碼、地址、生日，身高，甚至眼睛顏色。（我們也不解紐約和紐澤西的證件為什麼要列出最後一項。）這種分享太多的情況，隨著夜店用身分證件掃描技術檢驗真實性而變得大有問題。你真的願意讓那個猥瑣的保鑣掃描你的姓名和住址後，將資料蒐集起來嗎？

我們必須跳脫使用某些服務、就要證明完整**身分**重點的模式，轉向一個只要證明我們有特定要求之**特質**的模式：我們的信用評分超過一定門檻，我們確實從自己宣稱的大學畢業，我們出生在今天的二十一年前。這種可證明的數位資料，連結到我們所做的事、維繫的人脈關係，以及累積的認證與資格，理論上可以做到。

世界經濟論壇對這個數位傳送特質證據的新興概念大有貢獻。在一篇〈數位身分藍圖〉（*A Blueprint for Digital Identity*）的報告中，作者群提到我們所知的身分，可以分解成三類特質。**固有特質**（inherent attributes）是個人本身具有的，通常固定不變，包括像年齡、身高，指紋、或出生日期等特點。**累積特質**（accumulated attributes）通常會隨著時間而改變，而且可包含如醫療紀錄以及透過線上購物活動而建立的購物偏好等。**指定特質**（assigned attributes）則是由外在的實體

機構以一定的權威賦予使用者，包括政府給予的護照號碼，或是網路信箱供應商提供的電子郵件地址。

在選擇性釋出不同片段的特質時，我們不會以靜態、無所不包的法律意義確認自己的身分，而是證明自己不同**角色**的層面——符合這個快速發展領域的用語。麥克在麻省理工學院媒體實驗室的四位同事——彭特蘭（Alex "Sandy" Pentland）、哈德約諾（Thomas Hardjono）、許萊爾（David Shrier），以及瓦拉道斯基—伯格（Irving Wladawsky-Berger）——在提交給美國國家標準與技術研究院（U.S. National Institute of Standards and Technology）國家網路安全促進委員會（Commission on Enhancing National Cybersecurity）的意見中表達得最清楚：

穩健可靠的數位身分。無論是個人還是組織，身分是解開所有其他資料及資料分享功能的關鍵。數位身分不但包括隨處可用、獨一無二且難忘的憑證，還有存取所有身分相關資料的能力，以及在不同情況下呈現不同「角色」的控制能力。這些化名身分或角色，包括「工作的你」、「醫療系統的你」、「政府眼中的你」，還有許許多多特別按照你和對方獨特關係而呈現的排列組合。這些化名身分各自都有不同的資料存取，只由核心的「生物的你」擁有及控制。

這些概念中最為激進的部分——大多數人將之與聯合國外交官的「官方身分」假設混淆的部分——就是我們累積的數位足跡和線上足

跡提供太多資訊，威力遠超過官方文件的資訊，例如出生證明和護照。

在強大的大數據與網路分析年代——現在更有區塊鏈的分散式信任系統加強，確保資料的完整——我們的數位紀錄用來定義我們是誰，是更為可靠的行為指標，遠比放進輕易就能偽造的護照和護貝證件卡中、容易出錯的證詞更為可靠。任何人只要能用手機GPS功能累積的數據，證明他們每天有大約八小時待在一個和自己家有一段距離的定點，就能有效證明他們有工作。他們的收入或許沒有附薪資單；他們也許拿不出銀行帳戶；但是工作至少是構成申請貸款資格或其他服務的因素。

這裡頭有兩大挑戰。第一是：怎樣包裝這些個人資料，既能透露出與我的生活相關的資訊寶庫，但又不會破壞我的隱私和獨立性？這個問題適用於實體或線上世界不斷累積的數位足跡，以及像銀行與大學等第三方，提供有關我們特質的聲明和憑證。

這些年來，密碼學家想出許多巧妙的辦法，讓人可以用數學證據證明某些說法為真，但不會透露證據底下的細節。這些策略屬於「零知識證明」（zero-knowledge proof），也就是甲方可以用機率和其他數學工具，向乙方證明甲方知道某個開放存取的祕密，卻不用透露那個祕密究竟是什麼。

一個常被引用的現實世界例子提到，一個色盲的人在沒有色盲的朋友告訴他，面前的兩顆球完全不同，一顆是紅色而另一顆是綠色時，他並不信任那個朋友。那個朋友要證明自己是對的，可以請色盲的人把球拿到背後交換幾次，記住哪一個是什麼顏色，然後一再拿出

其中一個問對方是什麼顏色。如果對方能反覆再三地正確說出那一顆球是紅色，而另一顆是綠色，他就能接受機率為證據。

另一個具有巨大潛力的零知識方法，就是「同態加密」（homomorphic encryption），這是讓電腦就綜合起來的資料庫執行運算，由此找出有用的資訊，卻不清楚組成份子的細節。要理解這個概念有個簡化的例子，就是一群不想透露個人薪資的員工，該如何算出團體的薪資總額，以及每個員工的平均薪資？第一個人先隨機想出一個數字，再將自己的薪資加上該數字，然後悄悄地將兩個數字的總和告訴下一個人，第二個人又加上自己的薪資之後，再將新的總和悄悄告訴下一個人，並依序進行下去。到了最後，再將總數傳回給第一個人，由這個人扣除最初的祕密數字，算出薪資總額以及每人平均數——也就是基礎的人力計算。

這些基本數學概念烙印在複雜許多的密碼軟體程式，讓電腦科學家針對需要保密的資訊，施展各種令人驚奇的手段。而且因為電腦將所有資料——無論是一段文字、一張照片、一個GPS座標，還是像薪資一樣的價值——縮減成用數字代表，這些方法可以用來為數位世界的個人資訊提供保護。

至於第二個重大挑戰則是：該如何維護對個人資料的唯一控制權，但又能讓服務供應商確信資料正確無誤呢？這是區塊鏈創新者潛心投入的任務。

一個關鍵重點就是，如果資料的驗證交付給去中心化的共識決網路，一旦確認並以規定的格式記錄後，個人或特定機構就無法做修

改，無論是政府或公司都一樣。另一個關鍵重點是，唯有相關的個人、公司，或機器才能獲准將可加密的相關資料項目打包給需要的第三方。這是個複雜的問題，但也是包括一些知名機構在內的許多研究實驗室專心致志研究的問題。

這個領域的主要新創公司包括：Mooti、Civic、Procivis、Tradle及BanQu，它們都企圖取得第三方的證詞，例如銀行或證照核發者，並轉換成可攜式身分證明服務。前四家公司是採針對大範圍市場的通用做法；BanQu鎖定的是針對窮人及邊緣化族群的服務，包括失去身分文件的難民。

同樣在進行的還有「身分局」（identity bureau）概念，或者借用金融業法遵主管的用語，可稱為「認識顧客」局。就像徵信所，如果一個人的證書或特質經過機構認證，而該機構被公認或授權為可信任的身分證人，那麼這樣的認證可以用來取得第三方供應商的審核許可。這有點像是這一小節開端時描述的臉書單一登入機制，但因為區塊鏈提供的證據並不仰賴像臉書之類的集中式機構，所以這種身分驗證形式可以和其他系統相互操作，對個人來說代表可以攜帶——可以帶到任何地方，而且所有人都知道可以信賴。包括西班牙對外銀行、加拿大帝國商業銀行（CIBC）、荷蘭國際集團（ING）、法國興業銀行（Societe Generale），以及瑞銀集團在內的銀行聯盟，已經和區塊鏈研究公司R3 CEV聯手，建立這樣的概念驗證。

理論上，這些系統可以去除公司進行辨識與盡職調查流程中，大量的文書工作和法規遵守，降低成本，減少摩擦，同時可望提高融資

取得。但是它們也可用在更廣泛的社會公益，協助推動普惠金融。

舉例來說，美國沒有文件證明的移民，可以找大使館當他們的「認識顧客局」。大使館提供可查證的身分數位戳章，可讓匯款公司接受而不必要求個人的實際身分證明。只要大使館認證的辨識符碼能夠與可追蹤的比特幣交易連結，以比特幣進行的資金傳輸業者就能讓這個人執行完全合法的匯款，但還是有強大的辦法控制洗錢和其他風險。

並非只有新創公司在探索區塊鏈身分證明領域。微軟、IBM，以及英特爾都非常嚴肅面對這個領域。微軟企圖找出一個嶄新的全球性身分解決方案，正與全世界的開源開發者、以及比特幣和以太坊的兩大基礎架構開發者合作：前者是Blockstack，後者是智庫ConsenSys。

根據微軟首席區塊鏈策略師羅德茲（Yorke Rhodes）的說法，這個全面性的目標是「以區塊鏈為基礎的開源、自主性身分系統，讓人、產品、應用程式和服務，能在區塊鏈、雲端供應業者，以及組織之間相互操作。」該計畫的企圖遠大：如果能夠建立一個可相互操作的標準架構，讓人在一個**他們**控制的區塊鏈地址累積自己的資料，該地址就能成為單一的基本分散式身分層，可開啟各個不同帳本與區塊鏈生態系統的數位大門，並讓創新者得以開始建立切合那些身分的強大應用，開啟去中心化商務世界的大門。

前路坎坷：終結對第三方認證的依賴

清楚解釋主流區塊鏈「身分管理模式」的部分層面很重要。重要

業者如ConsenSys、Blockstack，以及微軟正在發展的基本概念，並非將某人或某個實體的身分證明資料，直接儲存區塊鏈上的交易中。那很快就會淹沒分散式帳本有限的儲存容量——比特幣肯定如此。

更確切地說，資料會存在**鏈下**，不管個人或機構選擇儲存在哪裡：他們自己的電腦上、智慧型手機上，或是其他裝置上；或是IBM、微軟或亞馬遜Web Service的雲端運算服務。這些選項當然都需要對供應商有一定程度的信任。因此有意思的是，一些在網際網路上儲存資料的新興去中心化系統，例如Maidsafe、Storj、星際檔案系統（Interplanetary File System, IPFS），或Sia，都宣稱是針對身分用途的個人資料管理工具。那些代管系統並非由公司控制。

不過，還是有些重要資訊必須儲存在區塊鏈環境中。首先，就是金鑰配對資訊，根據的是我們之前討論過的公開金鑰密碼，而不是認證機構的簽章，只不過這種情況是個人決定以自己的私密金鑰，和其他人分享哪些身分識別資訊。一個人或機構簽署的公開金鑰，可明確聯繫到一個在現實世界具有意義的名字或身分——譬如Paul Vigna 1、MichaelCasey9432、Acme Corp，或者theageofcryptocurrency. com。使用者以這種方式向區塊鏈的驗證電腦說明，乃至於對整個世界證明，「他們有這個名字的控制權」，而且只有他們才有，因此可以合法地連結到儲存在鏈下的資料。

利用這個模式，我們想像麥克要應徵一份工作。他要向潛在雇主證明自己畢業於西澳大學，可以（一）用私密金鑰簽署他的Miachel-Casey9342公開區塊鏈地址，以及（二）利用同一私密金鑰簽署一份

他的西澳大學學位數位紀錄或雜湊值，而這份紀錄是由大學加密簽署過，且由他儲存在鏈下。這些動作合起來就建立一個不可變動、可驗證的紀錄，內容是麥克宣稱自己是澳洲的大學畢業生這項特質。重點是，有了能力建立一連串有時間戳記的事件，這些區塊鏈交易就可以確認：連續資料存取權利是由具合法權力的單位控制，也就是使用者。

如果說這個流程聽起來很複雜，那確實如此。不出所料的是，有許多人懷疑區塊鏈科技解決身分證明問題的能力。「身分」充滿了隱私風險，而且就像我們在前一章探討認證房地產產權時提及的問題，身分的證明繫於某個外人的證詞，而這又將我們帶回古老的可信第三方問題。舉例來說，在許多情況下，我們還是需要銀行的確認（證明我們有非詐騙的銀行帳戶），或者大學的確認（證明我們有學位），或是網路信箱供應商的確認（證明我們有個合法的電子郵件地址，而且不是機器人）。

這些貶低區塊鏈的人未必來自過時的「官方身分證」族群。其中也包括頗具影響力的數位身分證明倡議者，例如威爾森（Steve Wilson），他強烈支持從過時的靜態個人身分模式，轉為密碼驗證特質的模式。「公有（非認許）區塊鏈刻意且得意於避開第三方，但是在多數情況下，沒有第三方為你作證，你的身分就什麼都不是，」威爾森對科技新聞網站TechCrunch說。「區塊鏈對有些東西來說很好，但它不是魔法，而且絕對不是為了身分管理（identity management, IDM）問題而設計的。」

但如果真的可以徹底終結我們對第三方認證者的依賴呢？如果我

們想要用區塊鏈模式來證明我們可以做什麼、或買什麼，確認我們透過線上生活被動累積的豐富數位資訊，資訊價值要高於仰賴第三方確認我們的生活大小事——出生、學歷、第一份工作等等。如果我們運用適當的加密方法隱藏敏感資料，像是豐富的數位足跡，照樣可以透露我們建立的社交網絡概況，顯示跟我們來往的到底是中輟生，還是有研究所學歷的人。此外，還可以從我們的付款紀錄、睡眠形態、旅行，當然還有線上瀏覽當中，採集到有用的資訊。

如果社群媒體公司和其他蒐集這類資料的公司，可以同意後設資料（metadata）開放標準，就能形成新的身分文化，而且資料價值遠高於任何信用評分管理業者產生的東西，例如Equifax。這正是新類型演算法信貸評分公司，以及其他這類大數據新創公司在做的工作。將那些都放進區塊鏈證明系統，可能是一種有強大效力的方法，讓人信任彼此並擴大他們的社會交換與經濟交換。

但這麼做也可能是專制壓迫。借助演算法對我們的行為做解釋，這有嚴肅的社會含意。若是執行不當，我們幾乎可以確定會創造有偏見的「價值」基準，基於文化、情況、或個人因素，歧視那些不符合演算法標準的人。如果我查看很多共和黨的政治網站，我的信用評分會更好還是更壞？這是危險的領域了。就像化名加密貨幣記者高爾特（Juan Galt）所說，信任網可能變成歐威爾式的「惡事網」。

頗具影響力的加密貨幣思想家安東諾普洛斯（Andreas Antonopoulos）認為，問題在於一開始就企圖解決身分問題，他認為這違反比特幣開放、非認許架構所代表的意義。區塊鏈開發者建立這

些身分／聲譽工具，他認為是在推廣「傳統金融體系的遺跡。」他說，過時的金融機構，例如銀行，需要聲譽充當「替代品以辨識特定身分的相關違約風險」，因為他們無法妥善可靠地管理風險。

安東諾普洛斯主張，我們應該做的，不是擔任法官和劊子手，做出「過去的行為可讓我洞悉未來行為」的假設，而是建立系統，更完善管理貸方投資組合的違約風險。他贊同比特幣有工具可以做到。這項科技有很大的力量可防護風險：智慧合約；多重簽章控制，以確保雙方都不會在沒有對方簽署交易時，抽走資金；自動化託管約定；以及更明顯的是，公共帳本的高透明度和粒狀資訊。換句話說，投資人已經有工具可以防範損失的風險；誰還在乎跟我們進行交易的人是什麼身分、過去有什麼行為，以及聲譽如何？

真的可以「不」處理身分問題嗎？

安東諾普洛斯的反應帶給人心生嚮往的自由意志主義願景，將隱私視為一種要保護的價值，以便促進經濟交換。但是它實際可行嗎？我們的整個經濟體制建立在或可稱為**身分—金融情結**（identity-financial complex）的東西上，這種模式深植於社會賴以完成工作的信任架構。辨識他人身分——無論是藉由過時的政府文件類比工具、動態蒐集個人管理自身的數位足跡，還是直接問人家的姓名——仍將是與人、與機構進行交換的必要條件。

因此，儘管這些支持與反對的意見可能讓你頭昏腦脹，現實情況

是我們還是有個大麻煩。我們確實需要修正失靈的身分與個人安全模式，並做好迎接數位時代的準備。最重要的是，我們需要大家掌管自己的資料，推動身分自主權的賦權理想。想方設法達成這個目的是第一要務。

　　關鍵的處理辦法，就是設法幫助大家管理自己的私密金鑰，才不用擔心失去這個用錢及分享個人辨識特徵的重要密碼。如果你忘了工作上的密碼，可以請系統管理員給你建立一個新的，但是沒有管理比特幣區塊鏈的人能做同樣的事。看似明顯的解決方案 —— 生物辨識 —— 也有嚴重的問題，甚至超過前述印度 Aadhaar 方案的隱私議題。這個問題就是，萬一生物辨識特徵被盜，就無法重新設定。（你沒辦法想出一個新的指紋或視網膜。）而且駭客也用實際例子證明，他們輕而易舉就能利用油灰從酒杯偷走指紋，然後破解蘋果 iPhone 的 Touch ID 系統，或是用照片騙過臉部辨識程式。

　　我們也要清楚知道：儘管比特幣社群有自救哲學以及「當自己的銀行」心態，多數人卻寧可委託專業的託管人來照顧他們最敏感的資產，也不願意自己去煩惱那些。大多數人已經被無數需要記住的網站密碼弄得焦頭爛額，更別說還要照顧自己的數位身分或加密貨幣資產私密金鑰。事實上，這種託管模式正是許多比特幣錢包供應商的建構方式，包括最大的業者 Coinbase。你找 Coinbase 為你執行比特幣交易；你其實不是自己動手做。

　　為了避免把我們帶回舊日仰賴銀行的不愉快，區塊鏈社群費盡心力建立解決方案，讓託管人更難偷盜或丟失你的資產。這時候，「多

重簽章」技術提供不錯的折衷辦法。這是將一組相配的私密金鑰指定給一個以上的行為人，包括顧客和一個或多個託管人，因此若要發生交易或資料簽署行動，沒有人可以單方面進行；必須結合一定數量的金鑰持有人。這個系統可能包括一個顧客或多個離線金鑰，或「冷」鑰，既是防止啟動鑰匙或「熱」鑰遺失，也是給顧客權力凌駕託管人，結合所有備用金鑰。多重簽章是不錯的折衷方案：你信任第三方可有效率地管理你的資產，但你隨時都有約束他們的手段。

至於有人說，仰賴外部證詞會給區塊鏈身分解決方案帶來弱點，這也有一個哲學性的反證：我們已經信任由這些機構為我們作證，如果以區塊鏈為通用真理機器，能讓我們取得那些證明、加以利用、轉移到其他地方，並擴大我們對服務的存取，那肯定是現有系統的進步。如果我們能從提供更多數據點的數位與線上足跡替代品中取得數位身分，提高準確度並協助確認結論，同時降低人類錯誤或詐騙的可能性，那就更能賦予人力量。

我們還曾討論過，這項科技的未來在於，如何將它充當有時間戳記的「無信任」交易帳本時公認有限的功能，連結到非數位世界中以信任為基礎的系統。結合社會紀錄保存系統其他層面的解決方案，會比只仰賴區塊鏈的辦法更具有革命性改變的效果。當來自外在世界的資訊放進這些帳本，是用來**加強**信任，而不是取而代之。

「對自己的身分識別資訊有自主權」，這是一個可敬的目標。它指向的世界是由人來定義自己是誰、想要對外分享哪些有關自己的資訊，而不是由他們參與的集中式機構來定義。但是如果沒有區塊鏈保

護各方不受資料操弄之苦，我們很難看出要如何達成這樣的目的。

　　如果我們有的只是某個機構的密碼簽署認證，我們或許有可靠的證明文件，但還是可能遭受該機構有權單方面撤銷簽章之害。這其實就是川普總統推翻前任總統部分命令的作為──例如，廢除跨性別軍人的權利。如果數位簽署權利不是存在於不可變動的紀錄之中，也會有同樣的風險。

　　如果身分識別資訊的證詞鎖到不可變更的區塊鏈環境中，除非雙方同意推翻交易，否則無法撤銷。身分自主權就是這樣實現的。這是為什麼新創公司 Learning Machine 的成員正在開發一項產品，要在 Blockcerts 證明個人的學歷文憑真實無偽──Blockcerts 是麻省理工學院媒體實驗室發起的開源程式碼，用來公證雜湊到比特幣區塊鏈的大學生成績單。請注意：他們精心挑選的是最安全的非認許制區塊鏈，也就是運行比特幣的區塊鏈。

　　認許制區塊鏈可能不夠理想，因為同樣有一個中央權威控制網路，隨時可以無視於個人的私密金鑰，撤銷他們的文憑證書。非認許制區塊鏈是將證書的實際控制／所有權，交給畢業生的唯一方式，讓畢業生可以任意將這項重要特質透露給提出要求的人。正如 Learning Machine 執行長佳格斯（Chris Jagers）所言，「身分自主權並非理所當然；必須清楚明確地設計安裝到以區塊鏈為基礎的社會基礎架構。」

　　為什麼要執著於這個控制／所有權問題？比特幣基礎架構開發商 Blockstream 的研究科學家、也是區塊鏈數位身分領域的重要思想家艾倫（Chris Allen）這樣看：

身分是人類獨有的概念。那是自我意識中難以言喻的「我」，全世界生活在各種文化的人都理解的東西。正如笛卡兒說的，我思故我在。不過，現代社會弄混了這個身分的概念。如今，國家與企業將駕駛執照、社會安全卡，以及國家核發的其他憑證，與身分混為一談；這是有問題的，因為這代表國家如果撤銷一個人的憑證、甚至是這個人跨越了國境，此人可能就失去了自己的身分。我思，但我不在。

　　沒有靈丹妙藥，完全沒有。任重而道遠，沒錯。這些想法在現階段令人嚮往，我們知道。但這件事關係重大。我們談論的是人類狀態的本質。無論是區塊鏈真理機器，還是其他去中心化的自由科技，我們都應該為了人類，努力恢復人類存在於世上對事務的影響力。

第九章

Nine

人人都是創造者

Everyone's a Creator

🔒 找回藝術家的主導權：管理數位資產成其可能

🔒 建立去中心化的後設資料庫

把記憶拉回〈第一章〉，當時我們談到三式簿記。現在你不妨想想，那對一個建立在現有**複式**簿記之上的產業有什麼意義：會計人員。四大會計事務所——德勤、普華永道（Price Waterhouse）、安永（Ernst Young），及安侯建業——似乎對區塊鏈技術的興起採取「打不過就加入」的態度。

截至2017年中，光是德勤的分散式帳本實驗室就有兩百五十人，其他三家也同樣態度積極。當然，這些實驗室在那些事務所龐大的員工數中只是九牛一毛，但是專注投入的研發工作，道出了這些公司看待這項科技的嚴肅態度。如果不可變更的分散式帳本化為現實，他們的審計與會計部門最終將被淘汰，對人力有巨大衝擊。在他們1,270億美元的合併營收中，有略低於40%，來自事務所審計與認證部門直接雇用的約三十萬人。

這些事務所在研究，這項破壞性科技對他們的客戶會有什麼樣的影響。他們將漸漸明白，我們所知的會計——即一種季度工作，由一組人審閱過去交易的採樣，判斷過去活動的誠信完善——將被淘汰。而四大事務所的審計部門還只是會計業務的冰山一角。不只是知名的稽核人員岌岌可危，而是所有稽核人員，包括公司內部的稽核。事實上，一旦記帳本身完全自動化，且對帳功能變得多餘，包括記帳和稽核的人都將失業。機器將輸入金融資料，加以分析，並做稽核審計——就算不是幾秒鐘完成，也全都在幾分鐘內完成。根據美國勞動統計局，光是美國就有一百三十萬人受雇於會計業。

勞動大軍的崩潰不會止於會計人員。整個投資專業是建構在延遲

發布稽核過的官方金融數字之上，該產業同樣也瀕臨險境。

華爾街股票經紀與研究的投資週期就建立在那些資料的發布——分析師針對一家公司的季度每股獲利表現提出最新預測；市場下賭注；然後等每三個月的數字出爐，投資人重新調整股價，不是正向就是負向。股票的一切都是繞著季度數字打轉。共同基金、退休基金，以及避險基金的資產經理人也一樣，他們的報酬是由投資組合每季表現相較於整體市場的優劣來決定。即使政府公債交易商，也是按照延遲發布的經稽核金融資訊而來，只不過他們看的是通膨預估值、失業率，以及GDP成長率等經濟指標。

當所有金融與經濟資料都能自動化，且無可爭辯地即時更新，這個產業會怎樣？失去工作的人會怎樣？工作文化又會變得如何？

如果本書預見的未來成真了，我們將目睹史上最大的就業大地震。而這一次，最可能受衝擊的工作並非我們常懷疑的類型：工廠工人，低階辦事員，或零售商店助理。而是會計人員、銀行業者、投資組合經理人、保險業者、產權調查人員、託管代理人，以及受託人——還有，沒錯，甚至律師也在內。

的確，常常聽說律師將被「智慧合約」取代，這個說法多少有些不準確，因為協議條款、實際合約本身，還是需要由人類來交涉磋商。不過，法律業也會面臨重大動盪。不懂程式碼的律師，評價可能遠低於懂程式碼的律師。（最有可能受雇的雙學位之一，將是法律加電腦科學學位。）無論如何，你要知道的是：中產階級正面臨一波浪潮。

許多政治人物似乎對這一切完全懵然不知。在美國，川普推動

「美國貨優先」運動（包括口號對過往法西斯主義的呼應），並輔以提高關稅、撕毀貿易協定、驅逐沒有正式文件的移民等威脅，以及「做出對美國有利的協議」。這些無一可解決迫在眉睫的去中心化軟體系統毀滅力量。完全透過區塊鏈連結並以智慧合約啟動的物聯網系統和3D列印、隨選服務協議，將使得每任總統強制公司在這個或那個工業區保留幾百個工作機會的努力，更加沒有意義。

如果我們要處理失去收入的痛苦，並避免對外國替罪羊和其他邊緣化族群做出更嚴重的強烈抵制，社會將被迫面對這個現實狀況。過去，新科技刺激美國經濟出現足夠健康的成長，孕育更高科技的新工作，抵銷較低科技、且通常薪資較低的工作被取代的損失。農場工人成了工廠工人，工廠工人成了辦公室工人。但這種轉向去中心化信任的變化，加上其他來自像是自動駕駛汽車、自動化醫療、點對點信貸、3D列印、人工智慧作家等的破壞，將會大到令人茫然失措。紐約和芝加哥的辦公大樓將有數十年呈現半空狀態，這個猜想並非不切實際。「軟體正在侵蝕世界，」馬克・安德森（Marc Andreessen）[1]可能會這樣說。

問題不是只有失去工作。還有更大的問題是：讓演算法決定我們的世界樣貌。軟體設計者的優先順序、偏好，以及成見，烙印在他們編寫的程式碼，不管是指揮Uber駕駛搭載哪些乘客的程式，還是比

1　編注：美國知名軟體工程師、網景（Netscape）公司共同創辦人。2011年8月，安德森在《華爾街日報》發表一篇專欄文章，名為〈為什麼軟體正在吞噬這個世界〉，受到廣泛回響。

特幣通訊協定的獎勵模式。就說 Airbnb 堅持要使用者以照片識別身分，使得房東歧視有色人種租客而導致客訴，Airbnb 一直想解決問題卻不盡如人意。

這種平台科技將會更加包羅萬象，如果不能解決這些偏見，將來會侵蝕社會的組織構造。「除非我們更清楚科技如何影響社會互動的基本形式，包括等級制度和不平等的結構，否則諸如『民主』和『公民權』等名詞將失去在自由社會的羅經點意義，」哈佛大學科學與科技研究教授傑瑟諾夫（Shiela Jasanoff）說。

這些挑戰的解決辦法肯定不能交給科技專家。而說「人人都得成為程式設計師」也不夠。這是必須要由離線的社會機構——政治、法律、慈善——共同承擔的。沒有它們，社會的凝聚力將四分五裂，而這個去中心化新軟體所有創造價值的宏大力量將毫無價值。

有個提議影響了一些決策者和某些經濟學家，那就是「全民基本收入」（universal basic income, UBI）。這項由英國工黨提出的政策，在北歐幾個國家以不同形式呈現，按照這項政策，政府給每個成年公民提供維持生活的基本工資。這個最初在十八世紀由潘恩（Thomas Paine）提出的構想，隨著眾人思考機器人學、人工智慧，以及其他科技對卡車駕駛等工人階級帶來的就業衝擊，在左派之中再度興起。但在以區塊鏈模式為基礎的去中心化力量、開始摧毀中產階級的工作時，或許會獲得更廣泛的支持。

事實上，儘管全民基本收入表面上違反古典經濟學理論專家的信念，認為國家補貼會降低工作的動機，但是這個概念在右派卻得到部

分支持。原因之一是，像這種簡單的全民分配式轉讓，可比根據收入調查調整補助的福利系統，少了許多浪費與官僚作風，分配也更有效率。此外，如果根本沒有工作可做，「降低工作動機」到底有什麼意義呢？

也有人說，全民基本收入就算不會造成收入和財富的不平等，也可能助長地位的不平等。社會凝聚力可能因為依賴國家的污名化標籤而遭殃。擁有資本和資產的人將繼續為自己累積財富，而仰賴全民基本收入的大眾僅能餬口。因此，有些人轉而談論以「全民基本資產」（universal basic assets）為全民基本收入的替代選項：人民可獲得社會與經濟基礎結構中，可投資的所有權股份。

舉例來說，如果人人都擁有當地城鎮分散式微電網的股份，以加密太陽能「證券」的形式來代表，可否用來當成頭期款，投資需要更多能源投入的事業？本書稍早討論過像是聲譽代幣和個人品牌貨幣，這種概念是將個人的技能組和儲存勞力當成創造財富的工具，更甚於可利用的服務，而這可能就找到方向，激勵人類發展公共財。這或許是我們面對未來的方法：個人可擁有在公共利益中的股份。

而為那些面臨破壞最前線的人尋找某種社會支持基礎，這種哲學事例有個共同脈絡，就是取決於人類的尊嚴，認為人類有權用自己的人生做點什麼。隨著我們漸漸發現機器能做藍領和白領工作，將會引燃對生命「目的」的討論。有個建設性的思考方式，就是我們必須設計一種後工業生存方式，將鼓勵人類創造列為中心，無論創造力是否有金錢報酬。其概念就是所有人都是以各自的創造能力來定義，而不

是只有懷抱遠大夢想的創業家，例如馬斯克（Elon Musk，特斯拉汽車執行長），或針對大眾市場的藝術家，例如昆斯（Jeff Koons）、碧昂絲（Beyonce），或J.K.羅琳（J. K. Rowlings）。

這並不是新構想。十九世紀末和二十世紀初的一些社會學家，就夢想一種政治經濟體，用社會共有的科技將人類從單調乏味的工作中解放出來，並釋放他們與生俱來的創意自我。

王爾德（Oscar Wilde）在1891年的文章〈社會主義下人的靈魂〉（*The Soul of Man Under Socialism*）中，認為「社會主義會讓我們從為他人而活的可厭必要性中解脫」，而且在那樣的烏托邦未來，科技將讓所有人從工作中解脫，並使「人了解到自己內在的完美，有無與倫比的收穫，以及整個世界長長久久且無與倫比的收穫。」他說自己「毫不懷疑這就是機器的未來，而且就像樹木在鄉間紳士睡著時依然成長，在人類娛樂消遣，或者享受高雅閒暇時……或者創造美麗的事物，或者研究美麗的事物，或者只是帶著欣賞和喜悅思索世界，所有必要和討厭的工作都將由機器來做。」

我們在《虛擬貨幣革命》用沒那麼華麗的語言探討其中一項要素，當時我們討論到前比特幣開發者賀恩的夢想——汽車不但沒有駕駛而且沒有主人。那不完全是社會主義。但結果也是類似一個完全由機器服務的社區。基本上，汽車會透過智慧合約設定程式，並與其他各種裝置、線上市集，以及系統互動，以最佳數值執行，以最理想的價格給自己加滿油，並根據市場決定何時可供人使用、何時不行。

社區為何會讓這樣的事情真的存在？原因正如我們在〈第八章〉

討論的類DAO合作社，沒有利益動機讓人產生「為眾人利益最大化」以外的心思。這是當代的公共基礎建設夢想，若物聯網連線的效率結合了如區塊鏈的分散式信任系統自動化管理，那麼這個夢想就有可能實現。這描繪出科技更為美好的概念，設計用來讓人類擺脫工作，同時以資源耗損最低的方式改善所有人的生活體驗。

但是，王爾德心中由機器帶領我們從工作中解脫的浪漫夢想，能釋放所有人的內在藝術家或詩人，以及因此「每個人臻至完美」嗎？（他稱這個夢想是「新個人主義」，透露出王爾德的無政府非傳統社會主義。）這位劇作家在文章中彷彿搶在批評者之前，承認這個想法「不切實際，而且違反人性」。但他堅持，那「是它為何值得實現的原因」。

好吧，不妨看看人類在二十一世紀社群媒體年代的行為表現。很難不察覺到多數有推特帳號的人都想對眾人表達意見。儘管「自拍」可能不是什麼高雅藝術，但很難說在 Instagram 上不斷嘟嘴賣萌和精心打扮的行為不是一種表演。人人想要釋放內在的創意自我，這個說法有點意思。有趣的是，這項科技將創作變成一種更為協力合作的過程。

幽默現在「群眾外包」了——想想網絡迷因（meme）和主題標籤（hashtag）笑話的演變，每個詼諧風趣的新版本都是建立在前一個版本之上。音樂、品牌，以及次文化，被那些鄉民發揮創意給融合為一。（永遠）十六歲的日本「虛擬人聲」（vocaloid）藝人初音未來（一種軟體，以立體投影搭配真人樂團表演），有歌迷為她編寫及創作 10 萬首歌，還有 17 萬部上載到 YouTube 的影片，以及 100 萬個由初音未來激

發靈感的藝術作品。

如果你對這種淺薄的藝術不怎麼看得上眼，我們也要指出，如今也是類似的協力合作創造心態在推動科學和創新界。最重要的是，這發生在開源軟體開發界，比特幣和以太坊是最重要的例子。但是隨著運算能力的重要性不再只攸關電腦，相互連結、群眾外包的創造力量又更進一步擴散。

一個或許有些超前時代的例子，就是生物科技學家赫塞爾（Andrew Hessel）於2009年推出的粉紅軍團合作社（Pink Army Cooperative）。赫塞爾建立一個生物工程師開源社群，宗旨就是協力開發基因編輯軟體，設計程式讓人造溶瘤病毒（synthetic oncolytic virus）鎖定並殺死乳癌細胞。這個構想是，為了尋找迫切的醫療解決方案，一個全球專家社群帶來的創意力量，可比以專利為重的製藥公司大出許多——幾乎零成本。赫塞爾之後合併了一家公司Huma Genomics，籌募到一些美好的舊派資金資助這項努力，但概念背後的開源協作原則依然不變。

認為集體自動自發產生的內容和想法，可以毫無困難地構思出計畫，為更大的利益服務，這樣的想法或許顯得理想主義。但有個問題是，那些構想的所有權規定非常模糊而且難以確認。而這代表擷取價值的能力並非都能公平分配。在數位藝術領域或寫作內容領域更是如此，部落格、聚合網站，以及社群媒體平台，吸收了大部分內容產生的廣告營收。而專業藝術家也面臨一樣的情況，他們的收入是依照在YouTube和其他服務的營收分潤協議，而分配的條件卻含糊不清。這

也代表區塊鏈技術的機會，創新者正在考慮新的去中心化出版模式，讓內容創造者對自己的產出有更大的控制權。其核心概念是，就像區塊鏈可以從貨幣代幣和雜湊文件創造出獨一無二的數位資產，或許也能讓數位內容有同樣的性質，因此比特幣解決的「重複使用」問題，也許有一天也能套用在數位照片上。從這個起點開始，我們或許有了建立更公平系統的要件。

找回藝術家的主導權：管理數位資產成其可能

在檢視部分提議之前，我們先簡短看看最過分濫用出版與新聞消費權利的業者之一：臉書，目前用戶達驚人的二十億。著名的網路安全專家施奈爾說過，「別錯把自己當成是臉書的顧客，才不是——你是產品。」臉書用我們上載的貼文、分享的媒體、發表的評論，以及最重要的是我們建立的追蹤，一股腦兒打包成精心規畫、有價值的受眾給廣告主。

臉書的動態消息不但像推特的推文一樣，是一連串的貼文訊息流，還是專有演算法的產物。有了那樣利益最大化的聰明機器，針對誰會想看什麼做價值判斷，貼文就排出了優先順序，傳送給臉書行銷人員描述為「相似廣告受眾」的那一群用戶。社群媒體聲名不佳的「同溫層」，就是這樣積極創造出來並得以鞏固；同溫層是指那些與我們看法相近的用戶，讓我們在無意間與之連成一氣，而且他們的閱讀清單永遠不會納入另一方的觀點。不知不覺中，我們都被塞了一頓確認

自己政治見解的資訊。《華爾街日報》一篇名為〈藍營訊息，紅營訊息〉（*Blue Feed, Red Feed*）的報導，說明臉書的政治訊息是如何出現差異的。

這對政治有不利的影響，因為排除了與另一方接觸的可能性，排除了找出共識與折衷的機會，妨礙推動社會向前。但這對廣告主來說是極好的環境。他們現在可以朝一個範圍明確的受眾努力，而且能從這些人給一篇內容按「讚」及「分享」的網路效應和強化力量中得益。這樣的結構意味著企圖取得重要性的文章（表現方式就是「讚」或「分享」），可能完全是無中生有，放到這個同溫層，用來將珍貴的「眼球」導引回原始網站，換取原生廣告或Google Ad的報酬。

請想想這對《紐約時報》、《華爾街日報》或其他嚴肅新聞媒體的意義，他們也努力嘗試用臉書強大的平台，吸引受眾回到他們自己有廣告的網站。那些新聞媒體在新聞編輯部、聯絡處、律師，以及林林總總的基礎設施斥資幾億美元，就為了確保**新聞報導正確無誤**。可是建立同溫層受眾能力較差的他們，卻要和假新聞供應者競爭，例如，2016年美國總統大選期間，那些馬其頓青少年就成功地餵養保守派「相似廣告受眾」報導，比如有一篇文章說教宗方濟各「禁止」天主教徒票投給希拉蕊・柯林頓。

而在其他社群媒體平台上，也存在許多其他演算法扭曲和偏見。但是臉書特別狡猾的演算法自然受到股東歡迎，這也突顯了社群媒體環境的集中化危險。包括我們身為臉書用戶所創造的內容，以及我們從他人那裡看來的內容，這些內容的受眾都受到該公司祕密演算法的

支配。而我們無意間參與這些社交工程，但最後是誰得到報酬呢？不是我們。不是內容的生產者。所有獲利歸於臉書的股東。

我們早已錯過去中心化的出版系統。我們無法將時鐘轉回到傳統媒體集中式由上而下的控制，因此這場競賽就是社群媒體平台。在這個相互連結的人腦網路中，新聞生產以及分配必須有個公平賽場。

但是要怎麼做？有個重要的起點，就是和人家生產的原始內容合作。此刻如果你將一張照片放到網際網路上，或者你有一首並非唱片公司製作的樂曲放到網路上，那就是開放讓人複製與分享。你**可以**追蹤每一個你發現的複製實例，維護你的著作權，如果能夠找到相關網站背後的真人，可以控告他們。當然，有鑑於牽涉到的精力和法律費用，除了大型媒體公司，沒有人會採取這種行動，甚至大公司也沒有資源去追蹤所有得到些微受眾影響力的諸多小小違規。

阻斷那些免費使用你的內容，也未必符合你的利益。網際網路開放分享本質的神奇之處，其中一點是藉由建立受眾和連結而創造價值。這是線上「公有地」的概念，一個為所有人產生價值的公開取用傳播空間。藝術家不會對在這個領域取用他們作品的人收費，但是公有地若運作順暢，回饋給他們的價值是更進一步的知名度、聲譽，或影響力。而那些價值又在不同方面化為金錢：音樂家吸引更多人去他們的音樂會，藝術家獲得委託案，作家獲得公開演說機會。或者身為臉書或推特的一般用戶，我們只是享有讓人追蹤我們、給我們的貼文按讚的社會資本。

不過，有鑑於這類平台的廣告營收，有太多被抽給那些控制平台

的人，很難說公有地的價值創造過程是公正的。而且很大一部分是因為藝術家很難明確地將他們與自己創作的藝術聯繫在一起。他們或許多少能看到自己的作品在特定平台上如何產生社會價值——例如，看看他們在臉書上得了多少「讚」——但是一旦被人複製及分享到各平台，連結就斷了。

聰明巧妙的「創作共用授權」（Creative Commons license，又稱創用CC）有助於為藝術和照片的重複利用注入一些公平性，建立一個法律架構，只要遵守特定條件，就能明確授權各種形式的免費使用。

舉例來說，根據一系列的授權類別，這些條件具體指定需要何種署名，或者作品是否用於商業用途。如今在創用CC制度下授權的作品已經超過10億筆，多數存在於出版平台，例如Flickr和維基百科。但是還需要做更多努力才能賦予藝術家權利，並豐富他們與消費者的關係。在所有創意產業中，特別是音樂，缺乏賦權導致中介者的持續剝削，他們壟斷藝術素材的分配與行銷，並主張對素材的合約「權利」，以此換取他們的服務。共有資源依然不是哈佛教授雷席格與其他「自由文化」運動領導人想像的烏托邦世界，一個激發創意的開放分享制度。

區塊鏈技術和相關的分散式資訊密碼系統，該如何幫助創作者解決這種不平衡呢？

我們在〈第四章〉討論過，Brave的基本注意力代幣，目的在於重新平衡廣告產業，辦法就是為消費者給予創意內容的「注意力」提供報酬，以及協助廣告主更清楚衡量注意力的效益。從Brave的競爭

對手陣容來判斷，對於這項科技如何修正創意內容產業此一層面，大家的看法似乎趨於一致。

一項稱為adChain的以太坊服務，正在建立以區塊鏈為基礎、用於廣告業的數據審計追蹤，還有一個包括康卡斯特（Comcast）、迪士尼、NBC環球公司（NBC Universal）、考克斯通訊（Cox Communications）、Mediaset Italia、Chanel 4，以及TF1等重量級媒體公司組成的聯盟，推出「區塊鏈洞見平台」（Blockchain Insights Platform），將購買廣告轉移到這樣的系統。但是更大的挑戰在於：如何更充分利用區塊鏈衡量及酬賞創意內容的製作——特別是在社群媒體時代，**人人都是生產者**。我們要怎樣追蹤一切？

勇敢無畏的科技專家、創業家、藝術家、音樂家、律師，以及對破壞戒慎恐懼的音樂製作人，組成非正式聯盟，目前正探索以區塊鏈為主的方法，處理所有人類表達的事業。基本概念就是，藉由在數位作品中附加有關藝術家、創作日期、作品標題，以及其他細節的後設資料，然後登錄到區塊鏈交易中使其再也不可變動，就有可能將目前完全可以複製、但無法追溯的東西，變成獨一無二、有明確定義的資產，在網際網路上的旅程也可加以追蹤管理。這可望給藝術作品的創作者和消費者賦予權利。

我們相當早就在這個領域進行實驗。2015年2月2日傍晚7:57，我們將《虛擬貨幣革命》整本書壓縮成雜湊值，並將資訊插入比特幣區塊鏈的341705號區塊。我們這次交易使用數位貨幣委員會（Digital Currency Council）的區塊鏈記錄工具，該委員會的課程設計主任阿道

爾（Dan Ardle）這樣描述它的重要性：「這個雜湊值是專屬於這本書的，因此在這本書存在之前無法產生。將這個雜湊值嵌入比特幣交易，交易日期當天書本的存在，就登記在人類所能想像最安全、也最不可置疑的紀錄保存系統中。」在某些方面，那是作家維護自己對作品的權利更加精密的老辦法：他們將原稿寄送一份給自己，利用郵政服務可信任的時間戳記，隱晦記錄他們的著作者身分。

說實話，我們其實並不懷疑美國法院不會支持我們的著作權。我們將書（而且我們的書大多是以實體書的形式賣出）登錄到區塊鏈只是要說明一點——也就是並非可以複製，但也無法追溯——區塊鏈紀錄這個行為沒有那麼大的作用。這個構想真正開啟的可能性，在於數位複製藝術和音樂的應用，這些目前在網際網路上不管願不願意都會被人複製。現在的期望是，區塊鏈可以發揮攝影師在複印的照片上添加有限幾個標籤和簽名的作用：將原本可複製的內容變成獨一無二的資產，而在這裡指的就是數位資產。

葛萊美獎得主、英國創作歌手伊莫珍・希普（Imogen Heap）一直是區塊鏈先驅。希普和以太坊實驗室ConsenSys另一個分支Ujo合作，將她寫給自己初生女兒的歌〈小人兒〉（*Tiny Human*）登錄到以太坊區塊鏈。只要60美分，人人都能下載這首歌，而且知道這筆錢會由智慧合約自動分配，直接交給貢獻者，包括希普本人，還有音效工程師和其他樂手。只要45美元，非商業專案的音樂人可以下載音樂的不同部分——包括歌聲、鼓聲音軌、低音樂器、弦樂器——取樣並納入他們自己的作品中。持平地說，這個行銷活動並不算空前成功。

激勵希普的，倒不在於直接銷售音樂能得到多少營收，而是一旦有個不可變更的連結聯繫到音樂家，讓音樂檔案可以追溯，俯拾可得的資訊可能會更豐富。她並非把那些資料當成音樂人搶奪有限資金的方法，為此而防衛地給自己的作品登記版權，而是專注在可獲取更多藝術家相關資訊時，發掘、合作，以及創新的機會。

「地球上有數百萬名藝術家，而我們並不認識他們；我們不了解他們的音樂。我們不知道他們能做什麼；我們不知道他們有哪些技能，」希普說。「這是要提攜那些人，並帶他們公開亮相，所以我們不過是讚美和支付非常、非常小部分，就讓所有人崛起……我很興奮，因為音樂產業改變的時機成熟，而我感覺這是真正的開始。」

目前的情況是，音樂工作室壟斷藝人樂曲的行銷資料。網際網路時代針對違反著作權的執法工作，逐漸發展出「數位版權管理」（digital rights management, DRM）法律框架，他們就以掠奪壓榨的姿態使用這種力量。這個制度因為對創作設下重重限制，遭到藝術消費者的譴責。（例如，紀錄片製作人如果聽到背景有音樂，就得被迫停止拍攝，因為他們不想被擁有版權的唱片公司控告。）但是數位版權管理制度也經常遭看不到太多收益的藝人抨擊。「我寧可粉絲取得音樂並因為熱愛音樂而分享，也不願意他們因此而遭到誹謗及被宣告犯法，」希普說。

只不過重點是：數位版權管理框架是設計用來處理數位世界不受控制的複製問題，而那是我們可能已經解決的問題。過時的想法是，不同於諸如書籍和VHS錄影帶等實體內容承載工具，數位檔案無法

當成獨特、獨立的資產，幾乎零成本就能完美複製的話就不能算。但是這代表藉由數位版權管理，建構創意產業的政策，是傾向於積極限制，而非鼓勵推廣使用。這也代表我們身為消費者的選項，在很多方面都比以前更受約束。

舉例來說，隨著串流影音成為音樂和影片的存取（以及轉化成金錢利益）預設工具，我們看到影音檔案的品質降低，就為了將頻寬使用情況最佳化。如果消費者可以付更多錢，在不同平台取得更高品質的內容，那倒也還好，但其實不行。（這多少解釋了黑膠唱片的再度流行的原因，就像懷舊和布魯克林文藝青年運動。）

不過，靠著區塊鏈技術，我們可以再次體驗藝術身為獨特資產的古老經驗。戴維斯法律事務所（Davis Wright Tremaine）律師柯恩斯（Lance Koonce）認為，區塊鏈能做的就是建立數位版的「第一次銷售原則」（first-sale doctrine），這個概念放在書籍的脈絡下最容易理解。

因為實體資產的所有權**和**擁有在銷售發生時被轉移了，二手書商可以隨意轉售書本。賣方不能把書留下——除非用昂貴費時又低品質（而且違法）的方法，把書拿去影印之後再交給買方。但是對電子書和其他所有數位檔案來說，同樣的問題在比特幣出現前也始終困擾數位貨幣：重複使用問題。

複製一份文字、音樂，或影片的數位檔案向來就是微不足道的小事。而如今有了以區塊鏈為基礎的模式，柯恩斯表示，「我們看到制度在建立，可以清楚明確地保證一件創意作品的數位『版本』，是唯一可以合法**轉讓**或銷售的版本。」正如我們在〈第三章〉的說明，回

想起來，正是區塊鏈讓**數位資產**的概念第一次成為可能。

　　而要由真正非可複製的數位資產帶動經濟蓬勃發展，我們還有一段路要走。複製檔案的技術不會消失，無論第一個顧客從藝術家手中取得的作品是否在區塊鏈登錄，目前靠著舊制度賺錢的人都不會很快放棄這個金雞母。不過，光是以不可變更的結構存下後設資料，藝術家就有辦法管理自己的創意資產，不需要仰賴如唱片公司之類的中介者，為他們處理數位版權管理。媒體使用者真心希望清楚明白地界定作品創作者。這能幫助他們公平且無縫地做到。

　　Ujo絕對不是唯一探索區塊鏈如何協助數位內容產業的業者管理業務的新創公司。這個發展中的領域還有Monegraph，它協助藝術家利用區塊鏈主張自己的權利，建立獨家授權業務；Stem則是用智慧合約和合作協議的時間戳記紀錄，協助樂團成員和其他貢獻者，自動追蹤YouTube與其他平台的權利金分潤；dotBlockchain Music Project，計畫導入有.bc副檔名的專屬編解碼檔案，容納歌曲的區塊鏈驗證來源資料。

　　儘管有這樣的努力和合作，但我們可以預期創意產業的重量級業者會慢慢加入，畢竟很大程度上依然需要他們的合作參與。因此，有些業者正在探索這些技術。在柏克利音樂學院（Berklee College of Music）發起的開源音樂計畫（Open Music Initiative）170多個成員中，可以找到大廠牌，例如索尼音樂娛樂（Sony Music Entertainment）、環球音樂集團（Universal Music Group），以及華納音樂集團（Warner Music Group），還有串流影音服務業者，例如Spotify、Napster，和

Netflix。

不過，這項非營利計畫能否能讓這些現有的大公司接受新規則，將取決於「為音樂版權持有人和創作人的統一識別碼，建立開源通訊協定」的宗旨能落實多少。但是也不用為了音樂廠牌擁抱這樣的東西而興奮激動。開源音樂計畫有可能成為一場漫長的空談，因為任何變化若質疑現有公司對龐大舊唱片的所有權，他們就會用它來預先制止改變。

所以不可避免地，這個競技場上的多數行動將會套用在新音樂、新電影，以及新藝術品，而不是唱片公司與電影公司先前已經取得版權的大量作品。不過，有一股力量正提出主張，要對大量已發表的素材下令強制執行，建立有關創意作品，以及其歷史和創作者的識別資訊基礎架構。這包括釐清在像臉書和Instagram、Google的YouTube、雅虎的Flickr[2]，以及Pinterest等地發表的非專業、或自稱專業的內容，多數權利誰屬。在那些地方，我們的集體內容為平台的企業主創造許多價值，卻鮮少轉換成價值給我們這些創作者。

建立去中心化的後設資料庫

如果我們要重建社會對創意產出及其附加價值的處理方式，鑑別

2　編注：2017年6月13日，威訊（Verizon）併購雅虎，Flickr隨之併入威訊旗下子公司Oath，並於2018年4月由專業圖庫服務商SmugMug收購。

內容是必要的第一步。（你會發現「身分證明」的概念又冒出來了──在這裡是指數位藝術藝品的身分。）那是驚人的龐大任務，充滿了主觀的兩難。什麼因素讓一張照片迥異於另一張、或是與另一張相同？主張作者身分需要多大的把握？我們要用什麼樣的辦法來解決爭端？

　　儘管如此，這個流程總得有個起點。總部位於布魯克林的Mediachain就忙著給網際網路上現有的數位影像，附上藝術家的後設資料，例如藝術家的姓名、作品標題，以及創作日期等細節，全都可在去中心化信任系統中儲存、登錄，及驗證。Mediachain建立了一個有超過1億2,500萬幅影像的巨大分散式可開放取用資料庫，可在各種檢索欄位進行搜尋，包括由智慧影像讀取系統產生的描述器。這些大多擷取自使用創作共用授權的豐富作品資料庫，企圖讓該系統對創作者能更強大好用。

　　「創用CC資料組不可思議地散落在不同平台的多個穀倉式封閉資料庫，」Mediachain共同創辦人瓦爾登（Jesse Walden）說。「當你的作品跳出那些地方，若有新的人使用你的作品或分享它，並不會令你分泌滿足的多巴胺。因為你得不到任何通知、任何資訊。」為了解決這個問題，Mediachain的分散式數據結構企圖跨越所有平台，讓每幅影像的後設資料都可輕易取得且容易辨讀。

　　不過，Mediachian的這個後設資料並非使用區塊鏈，至少核心登錄部分不是。那是因為如比特幣或以太坊的公有非認許區塊鏈，目前的擴展限制問題對這類資料特別嚴重。未來數十年有夠多的東西可填滿比特幣的1MB區塊容量限制，而要確保創作者的資訊被納入區塊

並做確認，需要支付礦工幾億美元的手續費，創作者根本沒有能力支付這筆費用。此外，基於這世上的內容數量之多又形態各異，全世界有幾億個自稱創作者的人，我們沒有辦法以共同的利益將他們組織起來，或許就需要一個非認許的去中心化系統，讓資料不必受到如音樂工作室之類的集中式機構約束和操控。

而Mediachain的因應之道，和其他各產業業者給非金融資訊建立不可變動的去中心化貯藏庫一樣，它為資料儲存問題想出一個「鏈下」解決方案。這是利用可驗證密碼連結的分層結構，以有效率但可驗證的方式編排整理資料，然後利用IPFS檔案管理系統儲存到網際網路上；IPFS是新的去中心化代管網站系統，將檔案分散到多個參與的電腦中。Mediachain再提供免費的開源軟體，任何用戶都可用來搜尋資料庫，而開發者可用來建立新的應用程式。密碼可防止資料庫遭竄改且令其可靠，只要大家信任藝術家對自己的作者身份聲明——就像多數的著作權主張。只有在數位資產或資產的權利，需要從一個擁有者轉移到另一個人手上時，才需要類似區塊鏈的共識機制。

它最終的目標是修正「損壞的迴路」（broken loop），共有資源產生的價值才不會不公平地被以廣告為動力的社群媒體平台和專業網站取得，前者例如臉書，後者例如BuzzFeed。在那些服務的網站圍牆花園內，受眾行為產生的資料被他們壟斷，然後轉化為金錢。由於Mediachain蒐集的影像大多有免費使用的創作共用授權，對抗壟斷的解答就不是要求使用者「直接付費」給創作者。那麼做可能會遭到消費者的抗拒，戕害共有資源的構想。焦點應該放在「有利共有資源」

的解決辦法上。

　　Mediachain團隊的構想之一，是「CC感謝」（CC Gratitude）授權。在律師柯恩斯的協助下，制訂出這個調整後的創作公用授權，需要使用者將他們發表作品的地點資訊分享給創作者。這就說到了伊莫珍・希普希望藝術家能收到有關顧客行為的資料。不過，創作共用基金會最初的回應並不熱烈，因為擔心可能需要額外的工作，也許是終端用戶或平台得建立系統，自動執行這個功能，結果限制了共有資源的自然成長。

　　如果像Flickr之類的平台，對決定加入這項服務的藝術家收取小額費用，那些疑慮想必可以減輕。但是Mediachain的瓦爾登說，整體而言，那些大型管理者「不願意將他們的資料分享到開放的非認許資料庫，儘管我們說的是創作共用授權……要將那個構想施加到平台上，破壞力太大。」就這點來說，Flickr跟網路上許多集中式供應商一樣──想要將人留在自己的網站，不要在網路上漫遊到可讓Mediachain接受他們的地方。這樣它產生的資料才能賣給廣告主和其他用戶。換句話說，它本身可能很快就會面臨去中心化區塊鏈解決方案帶來的破壞。

　　破壞可能發生的方向之一，是透過Mediachain已經提議、但尚未貫徹的構想。Mediachain一度差點加入代幣熱潮，而且還詳細規畫要發行用於創作共用內容的原生加密貨幣，稱為CCcoin。這個錢幣會發行給創作共用授權內容的擁有者，只要他們將作品上載到Mediachain，而且作品品質獲得其他使用者投票。你可以把它想像成

是一種「積分」概念，類似社群媒體平台Reddit的群眾評分模式，只不過牽涉到貨幣。CCcoin是拿「創意作品證明」概念做實驗，瓦爾登如此說。它預見的世界是：創作者對公共資源做出的貢獻，可以得到相當高比例的股份，而購買及使用錢幣的人，可以把它當成是一種「支持公共財的慈善之舉」，和那些捐款給創作共用基金會的人，動機並無不同。

CCcoin的構想在2017年初提出之後並未落實。或許是因為Mediachain的企業形態已經改變，而且是相當大的轉變。那年春天，該公司被全球舉足輕重的串流音樂服務業者Spotify買下，並將瓦爾登及其團隊納入紐約辦公室。

這項交易有一個很好的理由：2016年時，Spotify付出約2,000萬美元給音樂出版商，解決一起未支付權利金的官司。Spotify買下Mediachain似乎有部分是為了想出更好的辦法，追蹤著作權主張和權利金。就這點來說，這是認可Mediachain致力進行的工作。另一方面，這可能導致原本可以公開廣為使用、造福整體利益的科技，連同代幣和其他解決方案的創新構想，都被民間公司藏到營利的圍牆之後。我們只希望不是後者。

有了這些概念，我們至少有一個框架可以思考：如何更有效保護網際網路上最重要的內容生產者與創意概念開發者的權利？但如果真的要為所有人、所有各自以不同方式提供資訊、娛樂，和構想的廣大群眾奪回網際網路，那我們還需要思考網路本身的治理。

區塊鏈的基礎概念迫使我們思考這個挑戰，因為這項技術的核心

就是治理系統。而這順理成章地使它成了政治性方案——並不是說傳統政治人物將規定科技如何發展，只不過國會議員和執法人員是個因素；而是說這個過程的利益相關者，會如何設定這個將管理他們生活的程式規則。包括誰編寫演算法的問題，以及外部標準與法規可能限制這項技術的相關辯論，在在都歸結到政治。

重點是，所有必然遭受影響的利益團體代表，對區塊鏈系統的設計和應用都有自己的意見。這些不同的利益相關者要怎樣解決各自不同的優先事項，永遠都是政治問題。

Ten

數位時代的新憲章
A New Constitution for the Digital Age

🔒 重新去中心化的網際網路

🔒 權力殿堂的角力戰

🔒 在信任社群中，引進「無信任」軟體

🔒 公民崛起：區塊鏈的賦權意義

🔒 至關重要的人性：我，就在這裡

美國憲法背後的思想，包括開宗明義的有力宣言「我們認為下列這些真理是不證自明的：人人生而平等」，是經過世世代代發展而來的。一個多世紀之前的1647年，英國一群稱為平等派（Levellers）的宗教異議人士，推動他們所稱的「人民公約」（Agreement of the People）。公約要求宗教自由、全面投票權，以及法律之下的平等。

而早在平等派之前，羅馬人也在思考這些概念。西元前450年的《十二銅表法》（Twelve Tables）企圖將當時的法令編纂成法典，依法確立統治階級和平民之間的平等。那不算是最有啟發性的法律——根據法律，女性要服從男性，暴力死亡是常見的懲罰——但確實證明人類努力想出一套可用的規則，將人約束在文明社會中。

同樣的，比特幣的數位經濟去中心化治理新模式，也並非憑空出現。有些元素，例如密碼學，就有數千年歷史。其他例如電子貨幣的概念，也有數十年之久。而且從比特幣的區塊容量之爭可以清楚看到，比特幣仍是尚未完成、正在加工的「在製品」。要讓這項技術在整個世界切實可用，還需要想出正確的成分配置。

隨著區塊鏈技術成熟，過去社會求助的政治解決方案，有很多是我們可以學習的。而運作兩百二十九年的美國憲法是一個不錯的參考標的——開國元勛就曾深思熟慮，該如何善加處理撕裂比特幣和以太坊的經濟政治緊張局勢。只不過必須說，包括美國憲法在內的西方民主基本文獻，它們的重要性在快速變遷的數位連結世界中都受到嚴重質疑。

全球化、航空旅行，以及電腦化抹去了國界，而各國政府在國內

施展的權力，卻正是這些原本重要的社會接觸所賦予的。這種無能為力孕育出一種喪失主權的感覺，以及對外來不可控制力量的恐懼，顯現出來的就是仇外的政治氣氛和保護主義。川普之流的政治人物正試圖復興國族主義的舊勢力，逆轉自由貿易計畫，推銷本國資本主義的論述，對移民姿態強硬，並挑起族群衝突的火焰。

然而，最成熟細膩的經濟、科技，和人口結構趨勢分析會告訴你：這些行動無法阻止科技變革的時代精神——在公司只能將營運業務遷往海外管制較友善的環境時，是阻止不了的。若真要說的話，國族主義的確會使變革的輸贏分配得更加不公平。要解決醞釀川普現象的不滿，需要不同的方法。而且我們相信，起點就是設法想出更完善的治理規則，協調社會管理經濟交換及新資訊科技釋放的去中心化力量。

這並不表示「傳統政府」就消失了——絕對不會。事實上，即使這些新線上科技促使無國界社群的運作，有些超出傳統地理定義的政府之監督，還是給那些政府新工具施展自己的權力。

比特幣和其他由分散式共識管理的系統，明顯不是為了要有一個中央控制點，而是刻意避免給集中式權力機構太多力量。但其他系統沒有那麼平等主義。史諾登揭露的消息顯示，美國政府的情報機構非常樂意使用新機器，追蹤一般人不斷增加的線上足跡，在他們不知情下窺探他們的生活。然而至少在目前，政府也能在保護我們的隱私上扮演重要角色。從引導歐洲新「一般資料保護規範」（General Data Protection Regulation, GDPR）最主要元素的個人自由原則，就能一窺端倪。另一方面，美國人也了解到政府缺席這個角色會有什麼情況。

2017年，國會撤回歐巴馬時代防止在沒有用戶同意下，網際網路服務供應商分享或銷售用戶資料的規定。

　　政府能做、且應該做的就只有這些。但是他們不能、也不應該坐視不理，任由強大的企業支配新科技如何使用——在一個工作流失加快、社會與政治緊張局勢升高的環境下，肯定不行。我們需要一個制度共享這些新科技的效益。我們說的當然不是恢復失敗的共產主義實驗，而是確保那些最能取得這些工具的人不會惡劣對待他人，以及盡可能廣為散播駕馭創新和新構想的機會。

　　未來將受到當前三大權力中心的廣大影響：科技、金融，以及政府。這三巨頭在美國，至少就比喻意義來說，是矽谷、紐約，和華府，但是全世界的畫分基本上是一樣的。

　　此外，在我們看來，這些權力中心似乎主要都是關心該怎麼樣使力，讓未來走向有利自己的方向。我們似乎無法擺脫不怎麼了解科技的銀行業者、不懂經濟學的科技專家，以及只懂政治的政治人物。

　　如果要善加利用科技，讓科技為最多人提供最大的好處，我們必須拆掉許多圍牆。要推倒的重要區分不是左派與右派，保守派與自由派；不是歐美與亞洲，東方與西方。而是集中式制度與去中心化制度。我們必須了解如何駕馭後者，克服前者固有的缺陷。為此，我們將需要更多人對科技、經濟，以及政治起碼有實務上的認識。可能也需要一、兩個哲學家。

　　雖然本書的一大重點，是要展現比特幣與其他區塊鏈技術表現形式帶來的可能性，但我們也早早就承認，以它們目前的設計，並不能

提供所有解答。比特幣本身至今的經驗，是財富累積僅集中在最早採用者，以及三、四個控制網路絕大多數運算能力的大型礦池。擴大比特幣、以太坊，以及其他區塊鏈通訊協定的規模，實現去中心化的要務仍有許多工作需要做。

但是正如我們一直想強調的，比特幣和區塊鏈對網際網路時代治理難題的最大貢獻，就是改變我們對「社會問題」的思考方式。比特幣和區塊鏈引進面對這些障礙的新模式。

最重要的是，區塊鏈概念所釋放的創新與觀念構想，主要在軟體工程師和創業家之間，但政治學家與經濟學家也有。至於其他人，我們必須要求有個社會與政治框架，給這個開放式的創造發明流程最好的環境，塑造開放取用的制度和機會。為此，我們認為無論是哪一種軟體系統勝出，管理信任關係的共同社會目標，應該明顯更加去中心化且去中介化。有鑑於這些構想引發的所有想像及狂熱的開源創新，我們不相信寄望這個方向可孕育更理想的世界概念，是不理智或太過不切實際的。

去中心化並非問題的全部。那並非目標，而是達成某些目標的手段：機會平等、更大的包容性、共享昌盛繁榮與合作等等。凡是去中心化更能實現這些目標的，就應該加以倡導。但是在許多情況下，特別是中介機構受信任且可靠時，集中式結構或許還是更有效率的處理資訊方式。

我們經常聽到探索這項科技的企業問一個問題，「我這個問題需要區塊鏈嗎？」我們的答案大概是，「如果在這個經濟關係中集中維

繫信任的成本，高於安裝電腦網路以去中心化方式管理信任，那麼是的，有需要。如果不是，不需要。」

由於一個社群必須花費大量資源來證明區塊鏈上的交易，若彼此高度不信任，代表達成一致意見要付出令人卻步的高價，則那樣的紀錄保存系統最有價值。（價格可用各種方式衡量：例如，支付給中間人的手續費，對帳及交易結算所花的時間，或者不可能進行某些業務流程，例如供應鏈之間分享資訊。）如果因為銀行不信任登記的契據和優先權，所以不給完全合法、且信用可靠的屋主核發抵押貸款，除非付出高利貸般的利率，那我們就可以說，「信任」的價格太高，區塊鏈或許就是個不錯的解決辦法。

一個產業是否要去中心化，這個重大問題可以歸結到：這樣做能否提供公平的競爭環境？現有的集中式結構是否對用戶徵收不合理的成本，並限制創新者引進更理想概念的能力？

有一個參考標準可回溯到羅斯福總統（Teddy Roosevelt）在二十世紀初的反托拉斯法，這個重大立法留下延續至今的原則，就是美國政府積極主動地強制實施競爭市場，使其符合大眾利益。

只是這種模式的問題在於，工業時代的「壟斷」定義無法輕易套用在軟體與資訊網路世界。對這個世界的消費者來說，價值就是網路規模的直接作用，而且消費者支付的成本不是現金，而是珍貴的個人資料。具有優勢地位的業者主張，產品持續改進以及「免費」服務代表不斷改善顧客體驗，這模糊了他們商業模式的剝削本質，也就是結合封閉的祕密演算法，和以既有網路阻礙競爭對手挑戰他們獨霸市場

地位的誘惑。

　　這一切似乎逃過了反托拉斯監管者的注意，例如「聯邦貿易委員會」（Federal Trade Commission），以他們過時的競爭標準，對集中式機構在網際網路時代累積力量的方式視而不見。基本上，傳統反托拉斯觀點未能察覺出你不是臉書的顧客，而是臉書的產品。在一個人人都是創作者的時代，人人都在管理自己的「品牌」，資訊市場上需要新的公民權利宣言。去中心化必然是其中一環。而區塊鏈設計背後的概念就是個不錯的開端。

　　每個集中式體制都應該開放給人評價——即便是政府與政治程序也一樣。已經有新創公司如Procivis正進行電子投票系統的研發，可將計票業務交給區塊鏈後端。還有一些有冒險精神的政府，也對這個構想持開放態度。愛沙尼亞引領潮流，在納斯達克Linq區塊鏈服務之上試行股東投票程式。其構想是藉由區塊鏈確定不會重複計票，正如比特幣不會重複使用，就能透過智慧型手機促成首次可靠的行動投票。這可說既能讓無法準時前往投票所的人減少差別待遇，又能建立更透明負責的選舉制度，可接受獨立審核，並產生大眾的信任。

　　而政府本身的作用呢？應該去中介化嗎？在某些情況下，是的。我們已經談論過房地產產權可以登錄在不可變更的區塊鏈帳本。不過，有些加密自由意志主義者放眼更大的目標，希望換掉他們認為失敗過時的民族國家領導的政府模式。

　　舉例來說，新創公司BitNation極力對線上社群宣傳以區塊鏈為基礎的「世界公民身分證明」、「大使館」、「國家」，以及「同盟」，建

立新的自治模式。比特幣在自己的網站上表示，區塊鏈「讓我們得以選擇以自己想要的生活方式管理自己：點對點，更本土也更全球化。」期待這樣的構想能引起大規模注意是不切實際的，至少在人類歷史的現階段如此。首先，這忽視了在我們心中的公平正義，國家法律制度有著根深柢固的角色。法律是種深層概念，幾百年發展下來，深植於我們的集體意識與文化思維；多數人不會接受「程式碼即是法律」的幻想，也不會願意為了不了解的軟體系統，放棄社會組織中這個豐富的元素。雖然在全球化的數位經濟年代，民族國家權力的部分要素確實式微了，但我們會說，正式將國家政府去中介化仍是遙遙無期。無論如何，在追求那個目標之前，我們還有很大的挑戰要克服！

重新去中心化的網際網路

我們必須解決的第一個挑戰：修正網際網路。一直有人齊心努力要將網際網路「重新去中心化」，重新整理檔案與資訊在網路上代管與分享的層級結構，讓網站創造者對於「發表什麼、在哪裡發表」有更多控制權。

這項努力在意識形態上被塑造成返回最初網路為公開論壇的樣貌，人人都能發聲不受過濾，可拆解如 Google 和臉書等大型公司、掌握我們的資料和生活的集中式穀倉高塔控制。他們說，如果我們不做，如果不給網路引進更大的可互相操作功能，將無法真正實現「開放資料」的希望，解開地球上所有生命相關的豐富分析資訊。

有許多重要的思考與發展就朝這些目標在進行。舉例來說，有以區塊鏈為基礎的產品，企圖給外包儲存和運算的業務去中介化，打破由企業掌控、昂貴浪費又傷害環境的數據中心。像是 Storj、Sia，以及 Maidsafe 這些新平台，如果你將自己多餘的硬碟空間，提供給全球用戶網路上的其他電腦使用者，平台業者會給你代幣獎賞。你可以說這些「雲端服務」，比多數人會聯想到「雲端」的公司，例如亞馬遜 Web Services、Google、Dropbox、IBM、甲骨文、微軟，以及蘋果等業者的服務更加名副其實。

甚至也有人考慮做更大的變動，包括打算徹底重新架構網路本身。這方面有 Solid，它的全名是「社交關聯數據」（Social Linked Data），是新的數據儲存通訊協定，將資料交回到所屬的人手中。其核心概念是我們將資料儲存在個人化線上資料儲藏庫（Personalized Online Data Stores, Pods），並經由我們控制的權限許可分配給各種應用。Solid 正是電腦科學家柏納李（Tim Berners-Lee）的創作；柏納李將 HTTP 加以完善化而有了現今人們所熟知的「全球資訊網」。

另一個令許多人大為振奮的是貝內特（Juan Benet）設計的 IFPS。它背後的原則與頗受歡迎的檔案共享系統 BitTorrent 相似，但不同於 Napster 造成音樂和電影工作室以隱私為由而將之關閉。就像 BitTorrent，IFPS 的系統將網際網路檔案分散到獨立電腦組成的網路中，因此檔案不會全都寄存在代管服務擁有的單一伺服器，而是散落各處，坐落在一般人的硬碟中，有多個複製品當備份。如此一來，網站代管就成了在網際網路上共享儲存資源的集體行為。

更有革命性潛力的是一個自稱「經濟空間機構」（Economic Space Agency, ECSA）的團體提出的激進提案。該團體的靈感有部分來自加密代幣、去中心化信任系統，以及智慧合約，但是對於經濟去中心化和個人重新賦權的態度，卻迥異於比特幣和以太坊。ECSA 不是將每一筆交易或智慧合約指令交給單一區塊鏈的整個網路處理，而是以「由下而上」的方式進行去中心化。

ECSA 有個程式工具組稱為 Gravity，是以密碼龐克米樂（Mark S. Miller）的電腦安全之作、有數十年歷史的「對象能力」（object capabilities）為基礎建立而成。Gravity 可讓區域網路內的電腦一起安全地加入智慧合約。

ECSA 還強調，社群應該要能獨立自主地制定自己的治理模式。這個構想獲得科技專家、經濟學家、政治學家，以及人類學家等各界人士的支持，目的是賦予大家力量，建立新的「經濟空間」，社群可以在這個空間發行和交易加密代幣，支持合作與協作。不同於以太坊，他們的交易不需要經由強大的全球區塊鏈網路驗證。但是因為社群之間，可以不經由可信第三方中介交易和互動，Gravity 號稱能以這種由下而上的基礎，建立一個可互相操作的去中心化全球經濟。

如果能夠施行，ECSA 的方法說不定非但有助於解決比特幣和以太坊計算能力過剩、管理有爭議，以及擴展限制等問題，還能避免 Brave New 創辦人塔諾斯基（Lucian Tarnowski）所警告的，人類淪為「演算法奴隸」的危機；Brave New 是以社群為中心的學習和協作平台。塔諾斯基等人認為，專注在巨大的軟體解決方案如比特幣和以太

坊，我們可能會抵擋不了軟體本身的獨裁——以及由此推論，屈從於參與設計的那一小撮人。

誠然，多數區塊鏈模式使用開源授權，用意是擴大設計的投入。但真實情況卻是——演算法的規則可能變得相當僵化，而做改變的資格卻僅限於少數有專業知識的人。

這時候我們不得不重提時時說起的警告：這一切都是實驗性質。我們不知道這些構想是否有哪一個可行。而透過ICO之類的籌資活動在這些計畫投入金錢的人，極有可能在這個實驗階段就損失大筆金錢。但我們想要強調的重點是已經提過的，同一時間發生的這些計畫，幾乎都是完全開源、資料共享的方式，加總起來大大增加了成功的機會。

我們不能單獨看待每個計畫。它們是全球頂尖聰明人才庫，大量交換多種創新構想下發生的，一股「群眾智慧」的改變力量，創造出創意與進步的正向回饋循環。沒有人能知道這一切最後會如何，就像網際網路的早期創造者根本無法想像，在他們的發明之上會創造出音樂串流、網路電話（VOIP phone）或電子市集。但我們可以很有信心地總結：網際網路以及伴隨而來的廣大經濟，在未來的日子將有迥異的風貌，且集中化程度會明顯降低。

權力殿堂的角力戰

2016年美國總統大選期間，希拉蕊‧柯林頓宣布支持「公共服務

區塊鏈應用」時，可能讓許多支持者大惑不解。柯林頓是在福德
（Brian Forde）的建議下用了這幾個字；福德是前總統歐巴馬的白宮
科技顧問，也是麻省理工學院媒體實驗室數位貨幣專案的第一任主
管，並於2017年決定角逐國會議員。後來他形容讓柯林頓團隊採納
此意見是一場「大挑戰」。令人感動的是，柯林頓的焦點放在區塊鏈
應用對政府可能有什麼幫助，而不是如何加以管理上。但值得注意的
是，「區塊鏈」這個名詞在選舉期間再也不曾出現過。

　　不過，在官場有些地方的燈亮了。前面我們曾強調，有幾十個國
家的央行正在進行區塊鏈相關的研究。我們聽說世界各地都有政府單
位在做區塊鏈應用的試點計畫和研究調查，不光是美國、歐盟、日本，
以及中國等大經濟體，還有杜拜、喬治亞、瑞典、愛沙尼亞、墨西哥、
新加坡，以及盧森堡等國家。

　　以日本為例，金融廳對比特幣交易所提出反洗錢和資本適足要
求，並將比特幣與其他數位貨幣歸類為支付系統──其實就是將這些
貨幣法制化，給它們一個在傳統資本市場的正式地位。這個效果立竿
見影：比特幣在日本的交易一飛衝天，2017年大部分時間的價格都
在上漲，而且許多日本公司開始接受比特幣。另一方面，區塊鏈新創
公司Neocapita正與巴布亞紐幾內亞及阿富汗合作，以區塊鏈記錄政
府支出，希望提高透明度，恢復外國捐贈者的信心，並將凍結的援助
金解凍。

　　而在國際社會方面，國際貨幣基金（IMF）正在研究區塊鏈技術，
世界銀行也是。美洲開發銀行對此態度積極熱切；至於聯合國，目前

有個致力於區塊鏈的專家團隊，正如我們提到過的，它主辦過有關區塊鏈個人身分證明的研討會。

甚至在美國國會，也有一些議員開始留意。2017年2月，科羅拉多州民主黨議員波利斯（Jared Polis），以及亞利桑那州共和黨議員史懷克（David Schweikert），成立國會「區塊鏈核心小組」（Blockchain Caucus），主張「對區塊鏈技術及數位貨幣提出完善的公共政策」。州政府層級也出現同樣的情況。德拉瓦州正與Symbiont合作，將企業登記和股票憑證管理系統轉移到分散式帳本系統。而在2017年3月，伊利諾州政府宣布加入R3，並推出伊利諾區塊鏈專案，由公部門與民間合作，利用分散式帳本連結該州多數官僚體系的基本架構。

由於這些活動，所謂的「監管科技」（regulatory technology，簡稱regtech）新觀念迅速湧現。區塊鏈是其中一支，但我們已經看到國際執法單位如歐洲刑警組織，與區塊鏈分析公司如Chainanalysis合作，繪製全球資金流向。而在像愛沙尼亞這樣的地方，將國家變成不折不扣的公民科技（civic tech）生活實驗室，政府很有興趣將區塊鏈當成更可靠的公證服務，確保提交申請服務的託管文件更輕鬆容易。各種政府紀錄可以很快轉移到這個不可變更的環境。而且資料的取用愈是交由公民自己掌控，而不是鎖在柏納李抱怨的封閉式穀倉內，我們就愈接近期望的開放資料時代，巨大的資訊處理能力。

不過，儘管有這些進展，監管機關面對即將到來的改變，準備工作卻做得差強人意。問題之一就是，在讓立法者及監管者了解區塊鏈之前，需要他們著重在這個時代數位轉型的其他種種：人工智慧、虛

擬實境、3D列印，物聯網，以及網路分析給經濟帶來的各種典範轉移。正如紐澤西州參議員布克（Cory Booker）兩年前在華府一場科技研討會中說的，「大多數人甚至想不起共和黨的科技觀和民主黨的科技觀是什麼，因為根本沒有。」

因此，只有一些極為不足的規則條例。舉例來說，資金傳輸業者處理跨境匯款時，有「認識顧客」和「反洗錢」規定。建全的保護隱私數位身分證明工具已經存在一段時間，如果結合區塊鏈分析，窮人彼此分享資金會更容易，也有助於監管者執行對非法資金流動的金融監控。

然而，G20的防制洗錢金融行動小組（Financial Action Task Force），卻始終堅信打擊洗錢和恐怖主義募資的唯一方法，就是對傳統有國家支持的身分證明做更嚴苛的要求。這種不是辦法的辦法，導致匯款公司拒絕的人愈來愈多，使得貧窮國家資金枯竭，成為孕育恐怖份子的肥沃土壤，並促使他們使用無法追蹤的黑市系統寄錢回家。科技與支付系統法遵專家拉諾斯（Juan Llanos）說，「管制架構尚未準備好迎接數位時代，遑論區塊鏈時代。」

只不過，就像我們說明過的，不管有沒有政府的支持，區塊鏈產品都在一股腦兒地發展。改變正在來臨。我們需要管制架構做好準備。不過，這也不代表我們就需要新的規則。管理控制的本能或許是扼殺創新最快的方法。所以重要的是，得有個經過充分理解與推斷的策略，即使這個策略是「不作為」。

這有個原因：區塊鏈技術就跟許多軟體概念一樣，本質上是通用

的。意思就是採用的新創公司，會受態度較友善的管轄區所吸引。有一個很好的例子，可以看別稱「加密谷」（Crypto Valley）的瑞士楚格，包括以太坊開發者和許多新的智慧合約、加密貨幣，以及區塊鏈公司都選擇在當地開業。原因之一，是瑞士的法律讓人比較容易建立推出代幣產品和發行數位代幣所需的基礎。

同樣的，英國金融行為監理局（Financial Conduct Authority）的「沙盒」（sandbox）策略，是設定相對寬鬆的監管環境，方便新創公司開發及測試新的金融科技產品，這項策略就被科技專家讚揚是驅動創新的方法。這對英國經濟也是聰明之舉：在脫歐之後，倫敦城最重要的金融區，需要確保自身依舊領先紐約和歐洲其他競爭的金融樞紐。確立自己為金融科技領導者，是維持優勢地位的最佳對策。脫歐前的首相卡麥隆（David Cameron）在任期間，英國政府甚至認為，付出1,000萬英鎊進行數位貨幣研究實在不足為奇。

下個問題是：該如何才能讓美國決策者開始擔心，美國的金融與資訊科技樞紐，即將在這個重大的新領域輸給外國競爭者了？

在信任社群中，引進「無信任」軟體

信任，是我們進行每一筆交易不可缺少的要素，包括使用比特幣進行交易。當比特幣從一個人手中寄給另一個人，我們必須相信對方會履行承諾交換的商品或服務。我們還得相信用來寄送那些比特幣的電腦或智慧型手機，還有 Wifi 網路，以及輸送資料的網際網路服務供

應商沒有遭到破壞。

在這裡回頭提到這個話題，是因為如果要給像全球經濟那般複雜到令人不知所措的事物，設計一個完全整合的分散式帳本系統與區塊鏈，思考如何結合去中心化帳本和可信的人或機構進行交易，就非常重要。若想設計得當，還必須了解信任怎樣定義「我們是誰」、「如何建立相互支持的關係」，並以此形成社群。

就說法國有兩百年歷史的「國家信託投資銀行」（Caisse des Dépôts et Consignations）。這是根據憲法成立的最高機構，擁有決定性的權力。國家信託投資銀行受國會監督，而不是擔任行政部門的代理，在國家事務中扮演協調投資的核心要角。

該行管理房地產產權紀錄；投資基礎建設；掌管大眾儲蓄和退休金計畫；並確保資金進入司法體系和其他法律代理人，以及大學和國家研究計畫，全都不受政治力影響。如果是在效能較為低落的政治背景下，法國國家信託投資銀行可能成為貪腐的污水坑，以及政治利益的代理人，那將失去人民的信任。但是在法國，在國家信託投資銀行工作被視為無上光榮。而那種光榮的文化有助於建立深厚的信任泉源。

問題是：就算有可能用演算法建立分散式信任系統，取代像法國國家信託投資銀行這樣的機構，但我們願意嗎？我們會捨棄造就類似這種機構的數百年文化與社會構成不要嗎？

西方社會中各種交換與互動仰賴的許多中介機構，不管是像政府部門和法庭等公家機關，還是像公證人和公用事業公司等民間單位，同樣都是幾百年社會積累的產物。這些機構要運作順暢，不但有賴我

們發展用來承擔責任的管理制度和法律體系，也依賴一些重要的文化規範。有了那些道德習俗，我們樂意將信任委託給那些強大的守門人，而那些負責的人同時也習慣性地認為必須尊重那樣的信任。這是公民責任深層感受的延伸，而公民責任會讓人排隊，為陌生人開門，或者是說「請」和「謝謝」。

制度化的信任是一種社會美德，一種世上其他地方都匱乏的社會資本。而在擁有信任的地方，我們並不清楚是否應該捨棄不要。在所有以這種方法累積信任的情況，信任對社會的價值可說大於機構具體發揮的用途。

密碼學的熱衷份子有個說法：「不要信任，要驗證。」對於為處在網路攻擊險境之中的關鍵任務計算系統執行安全工作的人來說，這是明智的建議。也是保護自己金錢的正確做法，至少在和陌生人打交道時如此。但是若套用到更大範圍，這個準則就會削減凝聚社會的核心要素。

「信任」被視為是積極正面的好事，而且早期密碼學家形容比特幣為「無信任」系統、卻不被非加密族群接受，都不是沒有原因的。我們應該將分散式信任解決方案的區塊鏈，看成是一種辦法，讓社群強化他們在其他環境的信任連結，而不是取而代之。

信任發揮社會黏著劑的功能，讓我們得以完成天天進行的多種交換，一些我們無法想像要動用法庭、卻帶有一些合意交換期許的小型交易：通勤的人在公車車票自動販賣機前面排隊，我們不會插隊；我們上了公車，刷了票卡，預期司機和車子會在合理的預期時間內，安

全地將我們送到目的地；我們下了公車，走在忙碌的街道上，相信迎面而來的人不會撞上我們。

引領我們發展出這些和其他無數信任連結的種種文化、社會，以及心理因素，是我們為快速變遷的數位化社會設計去中心化治理系統時，必須多加重視的重要成分。它們將協助我們在軟體監管的「鏈上」交易，和我們生活的人力監管世界之間，形成結締組織。

要理解這個科技發展的人類因素，有一大原因源自我們不斷討論到的早期區塊鏈關鍵限制：擴展性。按照目前的設計，比特幣和以太坊原本運作起來就複雜且昂貴，有那麼多電腦要參與同樣的計算動作，全都在驗證同樣的交易、身分聲明、資產轉移，或智慧合約。雖然有各自的共識機制、獎勵模式，以及通訊協定設計，導致不同的運算效率結果，但比特幣和以太坊以及其他多數非認許公有區塊鏈，不可避免會隨著網路擴張而消耗計算和能源資源。

好消息是，同樣有大量的腦力和投資投入克服這些挑戰。這些構想在本書稍早提到過：閃電網路為比特幣增加一層新的支付管道，給交易騰出空間；EOS是新創公司block.one宣稱每秒可處理幾百萬筆交易的非認許區塊鏈；Tezos重新改造管理工作，創造一個流動的民主化系統，可不斷改善區塊鏈通訊協定；Zcash和門羅幣則努力要解決隱私疑慮。還有洛夫喬伊的Cryptokernel計畫，其K320應用解決比特幣令人頭疼的貨幣貯藏問題，以及強力ASIC挖礦設備的不公平優勢地位。在此之外，還可加上一項稱為Algorand的計畫，同時解決了許多難題；這個全新的區塊鏈方案來自麻省理工學院的一個團隊，其

中包括圖靈獎得主米卡利教授（Silvio Micali）。

如果我們假設這些計畫有一個或多個，有一天超越比特幣和以太坊的採用率，而且至少足以媲美比特幣經驗證的經濟安全——或者從另一方面來說，這兩個已經確立地位的區塊鏈，最後納入了它們的構想——這個發明的過程就是遠大希望的來源。加總起來，就提高了由去中心化信任架構管理全球數位經濟的可能性，而這個去中心化信任架構是開放、非認許、動態，但又更容易管理、更有擴展性、穩固而且對環境安全無害。

不過，同樣迫切需要的就是更多工程人才。複雜性，以及整體安全保障穩固如磐石的最高要求，也意味著區塊鏈系統目前仰賴高度專業的深厚知識。沒有這些專家給核心軟體通訊協定做維護、更新，以及除錯，整個區塊鏈生態系統就無法運轉。

以目前的設計來說，區塊鏈是多種功能合而為一，從密碼到共識演算法，以及高要求的安全功能，全部加起來使得區塊鏈變得非常笨重複雜，運作起來更是勞力密集。這需要特殊類別的軟體程式設計師來處理一切問題。

類似 EOS 的服務，是為了創造更容易使用的工具組，讓企業可以建立自己的區塊鏈解決方案。如此一來，可以減輕一些招募區塊鏈專業人才的壓力。不過，如果整體社會對這個新經濟管理系統如何演變有發言權，還是需要建立通訊協定開發人才庫。我們還需要從最大範圍、最多樣化的人群中尋找這樣的人才——跨越性別、人種，以及民族界線——這樣在支配我們生活的演算法中必然會烙印的價值和偏

見，才不會只來自社會中極少數的一群人。這個故事的教訓是：要投資程式碼的教育。

公民崛起：區塊鏈的賦權意義

但是在去中心化的價值背後，還有比金融穩定更為根本的東西。這關係到公民權的基本概念。

本書探索種種個人第一次有權以經濟行為主體的身分，行使商務貿易、不受阻撓的自我表達，以及創意思想的權利，同時管理合法屬於自己的財產。如今這個始於啟蒙時代、由這些基本權利定義的公民權概念，猶比以往更取決於對資訊的控制。我們如何管理、接觸和使用資訊的權利，將決定自由的疆界。那正是一個沒有人或機構可以破壞、堅不可摧的「真理機器」，這個概念能給人莫大力量的原因。

別把我們的話當真。看看2016年1月英國政府科學辦公室，這篇針對區塊鏈技術及其無數用途的報告。「這項技術證明有能力給各種服務實現新類型的信任，」兩位國會議員漢考克（Matthew Hancock）與維濟（Ed Vaizey）在序言中如此寫道。「我們已經看到開放數據徹底革新公民與國家的關係，因此這些科技的能見度或許會改革我們的金融市場、供應鏈、消費者與企業對企業服務，以及公有註冊紀錄。」

接著，在題為「政府部門的應用」章節，倫敦帝國學院的莫里根（Catherine Mulligan）進一步寫道，「（數位帳本科技）最終對英國社會的影響，或許是像大憲章的創立那般重大且根本的事件。」沒錯。

大憲章。

從憲法的角度來看，這個紀錄到底有多重要？

我們曾說過，區塊鏈可以代表人類社會第一次有系統可建立一個連續不斷的歷史紀錄。我們也談過，這對終結長達千年的模式，代表什麼樣的可能意義，在這個古老模式中，權力來自對資訊的掌控。這在現在同樣重要，因為有個相信自己就能界定何為「假新聞」的美國總統，還發表他的助理形容為「另類事實」的不可信官方資訊……。

從這樣的脈絡來看，能夠建立「真理機器」的願景——無論是存在區塊鏈，還是存在 Gravity 式的拼湊經濟空間——都無比令人心動。讓身分自主的個人將資料登錄到可公開驗證的紀錄中，不需要任何人的許可，這件事有深刻的賦權意義。如果你創造出有價值的東西，例如受歡迎的數位藝術或可轉化成圖利的事業，要是你能主張自己在事業的股份，不需要企業登記處或其他認證機構的核可，那是徹底改變局面的事。對於這類機構失能、或是根本沒有這類機構的國家人民來說，更是如此。倘若再加上這個紀錄不能摧毀，潛力就相當大了。資訊的永久性是民主不可缺的基本要素。

至關重要的人性：我，就在這裡

如果你不相信有什麼東西會像字母與數字代碼所組成的帳本如此實用，有助於保存我們的人性，包括各種怪僻、魅力，和瘋狂，那麼請你深入挖掘比特幣區塊鏈鮮少被人討論的一面：區塊塗鴉（block graffiti）現象。

　　比特幣使用者通常會在交易中銘刻訊息，遵照的是可回溯至比特幣第一筆交易的傳統，當時中本聰拿當天的英國報紙標題，在交易資料欄記下「2009年／1月／3日，泰晤士報，大臣即將進行第二次銀行紓困」。從此以後，大家都把帳本當成不可變動、有時間戳記的日誌，不管為了什麼理由，在上面做出他們想要通過時間考驗的宣言。

　　我們觀察由CryptoGraffiti.info網站管理的幾個月比特幣塗鴉，從2017年春季起一路往回看，發現一個包含各式各樣聲明的豐富寶藏。有許多是情書，就像3月20日的這一篇，來自地址1GRtrEGKPwXJTqS3jp8JbZDkLNpZjagCCb，花費0.00055039比特幣（當時約為0.57美元），在458160號區塊留下永恆不變的陳述：

　　　　我對此現實世界所有生物的愛永無止境。我對這些生物之一的愛，超過這個現實世界。妳是我的一切，約娜·賽雷科娃。──彼得。

　　在CryptoGraffiti.info網站上還可以看到攝影圖像，雖說不是直接在區塊鏈上，其中包括1989年一個人站在天安門坦克車前的著名圖像，於3月17日張貼，同樣也是2017年。在這前面有一段文字訊息，先是用中文，接著用英文，呼籲中國國家主席習近平在即將到來的六四週年「說出天安門的真相」；還有一張是一對情侶的照片，並附上一首西班牙文情詩；還有人寫道：「緬懷喬治·傅雷朋（16/01/1946─19/02/2017）。了不起的人、父親，和朋友。我們想念你。」

再往前瀏覽先前的交易，我們發現有五花八門的言論，以多種語言表達類似的情感；還有交易祕訣；汽車待售；抗議立岩蘇族保護區油管的聲明；「柏克萊區塊鏈」團隊成員給名叫托比亞的隊友的告別訊息；偶爾也有陰謀論；還有或許意料之中的，那些有關時空旅行的評論……。

　　之後我們看到2016年10月，當時比特幣區塊的時間，正好與敘利亞政府軍對阿勒坡發動最後一次圍攻的時間重疊，那是我們在〈導論〉提到過的娜哈‧莎蕾‧阿爾瑪海默逃往約旦的一年後。阿勒坡的居民被切斷與外面世界的聯繫，只有極少數堅持的自由撰稿部落客，利用原始的網際網路連線，發出被困當地居民的報導。在那個月，跳出三則塗鴉訊息：

需要30比特幣。拜託！夢想離開敘利亞

http://syria.mil.ru/syria /livecam.htm

幫我逃離敘利亞。我住在阿勒坡。今年十四歲。我沒有騙人。鄉民幫幫忙！！！！！！

　　有了這個轉折，塗鴉區開始有一點沉重肅殺的感覺。這也讓我們想起另一個時間與地點，一個受壓迫的社群渴望和外面的世界溝通：冷戰期間的柏林圍牆。那裡一樣有塗鴉——全都在西德這一面——混

雜著尊重人類權利的懇求、情書、和平與希望的訊息，以及簡單直接地說了誰和誰到此一遊——典型「我在這裡」的存在證明，人性的證明。

　　然而，如果我們將冷戰的塗鴉看成是反抗一道企圖禁制人類聯繫的圍牆，那麼在這陌生的數位會計系統裡的訊息就很強大了，因為那並**不是**圍牆。沒有國家或企業可以圍繞著比特幣區塊鏈搭磚砌牆或粉飾紀錄。他們無法關閉真理機器，而這正是區塊鏈何以是個寶貴的地方，記錄人類經驗的聲音，無論是情詩還是求救的呼聲。這從核心本質來說，正是區塊鏈為何重要的原因。

Acknowledgments | 致謝

很難有人跟得上加密貨幣與區塊鏈發展演變的瘋狂腳步。對一個作家來說，可能令人筋疲力盡。附隨這項科技的相關社群，週期運轉節奏是書籍出版業的數倍之多。這給寫書的人帶來額外的挑戰，也使得寫作者必須仰賴一個深諳這些挑戰的支援團隊，能靈活應對時時在最後一分鐘更新的要求，並在人人緊張壓力大時容忍你。以我們的情況來說，這個任務又更加複雜，因為在這本書的合約進行期間，我們兩人正分別參與互不相關的出書計畫。因此，在那樣的心情下，我們想謝謝協助完成這項計畫的許多人。而一如既往，這些人多到無法一一列舉。

而在一定要提及的人當中，第一個要列舉的是我們的經紀人 Gillian MacKenzie，她始終對我們有信心，而且任勞任怨地支持我們的工作。有關作家生活的大小事，Gillian 是可靠的建議徵詢對象。她是我們重要的事業夥伴和朋友。

我們在聖馬丁出版社（St. Martin's Press）的編輯 Tim Bartlett，是這一行的翹楚。同樣，他也證明是個強硬、嚴格的編輯，不斷鞭策我們說清楚那些有時候難以解釋的想法。這本書因為他堅定的愛護而提

升了無數倍。由於報導內容和我們的工作時間一直在變動，他也無限寬容地給予彈性的作品產出時間。Helping Tim 在聖馬丁出版社是個大團隊。而因為我們的工作習慣毫無規律造成時間緊湊，他們仍同心協力按時完成這本書。特別要提出感謝的有 Tim 的助理 Alice Pfeifer，在我們準備作品底稿時，給予非常大的協助引導；主編 Alan Bradshaw 敦促我們按部就班，準時完成；文字編輯 Jennifer Simington 工作一絲不苟；副總編輯 Laura Clark 鼎力支持、維護我們在聖馬丁出版社的兩本書；而最後尤其重要的是，公關 Katie Bassel 與行銷人員 Jason Prince 的搭檔組合。

■ **麥克：**我在麻省理工學院的同事是源源不絕的靈感來源。他們塑造了這本書背後的多數思維，卻可能毫不知情。特別要感謝媒體實驗室主任伊藤穰一，數位貨幣專案主任 Neha Narula，以及我在史隆管理學院的講師同事 Simon Johnson，還有 Robleh Ali、Mark Weber、Tadge Dryja、Chelsea Barabas、Prema Shrikrishna、Alin Dragos、James Lovejoy、Sandy Pentland、Dazza Greenwood、Harvey Michaels、David Birnbach，及 Christian Catalini。

另外要特別提起的是數位貨幣專案第一任主任福德（Brian Forde），他目前正致力於將區塊鏈技術引入國會，也是他說服我放棄新聞業，投入學術研究生涯。在 CoinDesk 這邊，我想感謝 Kevin Worth、Marc Hochstein、Pete Rizzo，以及團隊的其他人，給我新的

平台表達觀點。再次回頭從事新聞工作很有趣，雖然只是玩票性質。

　　同時，我還要感謝一些人的深刻見解、支持和友誼，包括：Rik Willard、Nii Nortei Lokko、Lance Koonce、Patrick Murck、Juan Llanos、Mariana Dahan、Maja Vujinovic、Kyle Burgess、Joe Colangelo、Yorke Rhodes、Balaji Srinivasan、Joel Telpner，以及 Don Tapscott。還要特別感謝「區塊鏈高峰會」（Blockchain Summit）家族的同志情誼與鼓勵，包括 Valery Vavilov、George Kikvadze、Bill Tai、Jamie Smith、Tomicah Tilleman、Dante Disparte、Vinny Lingham、Hernando de Soto、Gabriel Abed、Imogen Heap、Erick Miller、Heidi Pease、Laura Shin、Jim Newsome、Roya Mahboob、Eva Kaili、Suna Said、Beth Moses、Joby Weeks、Jen Morris，等等。

　　最後特別要提的是我最親近、最親愛的人，沒有他們，這一切不可能實現。若伊、莉亞，當然還有我的一生所愛艾莉西亞，感謝你們堅持陪伴我，鼓勵我做有興趣的事。

▌**保羅：**一如既往，我在《華爾街日報》的同事一直鼓勵我，並慷慨給予支持。我要感謝 Stephen Grocer 與 Erik Holm、Aaron Lucchetti 與 David Reilly、Neal Lipschutz、Karen Pensiero，以及我們的總編輯 Gerard Baker。

　　家人始終是我的靈感與動力，沒有他們的支持和鼓勵，我沒有辦法做到這些。感謝妳，伊麗莎白，還要謝謝你，羅伯特。我愛你們。

真理機器
區塊鏈與數位時代的新憲法

The Truth Machine:
The Blockchain and the Future of Everything

作　　者　麥克‧凱西（Michael J. Casey）、保羅‧威格納（Paul Vigna）
譯　　者　林奕伶
主　　編　郭峰吾

總 編 輯　陳旭華（ymal@ms14.hinet.net）
副總編輯　李映慧

社　　長　郭重興
發行人兼
出版總監　曾大福
出　　版　大牌出版
發　　行　遠足文化事業股份有限公司
地　　址　23141 新北市新店區民權路 108-2 號 9 樓
電　　話　+886- 2- 2218 1417
傳　　真　+886- 2- 8667 1851

印務經理　黃禮賢
封面設計　葉馥儀 FE 設計
排　　版　藍天圖物宣字社
印　　製　成陽印刷股份有限公司
法律顧問　華洋法律事務所　蘇文生律師

定　　價　550 元
初　　版　2019 年 2 月

國家圖書館出版品預行編目 (CIP) 資料

真理機器：區塊鏈與數位時代的新憲法 / 保羅‧威格納（Paul Vigna）、麥克‧凱西
（Michael J. Casey）著；林奕伶 譯 . -- 初版 . -- 新北市：大牌出版，遠足文化發行，
2019.02　面；公分
譯自：The Truth Machine: The Blockchain and the Future of Everything
ISBN 978-986-7645-57-9（平裝）
1. 電子貨幣 2. 電子商務

563.146　　　　　　　　　　　　　　　　　　　　　　　　　107020398